本书受桂林理工大学马克思主义学院一流学科建设经费资助；

本书受桂林理工大学博士科研启动费资助；

本书系2023年度教育部人文社会科学研究一般项目《新时代高校思想政治工作队伍斗争精神培育研究》（项目编号：23YJC710041）研究成果。

思想政治教育研究文库

新时代高校辅导员职业人格塑造研究

李 南 著

光明日报出版社

图书在版编目（CIP）数据

新时代高校辅导员职业人格塑造研究 / 李南著.
北京：光明日报出版社，2025.2. -- ISBN 978 - 7 - 5194 - 8545 - 0

Ⅰ. G645.16

中国国家版本馆 CIP 数据核字第 2025UQ3659 号

新时代高校辅导员职业人格塑造研究
XINSHIDAI GAOXIAO FUDAOYUAN ZHIYE RENGE SUZAO YANJIU

著　　者：李　南	
责任编辑：刘兴华	责任校对：宋　悦　李学敏
封面设计：中联华文	责任印制：曹　净

出版发行：光明日报出版社
地　　址：北京市西城区永安路 106 号，100050
电　　话：010-63169890（咨询），010-63131930（邮购）
传　　真：010-63131930
网　　址：http://book.gmw.cn
E — mail：gmrbcbs@ gmw.cn
法律顾问：北京市兰台律师事务所龚柳方律师

印　　刷：三河市华东印刷有限公司	
装　　订：三河市华东印刷有限公司	

本书如有破损、缺页、装订错误，请与本社联系调换，电话：010-63131930

开　　本：170mm×240mm	
字　　数：293 千字	印　　张：16.5
版　　次：2025 年 2 月第 1 版	印　　次：2025 年 2 月第 1 次印刷
书　　号：ISBN 978 - 7 - 5194 - 8545 - 0	
定　　价：95.00 元	

版权所有　　翻印必究

序

习近平总书记在党的十九大上向全世界宣告："中国特色社会主义进入了新时代。"① 进入新时代并非实现新时代，新时代的达成，"绝不是轻轻松松、敲锣打鼓就能实现的"②，它需要以大学生为重要组成部分的广大青年勇担时代重任。新时代对大学生的精神面貌提出了更高要求，要求大学生不仅要有扎实的专业学识，更为重要的是必须"人格要正"。育人者先育己，高校辅导员作为形塑大学生人格的重要力量，其职业人格状况直接影响着大学生的人格发展。虽然绝大多数高校辅导员以时代新要求为指导在职业人格塑造方面不懈努力，但部分高校辅导员的职业人格存在问题和困境的现实也不容忽视。所以，面对育人育才的实际需要，研究新时代高校辅导员职业人格塑造具有很强的理论价值和现实意义。

本书以马克思主义理论为指导，坚持逻辑和历史相统一、定性和定量相结合，以当前部分辅导员的职业人格现实无法有效满足新时代要求的以强烈问题意识为导向，以新时代对高校辅导员职业人格的新要求为逻辑起点，思考怎样实证分析高校辅导员职业人格现状，综合把握辅导员职业人格状况"实然"与新时代高校辅导员职业人格"应然"之间的差距，全方位探寻差距存在的原因，进而提出有针对性的对策建议。本书始终围绕"是什么、怎么样、为什么、怎么做"的逻辑脉络，对新时代高校辅导员职业人格塑造展开系统研究。全书主要分为五个部分。

第一部分高校辅导员、人格与高校辅导员职业人格概述，重点回应高校辅导员职业人格是什么的问题。该部分首先对高校辅导员、人格进行了概念界定、内涵阐释及特征描述。其次，聚焦高校辅导员这一研究对象，通过梳理学界对高校辅导员职业人格的研究成果，以马克思主义人学理论为指导，借鉴人格心

---

① 习近平. 习近平谈治国理政：第三卷［M］. 北京：外文出版社，2020：8.
② 习近平. 习近平谈治国理政：第三卷［M］. 北京：外文出版社，2020：12.

理学、高等教育学、管理学等相关学科知识，在厘清高校辅导员职业人格结构的基础上，深入挖掘高校辅导员职业人格的一般性内涵、特殊性内涵、作用机制。

第二部分新时代对高校辅导员职业人格的新要求，重点回应新时代高校辅导员职业人格结构规范是什么的问题。该回应的前提是明晰新时代对高校辅导员工作的新要求和新时代高校辅导员的职业人格结构，在此基础上才能准确解析新时代高校辅导员的职业人格结构规范。根据新时代对大学生精神面貌的新要求，结合高校辅导员的职业特性，有针对性地提出新时代对高校辅导员角色的新要求，在此基础上力图对新时代高校辅导员职业人格结构进行建构与验证。确立职业人格结构模型后，将实证研究进行理论升华，总结归纳为职业认知、职业情感、职业意志、职业理想、职业能力五大人格结构，阐述其具体职业人格表象和特性，进而提出系统的新时代高校辅导员职业人格结构规范。

第三部分高校辅导员职业人格现状调查，重点回应怎样实证分析新时代高校辅导员职业人格现状的问题。本书主要采用实证研究法，通过高校辅导员职业人格测评问卷对14个省市共38所高校的525名辅导员和1481名大学生进行了实证调查，使用统计分析软件SPSS24.0对所收集的数据进行专业处理，分别从辅导员的视角和大学生的视角对辅导员职业人格的总体状况和人口变量学上的特征进行分析，最终分别围绕辅导员群体和大学生群体对辅导员职业人格评价进行了总体情况分析和差异性比较，以此来达到把握高校辅导员职业人格现状的目的。

第四部分高校辅导员职业人格现状及存在问题的原因分析，重点回应怎样辩证把握职业人格现状与存因的问题。对待现状要辩证地看待，既要肯定高校辅导员职业人格表现好的方面，也要实事求是地展现问题。通过调研发现，虽然高校辅导员职业人格状况主流是好的，但是部分辅导员的职业人格状况跟新时代的要求并不相符，在坚定职业理想、完善职业能力、深化职业认知、培育职业情感和锤炼职业意志等方面仍有一定的进步空间。透过现象看本质，深刻剖析其问题产生的原因，从国家、社会、高校、个人、家庭、朋辈、学生等与辅导员工作生活息息相关的七个主要方面分析其原因，从而为精准施策做铺垫。

第五部分新时代高校辅导员职业人格塑造的策略探析，重点回应新时代高校辅导员职业人格如何塑造的问题。对策的提出总是建立在一定的前期积淀和特定环境之下，通过为新时代高校辅导员职业人格塑造提供的相关支持梳理，精准问题靶向，从产生问题的七个主要方面更精准、更系统地提出相应的策略，最终回归新时代高校辅导员实现五大人格的结构规范，确保提出的策略能够落地落实、精准有效。

目 录
CONTENTS

第一章 导 论 ··· 1
  一、研究依据和研究目的 ································ 1
  二、国内外研究现状 ····································· 3
  三、研究意义和研究思路 ······························ 19
  四、研究方法 ··· 22

第二章 高校辅导员、人格与高校辅导员职业人格概述 24
  一、高校辅导员概述 ···································· 24
  二、人格概述 ··· 42
  三、高校辅导员职业人格概述 ························ 57
  四、研究高校辅导员职业人格塑造的理论基础 ···· 72
  五、研究高校辅导员职业人格塑造的知识借鉴 ···· 81

第三章 新时代对高校辅导员职业人格的新要求 ········ 86
  一、新时代高校辅导员面临的新机遇与新挑战 ···· 86
  二、新时代对高校辅导员的新要求 ·················· 98
  三、新时代高校辅导员职业人格结构的建构与验证 107
  四、新时代高校辅导员的职业人格结构规范 ······ 131

第四章 高校辅导员职业人格现状调查 ··················· 140
  一、辅导员群体对高校辅导员职业人格的自我认知 140
  二、大学生群体对高校辅导员职业人格的总体评价 155
  三、总体情况分析与差异性分析 ···················· 168

1

第五章　高校辅导员职业人格现状及存在问题的原因分析 ……… 174
一、高校辅导员职业人格表现良好的肯定性总结 ……… 174
二、高校辅导员职业人格存在的突出问题 ……… 177
三、高校辅导员职业人格存在突出问题的原因分析 ……… 190

第六章　新时代高校辅导员职业人格塑造的策略探析 ……… 206
一、新时代为高校辅导员职业人格塑造提供的相关支持 ……… 206
二、新时代高校辅导员职业人格塑造的对策建议 ……… 209

第七章　结　论 ……… 231
一、研究结论 ……… 231
二、研究创新点 ……… 232
三、研究展望 ……… 232

参考文献 ……… 234

附录1：新时代高校辅导员职业人格调查初始问卷 ……… 245

附录2：新时代高校辅导员职业人格测评正式问卷（辅导员版） ……… 248

附录3：新时代高校辅导员职业人格测评正式问卷（学生版） ……… 252

第一章

导 论

习近平总书记在党的十九大上向全世界庄严宣告:"中国特色社会主义进入了新时代。"① 进入新时代并非实现新时代,新时代的达成,"绝不是轻轻松松、敲锣打鼓就能实现的"②,它需要以大学生为重要组成部分的广大青年接续奋斗,勇担时代重任。新时代对当代大学生的基本素质和精神状态提出了新的更高要求,其核心点就在于形塑大学生健全的人格。高校辅导员作为中国特色社会主义大学的独特群体,作为新时代大学生人格形成的重要"形塑者",肩负着重大的时代使命,其职业人格状况直接影响着大学生的人格发展。从学理上把握高校辅导员职业人格结构,了解这一群体的职业人格"实然",揭示适应新时代发展需要的职业人格"应然",进而探索其职业人格塑造的路径和方法。这是高校思政工作理论研究和实践操作面临的一个重要时代课题,具有很强的理论价值和现实意义。

一、研究依据和研究目的

(一) 研究依据

1. 新时代对培育时代新人的新要求

习近平总书记指出,"新时代中国青年的使命,就是坚持中国共产党领导,同人民一道,为实现'两个一百年'奋斗目标、实现中华民族伟大复兴的中国梦而奋斗"③。新时代对大学生的精神面貌提出了新要求,不仅需要大学生要有扎实的专业学识,更为重要的是新时代大学生必须"人格要正"。一方面,首先要保证高校培养出来的时代新人是中国特色社会主义人才,是为中国特色社

---

① 习近平. 习近平谈治国理政:第三卷 [M]. 北京:外文出版社,2020:8.
② 习近平. 习近平谈治国理政:第三卷 [M]. 北京:外文出版社,2020:12.
③ 习近平. 习近平谈治国理政:第三卷 [M]. 北京:外文出版社,2020:333.

主义建设事业服务的，是为中华民族伟大复兴服务的，这是根本性的原则问题。① 另一方面，作为时代新人重要组成部分的大学生也必须是德智体美劳全面发展的大学生，这就需要大力提升大学生在品格培养、思维训练等方面成长成才的能力。高校辅导员作为形塑大学生人格的重要力量，为了适应新时代给高校学生工作带来的诸多新机遇和新挑战，需要以崭新的职业人格面貌来满足新时代的育人新要求。

2. 高校辅导员职业人格发展的现实困境

从整体层面讲，高校辅导员队伍的职业人格状况是符合时代要求的，绝大多数高校辅导员在以新时代的新要求为指导，在职业人格塑造方面不懈努力。但是，从具体层面讲，部分高校辅导员的职业人格状况还存在一些问题和困境，并不能有效满足新时代要求，具体表现在如下方面。有的辅导员职业理想淡漠，把辅导员岗位作为"跳板"，对待工作敷衍了事，浑浑噩噩度日，究其原因主要是缺乏职业认同。有的辅导员师德师风失范，缺乏应有的职业操守：有为师不廉的，要求学生给辅导员送礼；有以权谋私的，如广东某学院辅导员以交班费为由向学生收取钱财并挪作他用；有性骚扰学生的，例如，河南一名女学生在办公室向辅导员咨询考研问题时遭到辅导员侯某的性骚扰，还有北京一名辅导员经常在深夜通过发微信骚扰多名女学生；更有甚者，有的辅导员竟出现犯罪情况，例如，内蒙古一名高校辅导员郭某利用职务之便为个别参评国家奖助学金的学生提供"方便"，学生获奖后郭某要抽取一定"好处费"，同时，郭某还伙同他人非法收受实习单位以"实习生管理费"名义所送钱款11.2万余元，最终被判受贿罪。出现师德师风失范的问题，根本原因还在于部分高校辅导员权力意识膨胀、滥用权力、法律意识淡薄。有的高校辅导员素质能力不足，对于学生提出的问题无法准确回答，对于学生需要的帮助无法有效给予，对于学校的工作要求无法高效落实，这在一定程度上反映着部分高校辅导员的职业素质能力不足，主动学习意识不强。有的高校辅导员缺乏准确的职业认知，把高校辅导员当作"事妈""消防员""保姆"，深陷日常的学生管理琐事而无法自拔，这是典型的职业定位不清、职业认知不透的表现。有的高校辅导员职业情感弱化，对待学生态度野蛮粗暴、严厉刻薄，俨然一副"执法者"的模样，导致师生关系冷淡、师生矛盾尖锐，究其原因在于职业认同不强、职业认知不够、职业定位不准。

---

① 习近平总书记教育重要论述讲义 [M]. 北京：高等教育出版社，2020：45-68.

(二) 研究目的

本书的研究目的主要集中在三方面：

1. 进一步明晰新时代对高校辅导员职业人格的新期待

实现新时代就必须通过努力建设去完成，而建设新时代最有活力的生力军就是青年大学生。高校辅导员的主要职责使命是通过理论灌输、实践引导和自身的典型示范去帮助大学生塑造他们的价值世界，使之与新时代要求相匹配，而价值世界构造的核心便是人格塑造。辅导员恰恰是通过与大学生点点滴滴的接触和管理、教育、服务，形塑大学生的"三观"。但是，育人者先育己，教育者必先接受教育，如果辅导员自身的人格都不正，那么人格塑造性的教育也是"无源之水、无本之木"。面对新时代给高校辅导员工作带来的诸多机遇和挑战，辅导员要实现培育时代新人的历史使命，就必须从自身做起，塑造崭新的时代职业人格。通过对新时代高校辅导员职业人格结构的建构与验证，明确新时代高校辅导员职业人格结构，进而为进一步明晰新时代对高校辅导员职业人格的新期待奠定基础。

2. 客观而全面地把握当前高校辅导员的职业人格现状

对现状的把握是研究的逻辑起点。要把握高校辅导员职业人格的现状，就必须进行相关的实证调研，用事实数据说话。因此，在本书内容中，主要是通过问卷调研的方式在国内的诸多省份选取不同层次的高校，针对辅导员群体和大学生群体进行调研。通过利用专业的统计分析软件对调研数据进行科学分析，客观全面把握高校辅导员职业人格的现状，即职业人格表现良好方面和职业人格表现不足方面，从辩证的角度对优秀方面予以肯定，对不足方面进行总结梳理，进而为正确认识高校辅导员队伍的职业人格现状提供理论支撑，为问题的解决提供现实依据。

3. 为塑造新时代高校辅导员职业人格提供对策建议

本书坚持前瞻性、科学性、合理性、可操作性的原则，在全面把握高校辅导员职业人格现状和影响因素的基础上，相应地从国家层面、社会层面、高校层面、个人层面和其他层面，以及从政策制定、辅导员学科建构、人格化管理服务、科学性选聘机制、发展培养激励、和谐关系建构等方面有针对性地提出对策，以期能够为高校辅导员队伍建设提供理论指导，并推动部分对策建议的落地发展。

二、国内外研究现状

关于人格的研究，中外都有较多的研究成果。国内对于高校辅导员职业人格的研究成果已经有许多，国外也有类似的研究成果出现。在西方，特别是以美国为首的资本主义国家，它们注重政教分离，要求公立大学不能开设宗教信仰和人格培养方面的课程，所以，人格培育的职能更多的是社会化，它们也没有中国特色社会主义意义上的辅导员，但是这些国家同样存在类似于中国高校辅导员职业角色的学生工作管理人员，承担着学生心理咨询、就业指导、思想教育等职能，只不过在不同的时代、不同的国家有不同的名称而已。国外的学生工作管理人员的工作很多是外包的，学校将相关的职责交给非政府组织、宗教组织来做，虽然名称不同、组织不同，但是面对的对象和任务以及怀抱的目的是基本相同的，并且许多西方国家对此在理论研究和实践探索等方面都取得了一定的成绩。所以，在研究高校辅导员职业人格塑造的问题时，有必要对西方的相关研究成果资源进行借鉴。

（一）国外研究现状

1. 关于人格定义的研究

国外特别是西方国家对于人格的研究起步较早，关于人格的定义已经是学术研究实践中广泛关注的概念，"奥尔波特（Allport）最早对人格的定义做过综述，考察了50个定义"[1]，但是这个定义的界定还存在着差异，主要有以下几种。

一是"行为模式说"。这些学者倾向于把人格看成习惯化的行为模式。卡特尔（Cattell）认为，人格是"对个人在特定情境中的行为的预测"[2]；法尔斯（Phares）认为，人格是"一个人区别于另一个人并保持恒定的具有特征性的思想、情感和行为的模式"[3]。

二是"内部机制说"。这些学者把人格看成一种控制行为的内部机制（如自我、特质等）。米歇尔（Mischel）认为，人格是"个人心理特征的统一，这些特征决定人的外显行为和内隐行为，并使它们与别人的行为有稳定的差异"[4]。

三是"扮演角色说"。这些学者把人格看作个人在社会中所扮演的角色。奥

---

[1] 黄希庭. 人格心理学［M］. 杭州：浙江教育出版社，2002：7.
[2] CATTELL R B. Personality：A Systematic, Theoretical, and Factual Study［M］. New York：McGraw-Hill, 1950：2.
[3] PHARES E J. Introduction to Personality（3rd ed.）［M］. New York：Harper Collins, 1991：4.
[4] MISCHEL W. Introduction to Personality：A New Look（4th ed.）［M］. New York：Holt, Rinehart & Winston, 1986：4.

尔波特（Allport）认为，人格是"欺骗的假装或模仿，外表的吸引力"[1]。

虽然不同的学派和学者对于人格的定义存在一定的差异性，但是目前被较多学者接受的对人格的定义是由Funder提出的，即人格是"个体思维、情感和行为的特异性模式，以及在这些模式之下，能够或不能够被观察到的心理机制"[2]。

2. 关于人格研究范型的研究

国外对于人格的研究采用了多种范型，这些范型为后面研究者在研究内容和研究方法等方面进行了规定。在人格研究学界比较重要的范型主要有以下四种。

一是精神分析类范型。该类范型是由弗洛伊德（Freud）创立的。弗洛伊德认为，"人是一个能量系统，由本能所驱动……人的所有行为都是有动机的，是由潜意识决定的……个人的人格是由潜意识决定的……本能是个人人格的动力……人格的健康取决于人格结构中的本我、自我和超我之间的和谐一致，以及个人与其外部世界的协调"[3]。集体潜意识是荣格理论的核心概念，荣格（Jung）认为"与个人潜意识不同，集体潜意识是人类种系发展的整个过程的沉积物，对所有人来说都是共同的，因为它的内容到处都能找到……人格是一个相对的封闭系统，其动力是心理能（力必多）"[4]。阿德勒（Adler）的研究范型与弗洛伊德存在较大差异，弗洛伊德推崇潜意识的本能决定论，而阿德勒则注重意识的作用发挥，他认为人格的动力是社会动机。在阿德勒看来，"某个特定的个体都有其生物遗传因素和环境影响，但是，正是创造性自我对这些变量的作用和解释决定了这个人的人格"[5]。

二是特质论范型。特质论理论把人格看作由许多不同特质所构成，人与人之间的差异主要是由于个人特质不同。在奥尔波特看来，"应集中研究个人特质

---

[1] ALLPORT G W. Personality: Theories, Research, and Applications [M]. New Jersary: Prentice-Hall, 1937: 25-48.
[2] FUNDER D C. The Personality Puzzle [M]. New York: W. W. Norton & Company, 1997: 1-2.
[3] 黄希庭. 人格心理学 [M]. 杭州：浙江教育出版社，2002：83-106.
[4] JUNG C G. Two Essays on Analytical Psychology [M] //JUNGC G. Collected Works of C. G. Jung, Volume 7. Princeton: Princeton University Press, 1972: 66.
[5] ADLER A. What Life Should Mean to You [M]. Bostou: Little, Brown, and Company, 1931: 73.

而不是探讨共同特质……个人特质区分为首要特质、中心特质和次要特质"①。卡特尔认为人格的基本结构元素是特质。在卡特尔看来,"潜源特质是解释行为的内在原因。受遗传因素决定的潜源特质称为体质性特质,从环境学习而获得的潜源特质称为环境养成特质"②。在艾森克(Eysenck)看来,环境和遗传交互作用才产生行为,其中遗传的生物因素起着特殊的基础性作用。"内外倾、神经质和精神质都是相对稳定的,虽然环境也能使行为有某种程度的改变。"③

三是学习论范型。该范型"强调个体的外部力量而忽视个体的内部动力,认为个体行为的差异主要来自个体在成长过程中所面临的学习经验的差异"④。在斯金纳(Skinner)看来,"所有的行为都是由环境事件决定的……行为模式上的差异是由于人们所处的学习环境的不同"⑤。罗特(Rotter)则认为,"行为是由机体内部的认知过程和外部强化决定的"⑥。在他看来,对某种行为成功预期的强度和行为所朝向的目标价值决定着一个人在特定情境中的行为潜能。班杜拉(Bandura)反对人格发展的阶段论,他强调的是社会影响的作用。在他看来,"研究人格发展的真正重要的变量是社会学习的作用"⑦。

四是现象学范型。该范型更为关注的是人的主观经验,他们主张以正常人为研究对象,关注个人对世界的看法,而对人的动机、特质、强化史等并不关心。罗杰斯(Rogers)认为,自我的形成和发展有赖于个体和环境互动的许多因素,这些因素主要包括正向关怀的需求、价值的条件、无条件的正向关怀、自我的一致性和威胁。马斯洛(Maslow)认为,人性是由需求构成的,而这些需求是按照一定的层次排列的,"人类的基本需求依强弱和先后出现的次序是生理需求、安全需求、归属和爱的需求、自尊需求和自我实现的需求"⑧。在马斯洛看来,人的需求是不断发展变化的,并且成为支配力量的需求也是随之变化

---

① ALLPORT G W. Pattern and Growth in Personality [M]. New York:Holt, Rinehart & Winston, 1961:221.
② CATTELL R B. Personality:A Systematic, Theoretical, and Factual Study [M]. New York:McGraw-Hill, 1950:33-34.
③ EYSENCK H J, EYSENCK M W. Personality and Individual Differences [M]. New York:Plenum Press, 1985:241.
④ 黄希庭.人格心理学 [M].杭州:浙江教育出版社,2002:80.
⑤ SKINNER B F. How to Teach Animals [J]. Scientific American, 1951, 185 (6):26-29.
⑥ ROTTER J B, HOCHREICH D J. Personality [M]. Glenview, IL:Scott Foresman & Co US, 1975:96.
⑦ BANDURA A, WALTERS R H. Adolescent Aggression [M]. New York:Ronald, 1959:29.
⑧ 马斯洛.动机与人格 [M].许金声,程朝翔,译.北京:华夏出版社,1987:305.

的，只有在人的低层次的需求得到满足后，才会出现更高层次的需求。

3. 关于学生事务工作者的研究

在国外，从事高校学生工作的人员，通常被称为学生事务工作者（Student affairs persounal），与学术事务管理相对。虽然名称不一样，但是他们所承担的教育功能相当于中国的高校辅导员。

国外关于学生事务工作者的研究成果主要集中在如下方面。

从发展历程上看，发达国家和地区关于学生事务工作者的研究最早可追溯到17世纪，整体而言，经历了"启蒙—多样化发展—职业化发展—专业化发展—现当代发展"五个阶段。学者Elizabeth M 曾在《学生事务的发展》一文中较为系统地阐述了美国"1636年至1985年期间学生事务工作者的职业发展"[1]。美国学者卡朋特（Carpenter）和米勒（Miller）曾在著作《学生事务工作领域的专业发展分析》中提出"职业发展四阶段"[2]理论，后经研究修正为三个阶段，即形成阶段、实践阶段、延伸阶段。由此可见，美国作为高校学生事务工作研究的先驱，从职业发展的角度对学生事务工作者的研究积累了较多的经验，并已形成较为完善的管理制度、较为系统的工作理念以及高度职业化、专业化的工作队伍。

从研究内容上看，学界对学生事务工作者的研究涵盖人员构成、职业素养、职业能力、职业发展、职业倦怠等多方面。美国高校学生事务工作者分为初级、中级和高级三类。英国高校学生管理人员由兼职和专职人员构成。日本主要通过雇佣事务、技术型员工完成服务工作。并且，美国的职业素养准入门槛高，需在职业资格和工作能力均具备的条件下才能从业，日本则没有工作人员具备专业资格证书的硬性要求。在职业发展过程中，美国注重后期再教育，通常会采取开办高等教育学生事务管理专业或开设有关学生事务管理的核心课程的方式，培养专门人才；日本则相对稳定，通常"随着从业年限和资历的增长，一般仅限在本系统内晋升，职业生涯规划路径单一"[3]；英国的导师制是其高等教育体制的一大特色，"导师通过提供教学和管理，帮助并满足学生的需求"[4]。

---

[1] ELIZABETH M. Nuss, the Development of Student Affairs [M] //SCHUH J H, JONES S R, TORRES V. Student Service: A Handbook for the Profession. San Francisco: Jossey-Bass, 1996: 65-83.

[2] CARPENTER S, MILLER T. An Analysis of Professional Development in Student Affairs Work [J]. NASPA Journal, 1981, 19 (1): 2-11.

[3] 龚春蕾. 高校辅导员职业化专业化问题研究 [D]. 上海：华东师范大学，2011.

[4] 冉启亳. 国外辅导员工作对我国的启示 [J]. 山东农业工程学院学报，2018，35 (6)：171-172，174.

Roxana Axinte 针对高校学生事务工作者从建构主义的角度对职业发展胜任力进行了研究，他指出，职业发展咨询服务很难在完成某项活动后立即在观察到的结果中进行量化，因此，"教育和培训年轻人实现专业发展是几个因素的责任，高校学生事务工作者就是其中一个因素"①。艾米莉（Emily）则通过工具性个案研究设计，"探讨了学生事务工作者的必要性"②。此外，美国和英国众多的行业协会也为学生事务工作者的发展提供支持。从长远来看，绝大多数有指导意义的举措是由各类协会发布的，一定程度上推动了高校学生事务工作的开展。弗罗伊登贝格尔（Freudenberger）最早提出"职业倦怠"③。

从各国及各地区高校学生事务工作者的共性上看，学生事务工作者是一个稳定的职业群体，具有核心的专业工作领域，拥有系统的培训体系及晋升渠道，是实现各国及各地区职能发展的重要力量。但在实际的研究中，George M. Calery 认为"关于学校辅导员职业化的论著颇多，但是进行系统化社会学分析的却寥寥无几"④。阿曼达（Amanda）回顾了 2019 年在专业咨询期刊上发表的 139 篇关于辅导员教育与监督的文章。采用了多种方法，"就当前的监督问题、辅导员培训、课程开发和相关专业问题提供了思路"⑤。综上所述，关于高校学生事务工作者的研究历史悠久，各国及各地区的探索各有千秋，如何博采众长顺利实现学生事务工作中国化，需要更为深入且透彻的研究。

总之，西方学界把人格作为一个研究对象、一个客体以科学研究的形式第一次把人格作为一个科学问题提出来，其研究成果在理论、方法、基本范畴的界定方面奠定了人格塑造学科的基础，对本书有一定的借鉴意义。同时，西方在高校学生事务管理者的人格研究方面也积淀了一定的优秀经验，对我国高校辅导员人格的塑造也有一定的参考价值。但是，西方学界对于人格的研究是以个人主义哲学为前提的，这和我国高等教育以培育集体主义为道德原则格格不入。所以，对于西方学界的理论研究成果，本书将在批判的基础上有选择地借

---

① AXINTE R. The School Counselor: Competencies in a Constructivist Model of Counseling for Career Development [J]. Procedia - Social and Behavioral Sciences, 2014, 142: 255-259.
② BROWN E C. School Counselor Conceptualizations of the Needs of Children of Incarcerated Parents [J]. Children and Youth Services Review, 2020, 112: 104-936.
③ FREUDENBERGER H J. Staff Burn-out [J]. Journal of Social Issues, 1974, 30 (1): 159-165.
④ CALERY G M. The American School Counselor. David J. Armor [J]. The School Review, 1970, 78 (4): 571.
⑤ LA GUARDIA A C. Counselor Education and Supervision: 2019 Annual Review [J]. Counselor Education and Supervision, 2021, 60 (1): 2-21.

(二) 国内研究现状

通过查询中国知网，国内对高校辅导员职业人格的研究始于1996年。2007年之后，研究高校辅导员职业人格的成果开始呈增多之势，当前国内学界以辅导员职业人格为主题的研究成果主要集中在辅导员的人格特征、辅导员职业人格对大学生的影响、辅导员职业人格与大学生心理健康教育、辅导员职业人格与职业倦怠、辅导员职业生涯等方面。而对于如何塑造辅导员职业人格的研究成果并不多，面对新时代辅导员的高标准和严要求，如何塑造新时代辅导员职业人格鲜有人研究，特别是在当前的博士论文中，并无学者专门研究新时代高校辅导员职业人格塑造。

1. 关于人格概念的研究

人格并非中国的本土词汇，而是舶来词。由于中国习惯用道德水准来作为人之为人的规定，所以，人格成了人品的替代词。人格作为一个在科学研究中被广泛使用的对象性范畴，被许多学科共同关注，当前学界关于人格的概念虽说是从不同的学科视角进行解释，但基本已成定论。纵观当前学界对人格概念的研究，研究成果主要集中在以下方面。

心理学大多是从人的自然存在状态入手进行人格研究，非常注重个体的人格差异，忽视了对人格的群体性研究。他们大多把人的"性格、特质、气质等生理—心理性状"归结为人格，认为人格是有一定倾向性的各种心理特征的总和，强调人格是"统一的结构性自我"。华中师范大学的郭永玉教授认为，"人格是个人在各种交互作用过程中形成的内在动力组织和相应行为模式的统一体"[1]。黄希庭教授认为，"人格是个体在行为上的内部倾向"[2]。

从伦理学的角度来讲，人格即品格。品格是伦理学上的人格所关注的重点内容，但是缺乏对人格的本源性挖掘。从伦理学的角度来看，人格是有层次的，是有高尚和卑下之分的。同时，伦理学认为，人格不是先天固有的，而是后天在社会中逐渐形成和发展形成的。中国自古以来便拥有丰富的伦理学说和伦理思想，以孔子为代表的儒家建立了以"仁"为核心的伦理体系；以老子和庄子为代表的道家则建立了以"自然无为"为核心的伦理体系；以墨子为代表的墨家伦理宣扬"兼相爱，交相利"；佛教则形成了"惩恶劝善"的道德伦理精神。不同的学派对伦理的理解不同，但是受中国传统思想的影响，主要还是从伦理

---

[1] 郭永玉，贺金波. 人格心理学 [M]. 北京：高等教育出版社，2011：5.
[2] 黄希庭. 人格心理学 [M]. 杭州：浙江教育出版社，2002：8.

道德的角度来理解。

社会学的主要研究对象是社会人，人格是社会人的规定，是社会传统和风俗习惯等社会规范在个体身上的内化，表征个体的社会化程度和水平。社会对社会人有一套被大众所认可、承认和接纳的群体性标准规范，当个体的行为符合该标准规范时便是社会人，当个体的行为不符合该标准时便成了异类。社会学研究人格是将个体放在他所处的社会环境以及所属的社会群体中对其人格进行研究。从这个意义上讲，个体的行为越符合群体性标准规范，他的社会化程度就越高，其人格就越完善，反之，个体的行为违背了群体性标准规范，他的人格就成了"反社会人格"。社会学对人格的研究目的，在于按照社会的群体性标准规范对社会人的人格进行调试和重组，让个体高度社会化，使其形成社会人格。但是，仅将社会规范标准作为人格的评判标准不够全面。

法学上的人格研究是以人的资格为基本内容，关注的是人的"有存在价值的自我"，"其人格通常是指对作为主体（包括法人）的权利、义务的确认。与此相应，法律保护的人格权，即保护与人格主体不可分离的权利"[①]。法学中的人格没有高低之分，只有是否确认之分。重在人格的确认，无法说明人格的根本。

从文化学的角度来看，人自从出生开始就受到一定文化情境的影响，在个体社会化的过程中，受先在的文化浸染，将习得的文化逐渐内化为个体稳定的心理结构和行为方法。文化学视域下的人格就是文化人格。但是对于文化在人格形成中的作用发挥程度如何，文化学界有两种不同的声音。一种是文化决定人格论。以波亚士为首的美国人类学家意识到生物遗传因素并不能决定人格的差异，而真正决定人格差异的是文化。该观点弥补了生物学和心理学对人格研究的不足，但忽视了文化和人格之间的有机统一关系。另一种是文化与人格交叉论。该理论的核心思想是人格有群体人格和个体人格之分，群体人格是群体在同一文化环境下形成的，他们在人格方面表现出共同的部分；但是人格是有差异之分的，即便是拥有共同群体人格的个体人格也是有差异的，之所以会出现这种差异，是由于社会文化影响的只是人的基本人格，而由于个体的生活文化情境不同，相应地造就了区别于其他个体的不同人格。

人格的主体是人，人的社会性决定了人是"类"，从哲学视角研究人格，有必要从"类关系"去把握人格的本质属性和表现特征。虽然"类"仅能说明人的自然属性，说明人和其他动物一样都是有生命的种类，但是"类关系"不仅

---

① 王荣德. 现代教师人格塑造[M]. 天津：天津教育出版社，2004：4.

表示了人的自然属性，更说明了有生命的人的生存和发展与社会环境、社会关系紧密相连，"类关系"强调人的社会属性或文化属性。"人是社会的人，是在一定的文化中与文化相互联系、相互影响的人。社会创造了人，人在这个社会中不断地为社会所同化，从而满足社会需要，形成与社会适应的人格"①。综上所述，"哲学意义上的人格是人的本质在个体的人身上现实化，是个体或群体在社会实践活动和社会交往中形成的调节、适应和改造客观环境中个体或群体的精神气质和行为模式的总和"②。

通过对古今中外学者对人格定义的梳理，结合心理学、伦理学、社会学、法学、文化学、哲学等学科对人格内涵的不同阐释，可以将人格定义为：人格是人在社会化过程中，在一定社会文化情境的影响下，受社会物质生活条件的制约，通过对社会文化的习得和内化所形成的稳定的心理结构和行为方式，并通过个性特征、价值观念、思维方式和行为模式等进行展现的综合系统。换句话说，人格是人们在社会生活中通过自身的言语、行为、情感、态度等显性特征所表现出的人的品位或格调。言语、行为、情感、态度等是展示人格的媒介，隐藏在背后的核心是人格。

总的来讲，虽然不同的学者从不同的学术领域和学科角度对人格进行了研究和概念界定，但研究思路总体一致。大多数学者认为人格是人在社会化过程中受内外因素影响形成的具有稳定性的内部和外部行为的统一。当前，学者黄希庭在其专著《人格心理学》中提出的人格定义较为符合当下学界的研究取向，当然，他的研究侧重于心理学，而本书对人格的研究则更偏向于社会学和教育学角度。

2. 关于职业人格的研究

由于高校辅导员是一种职业，所以要研究高校辅导员人格，首先要对职业人格的研究现状进行清晰的把握，特别是要对职业人格与个体人格的关系、职业人格的内容构成进行重点关注。

从职业人格与个体人格的关系出发，程海云、朱平认为，"个体人格与职业人格的匹配度越高，职业发展就会越顺利"③。庞跃辉、廖清胜等人认为，"职业人格是个体人格的重要组成部分，但并不是个体人格的全部……职业人格与

---

① 郑希付. 现代西方人格心理学史［M］. 广州：广东教育出版社，2007：201.
② 陈琼珍. 现代人格及其塑造［M］. 广州：中山大学出版社，2018：43.
③ 程海云，朱平. 高校辅导员职业人格形成机理与培育策略研究［J］. 高教探索，2021（9）：34.

一般人格是有机统一、相互依存的，而不应该是相互分割的"①。白世明认为，"职业人格就是从职业的角度所表现的个体人格"②。钱焕琦、蒋灵慧认为，"个体人格与职业人格之间既有一致性也有差异性……在从事职业之前就具备了个体人格，在从事职业后其个体人格的一部分新生成为职业人格；在从事职业的过程中表现出职业人格的同时，在其他社会领域依然表现出个体人格……当个体人格中不符合职业情境要求的部分经过反思、更改，或同化，或生成职业人格……个体人格与职业人格也是对立统一的矛盾体"③。

职业人格的内容划分，庞跃辉、廖清胜等人认为，职业人格是"一定社会的思想道德、理想情操、价值取向、行为方式的综合体"④。许磊、陈九如认为，职业人格包含"理想信念、职业情感、职业规范和职业道德"⑤。白世明则认为"职业观、职业性格、创新精神意识和社会适应能力构成了职业人格的内容"⑥。

3. 关于高校辅导员职业人格概念的研究

关于高校辅导员职业人格的概念众说纷纭，许多学者在其研究成果中都提及辅导员职业人格的含义，但是迄今为止，高校辅导员职业人格并没有一个普遍公认的定义。当前学界关于辅导员职业人格的概念研究主要集中在以下几方面。

一是非强制性力量说。魏莉莉、王志华认为，"高校辅导员人格主要体现为非强制的号召力和凝聚力"⑦。张军琪认为，"辅导员人格是一种非强制性内在力量，人格威信来源于人格魅力。人格是性格、气质、能力等特征的总和"⑧。二是职业人格说。程海云、朱平认为，"高校辅导员职业人格体现着社会对辅导

---

① 庞跃辉，廖清胜，王戎，等. 为人师表的人格范式：教师人格优化系统研究[M]. 重庆：西南师范大学出版社，2017：23.
② 白世明. 高职院校学生职业人格培养研究[J]. 国家教育行政学院学报，2012 (6)：36.
③ 钱焕琦，蒋灵慧. 教师个体人格与职业人格的冲突与调适[J]. 上海师范大学学报（哲学社会科学版），2015，44 (4)：12-16.
④ 庞跃辉，廖清胜，王戎，等. 为人师表的人格范式：教师人格优化系统研究[M]. 重庆：西南师范大学出版社，2017：20.
⑤ 许磊，陈九如. 从规约到自律：高校辅导员职业守则内化与职业人格的完善[J]. 学校党建与思想教育，2017 (3)：88.
⑥ 白世明. 高职院校学生职业人格培养研究[J]. 国家教育行政学院学报，2012 (6)：37.
⑦ 魏莉莉，王志华. 高校辅导员人格涵养的价值与路径[J]. 中国高等教育，2021 (Z1)：39.
⑧ 张军琪. 基于思想政治教育成效论域下的辅导员威信探析[J]. 思想政治教育研究，2021，37 (1)：153.

员职业的要求，是辅导员在职业活动中形成的相对稳定的职业认知、情感、态度、价值观等内在动力系统和外在行为方式的总和"①。顾晓虎、高远提出，"高校辅导员人格体现了能胜任本职工作所必须具备的良好的性格特征、积极的心理倾向、创造性的认知方式、丰富的情感、坚强的意志、高尚的道德品质、规范的行为方式等内容的融合"②。三是社会角色说。徐德斌认为，"高校辅导员的人格是指个体作为辅导员这一特定社会角色，在一定的社会生产方式中，在一定的社会政治关系、经济关系和文化环境关系中所表现出来的稳定个性和行为特征的总和"③。

通过比较可以发现，当前学界的研究成果虽然因研究视角不同而得出不同的结论，但也有一定的共同之处：一是都认为辅导员职业人格是内在个性和外在行为特征的总和；二是都认为辅导员职业人格与辅导员职业密切相关，有别于其他职业的特殊性人格特征。总的来讲，个人更倾向于顾晓虎、高远对辅导员职业人格的概念界定，该定义相对而言更为全面和准确，既讲明了辅导员职业人格的表征，也包含了辅导员职业人格深层内涵。

4. 关于高校辅导员职业人格塑造的重要性研究

魏莉莉、王志华认为，高校辅导员职业人格的涵养，"对于确立大学理想主义文化精神、养成高尚师爱境界、发扬优良道德品行有积极作用"④。闪茜菁认为，大学生成长成才的关键环节是塑造健康人格，辅导员有责任和义务"引导学生养成良好的心理品质和自尊、自爱、自律、自强的优良品格"⑤。陈士福、黄子芳认为，"由于高校辅导员的本质特征是教育性，所以，辅导员的职业核心就是塑造人格"⑥。耿爱英、孙恒认为，"辅导员具备较为优秀的人格特征是大学生对大学生活产生认同感、归属感和整体感的必要条件"⑦。张笑涛认为，

---

① 程海云，朱平. 高校辅导员职业人格形成机理与培育策略研究 [J]. 高教探索，2021 (9)：35.
② 顾晓虎，高远. 职业化高校辅导员的人格特征及其塑造 [J]. 高等教育研究，2008 (7)：93.
③ 徐德斌. 高校辅导员人格简析 [J]. 中国市场，2010 (19)：164.
④ 魏莉莉，王志华. 高校辅导员人格涵养的价值与路径 [J]. 中国高等教育，2021 (Z1)：39.
⑤ 闪茜菁. 辅导员工作视域下的大学生健康人格塑造 [J]. 思想理论教育导刊，2012 (1)：114.
⑥ 陈士福，黄子芳. 高校辅导员的人格塑造初探 [J]. 学校党建与思想教育，2011 (4)：94.
⑦ 耿爱英，孙恒. 大学生期望与辅导员现实人格特征的比较研究 [J]. 当代教育科学，2011 (19)：44.

"大学生只有先养成独立人格，才能为做学问奠定基础，而辅导员的职责就是帮助大学生塑造独立人格"[①]。曾保春、钟向阳认为，"辅导员对学生的教育、管理和服务职能的体现，归根结底就是用自己健康和谐的人格力量去影响、作用于学生的思想、观念及行为"[②]。总的来讲，高校辅导员职业人格塑造的重要性对于辅导员的职业良性发展，以及大学生的健康人格养成都有重要意义。

5. 关于高校辅导员职业人格的结构要素构成研究

王育德认为，辅导员的职业人格"由坚定正确的政治人格、高尚的情操和优秀的传统美德、丰厚扎实的专业技术知识、善于解决实际问题的能力构成"[③]。韩冬和毕新华在王育德的基础上增加了"良好的威望和高雅的审美情趣；强烈的责任心，真诚的爱心和不息的进取心"[④]。曹威威则认为，"高校辅导员职业人格发展应具有三个向度的内容：一是健康的心理素质，二是积极的道德品质，三是鲜明的个性特质。心理素质的强化是基础；道德品质的养成是关键；个性特质的彰显是一种境界"[⑤]。张军琪认为，辅导员的职业人格内容总的体现为"态度要真诚热情、富有想象力、思维要有逻辑和创新、乐观开朗。自身方面要有进取精神、自励自谦、勤奋认真、严格自律、情绪稳定平衡、强意志力等"[⑥]。邹巍依据五大人格特质的构面对辅导员人格进行了剖析，这五种人格特质因素分别为"外倾性（热情、乐群、积极情绪）、宜人性（信赖、直率、谦逊）、尽责性（追求成就、自律、深思熟虑）、开放性（尝新、发散性思维等）及神经质（平静自我调适良好）"[⑦]。关于辅导员职业人格结构的要素构成，目前学界并无准确的统一定论。邹巍从心理学方面的五大人格特质角度、张军琪从对待大学生和对待自身的角度、曹威威从辅导员职业人格发展的角度来论述，以上学者的论述较为全面，而其他学者的论述总体来讲偏向宏观研究，研究内容有些笼统。

---

① 张笑涛. 大学生"精神成人"：为何与何为 [J]. 现代教育管理, 2011（9）：97.
② 曾保春, 钟向阳. 高校学生工作中辅导员角色的人格分析 [J]. 高教探索, 2010（4）：131.
③ 王育德, 卢兰萍. 略论辅导员的人格魅力 [J]. 教育发展研究, 1999（S2）：62-63.
④ 韩冬, 毕新华. 高校辅导员职业能力的形成与提升 [J]. 思想理论教育导刊, 2011（11）：123.
⑤ 曹威威. 高校辅导员职业生涯发展周期超越论 [J]. 学校党建与思想教育, 2018（9）：91-95.
⑥ 张军琪. 基于思想政治教育成效论域下的辅导员威信探析 [J]. 思想政治教育研究, 2021, 37（1）：152-155.
⑦ 邹巍. 大学生组织公民行为研究 [D]. 大连：辽宁师范大学, 2013.

6. 关于当前高校辅导员职业人格的现实状况研究

当前学者对于高校辅导员职业人格现实状况的研究，大多采取各种心理测量方式、人物访谈、线上测评、SPSS统计分析等方式进行实证研究。

关于辅导员职业人格的积极方面研究。耿爱英、孙恒对120名山东大学在校大学生进行了调查，并对山东大学33名在职辅导员进行了卡特尔16PF量表测评，通过调研和测评数据分析，指出当前的大多数高校辅导员工作中比较有魄力，有较强的人际交往能力，有较强的工作责任心，工作中表现出一定的创造性。[1] 刘纯姣采用心理测量法对上海市11所高校近5年获得过校级以上优秀辅导员荣誉称号的56名辅导员进行测量，经过数据分析，"57.1%的人兴奋性特别高；53.6%的人敢为性特别高；42.9%的人恃强性特别高"[2]。结果表明，上海的优秀辅导员具有较为积极的人格，主要体现在适应、果断、外向、积极，具有适中的创造能力和专业成就。谢小芬采取问卷调查和访谈的形式，实证调查了100名辅导员，通过数据分析，提出辅导员在工作中更多表现出了积极乐观、热爱生活、个性开朗、幽默风趣、行事果断、精力充沛等积极方面的人格，工作之余，86.67%的辅导员还有良好的兴趣爱好。[3]

通过上述分析，从整体来看，大多数辅导员职业人格呈现积极的良好状态，通过梳理，具体体现在以下几方面。

一是职业心理方面：（1）心理健康、个性开朗、为人乐观、积极向上；（2）思维敏捷、风趣幽默、视野开阔、有大局观念；（3）保持平和的心态和心理健康；（4）活泼外向，且随遇而安。

二是职业发展方面：（1）有较强的自信心、自律性和独立性；（2）有较强的现代意识，对于新事物、新知识和新观点较容易接受；（3）有敢作敢为的职业精神，敢于冒险。

三是职业道德方面：（1）工作中有较强的责任心、亲和力和奉献精神；（2）有着较强的敬业精神，踏实肯干，面对压力时具有较强的情绪把控力和情绪稳定性，沉稳冷静。

四是职业能力方面：（1）具有较强的人际交往能力，能和学生进行积极的

---

[1] 耿爱英，孙恒. 大学生期望与辅导员现实人格特征的比较研究［J］. 当代教育科学，2011（19）：44-47.

[2] 刘纯姣. 上海高校优秀辅导员人格特质研究［J］. 学校党建与思想教育，2013（4）：86.

[3] 谢小芬. 解析高校优秀辅导员的核心特质：基于全国高校辅导员年度人物的实证分析［J］. 思想理论教育，2016（5）：104-107.

沟通，帮助学生解决生活和学业中的问题；（2）有明确的兴趣爱好，在工作压力大的时候，增添生活乐趣，有助于辅导员陶冶情操，提高文化素养，拓展人脉，提高工作效率；（3）工作中具有创造性、聪慧性。

综上所述，辅导员队伍的整体人格呈良好、积极的状态，这些人格特征可以有效促进辅导员和大学生之间开展良好的双向互动，也使辅导员更好融入学生群体，了解学生，实现信息、情感和价值观的有效沟通，从而更好优化大学生的个性素质和人格发展。

关于辅导员职业人格的消极方面研究。祖磊、张炜、律晶晶以人格特质为视角，认为辅导员职业倦怠表现为"情绪低落、人际关系紧张、成就感降低"[1]。廖梦园、陈洋庚认为当前部分辅导员职业人格存在以下问题：一是在认知方面对工作和生活的思考不足，理论素养缺乏；二是在情感方面人际关系失调，缺乏沟通技巧，难以与人相处；三是在意志方面的自身意志薄弱。[2] 刘涛、张胜利认为，一些辅导员存在政治理论基础薄弱、奉献精神不足、沟通能力欠佳等问题。[3] 王倩认为目前部分高校辅导员出现了人格矮化倾向，有的甚至形成了人格缺陷，主要显现在以下几方面：一是有时候在工作中出现焦虑烦躁情绪，工作热情消减；二是对部分学生缺乏耐心和爱心，过于严厉刻薄；三是利用职务，唯利是图；四是对学生工作缺乏责任心，把辅导员工作当成跳板。[4] 沈威认为，"目前少数辅导员的角色意识、岗位情感、岗位技能等素养还不能完全适应时代的变化和学生的发展"[5]。通过综述，可以发现，当前学界认为辅导员职业人格存在的问题主要集中在以下方面。

一是职业心理方面：心理健康程度不是很乐观，表现在日常琐碎工作中，容易出现情绪焦虑、烦躁不安、情绪失控的情况。二是个性特质方面：不自信、害怕困难、知识匮乏、不善于学习、远离学生、缺乏同情心。三是职业道德方面：对学生了解不足；疏于尊重学生；思想不坚定；缺乏敬业精神；缺乏亲和力；自身素质不高，师表作用欠缺；易感情用事，自律性一般；工作中缺乏耐

---

[1] 祖磊，张炜，律晶晶. 基于人格特质的辅导员职业倦怠研究 [J]. 学校党建与思想教育，2017（4）：61-65.

[2] 廖梦园，陈洋庚. 新时期高校辅导员影响力研究 [J]. 学校党建与思想教育，2010（34）：98-100.

[3] 刘涛，张胜利. 新时代高校辅导员的新要求 [J]. 高校辅导员学刊，2018，10（4）：19-23.

[4] 王倩. 高校辅导员人格矮化：困境与出路 [J]. 巢湖学院学报，2013，15（5）：135-138.

[5] 沈威. 高校辅导员身份认同的冲突与消解 [J]. 思想教育研究，2016（5）：96-100.

心和细致；对学生工作缺乏责任心；严厉刻薄，缺乏爱心；利用职务，唯利是图。职业挫败与沮丧、职业倦怠。四是职业能力方面：洞察力不足；人际交往力不足；对学生发展的指导力不足；缺乏审美能力；工作方法单一。

通过文献梳理发现，当前学界对于辅导员职业人格存在的问题研究焦点主要集中于职业道德和职业能力，总体上来讲，研究面基本上覆盖了辅导员职业人格的内容。

7. 关于高校辅导员职业人格塑造的路径研究

学界关于高校辅导员职业人格塑造的路径，主要归纳为以下几方面：专业技能、平台建设、制度保障、个人素养等。吴新林等人认为"责任感和亲和力是优秀辅导员成长的必备要素，可以从这两方面着手，在训练中将理论思维和实践历练相结合，锻炼其职业化意识，培养形成优秀辅导员人格"[1]。林伟毅提出可以"通过完善晋升考评机制、严格优选优培模式和增强综合管理素质等，激励辅导员主动成长"[2]。谢小芬从辅导员个人、高校和教育行政主体的角度，提出优秀辅导员特质的培养路径。第一，明晰角色认知，加强专业意识培养，注重辅导员优良特质的培育和挖掘；第二，做好职业规划，丰富成长平台搭建，加强引领辅导员优良品质的培育和塑造；第三，健全制度建设，构建和谐人际关系，注重辅导员优良品质的核查和激励。[3] 刘小华认为，高校辅导员"要以坚定的政治素质、健全的心理人格、高尚的道德追求、踏实的工作作风、渊博的知识水平、饱满的人情意蕴去塑造自己的人格"[4]。曾保春认为"辅导员可实施人格化管理，即通过创造良好的工作环境、鼓励以主人翁姿态参与学生日常管理、畅通信息沟通渠道、切实排忧解难的方式提升辅导员的地位，给予其充分尊重，从思想道德、业务能力、心理素质、实践操作等方面强化其人格塑造"[5]。这些研究都从理论研究的视角出发，从宏观和中观层面探讨了辅导员职业人格塑造的路径和培育过程，为进一步研究辅导员职业人格塑造提供参考。

---

[1] 吴新林，赵红. 地方高校优秀辅导员人格特质解析：基于浙江省100名优秀辅导员获得者的实证研究 [J]. 浙江万里学院学报，2020，33（1）：109.
[2] 林伟毅. 高校辅导员职业能力的现状及提升路径 [J]. 思想理论教育导刊，2017（1）：134.
[3] 谢小芬. 解析高校优秀辅导员的核心特质：基于全国高校辅导员年度人物的实证分析 [J]. 思想理论教育，2016（5）：104-107.
[4] 刘小华. 周恩来精神对高校辅导员人格塑造的几点启示 [J]. 中国成人教育，2008（23）：51.
[5] 曾保春. 人格化：高校辅导员队伍管理与建设新视角 [J]. 现代教育管理，2010（6）：84.

综上所述，当前学界对辅导员职业人格塑造的路径与方法研究主要围绕以下五方面。一是从思想道德方面进行塑造。辅导员要培养优良的道德情操，树立远大职业目标，发自内心地去关心爱护理解并尊重学生。二是从业务能力方面进行塑造。要丰富专业技术知识，掌握与学生的沟通和交流技巧，提升业务能力。三是从心理素质方面进行塑造。保持乐观心境；提高其自我心理调适能力；加强对辅导员的心理疏导和自我调节的指导。四是从实践操作方面进行塑造。加强培养和培训；健全辅导员胜任人格培养制度；改进高校辅导员胜任人格培养方法；保持良好的仪表；运用网络平台发挥非权力性影响力；加强师德师风建设；高校应实行柔性管理，完善高校辅导员队伍的管理机制、激励机制、学习培训机制、考评监督机制和奖励约束机制。五是从环境创设方面进行塑造。优化学校环境，创设良好的组织氛围和良好的外部文化环境。

通过梳理可知，现有研究主要集中在辅导员职业人格塑造的外因研究，即通过塑造外部环境来加强辅导员的人格塑造，鲜少关注辅导员自身内因，存在内因方面挖掘不够深入、谋划不够全面的现象。辅导员职业人格塑造不仅要注重外部环境的作用，更要注重辅导员自身内在因素的影响，通过内外因素的综合研究分析，探究新时代高校辅导员职业人格塑造的有效路径和方法。

（三）国内外研究评价

纵观当前与"高校辅导员职业人格塑造研究"相关的文献发现，与高校辅导员职业人格直接相关的研究成果虽然并不是很多，但是当前的研究成果在人格的概念界定、辅导员的职业角色定位、辅导员职业人格结构、辅导员职业人格存在的不足，以及优化辅导员职业人格的相关对策建议等方面进行了一些有益的探索，特别是对高校辅导员职业人格结构的解析、新时代给高校辅导员工作带来的挑战和新要求、优化辅导员职业人格的对策建议等内容为本书的撰写奠定了坚实的思想基础，为本书把握新时代高校辅导员人格"应然"、探寻当前高校辅导员职业人格"实然"与新时代高校辅导员职业人格"应然"之间的差距，以及在对策提出方面提供了有益的启发。虽然当前学界对辅导员职业人格塑造的研究取得了一些成果，为本书提供了前期的资料积累和一定的理论、实践指导，但相对而言，在新时代历史方位上，面对新时代的新要求和新挑战，当前的研究成果还是相对比较分散、薄弱，难以满足理论和实践的双重期待，还有进一步深入研究的空间。

1. 当前的研究成果普遍缺乏具体的历史性考察

通过对文献资料的梳理可以发现，当前的研究成果更多的是从一般意义上对人和人格进行研究，他们大都把人看作抽象的人，很少把人放到具体的历史时代从政治、经济、文化、社会等方面进行全面的考察，研究成果缺乏一定的时代性。因此，对于高校辅导员职业人格的研究在历史时代的把握、现实影响因素的挖掘等方面仍需加强。

2. 当前的研究成果对特定群体的针对性研究不足

无论是国外的相关研究还是国内的研究，在一定程度上存在着共性问题，即把人作为普遍性的群体来看待，而在针对特定群体方面的研究做得还不够。当前研究成果较多的是从普遍意义上对人格进行探讨，研究的针对性、特殊性、差异性不足。所以，对人格的研究可以围绕特定群体进行强针对性的探索，以提升研究成果的针对性和实效性。

3. 当前的研究成果缺乏一定的系统性

新时代历史方位上，当前的学术研究成果对于新时代给高校辅导员工作带来的机遇和挑战、新时代对高校辅导员工作的新要求、新时代高校辅导员职业人格"应然"等方面的研究相对较少，已有的少量相关研究成果也仅是散落于部分学术论文中，呈现碎片化的倾向，并没有关于新时代高校辅导员职业人格塑造的系统性论述成果。因此，对于新时代高校辅导员职业人格塑造的系统性、深入性研究是有价值的。

4. 当前的研究成果在研究深度上有待进一步挖掘

当前学界对辅导员职业人格的研究并没成为一个专门的研究领域，并且大多数研究成果是从现象表层进行归纳总结，停留在辅导员人格魅力特征分析及其相关研究上，缺乏一定的学理支撑和对事物本质的挖掘。关于辅导员职业人格的研究方法局限于测量、调查，还停留在对结果的表面描述水平；关于辅导员职业人格塑造的影响因素还局限于师生关系、高校氛围、职业发展等浅层分析。因此，在研究深度上仍有一定的提升空间。

三、研究意义和研究思路

（一）研究意义

本书是基于强烈的问题意识而产生，问题源于时代现实。新时代的达成需要以大学生为生力军主力的时代新人的奋斗拼搏，而时代新人的培育离不开辅导员的职业人格示范。辅导员的职业人格状况越好，其越被学生接受和认可，学生成长成才的概率便会增大。所以，开展新时代高校辅导员职业人格塑造研究具有重要的理论和实践意义。

1. 新时代高校辅导员职业人格塑造研究的理论意义

（1）增强思想政治教育学科在高校辅导员职业人格问题上的研究深度。高校辅导员职业人格研究属于思想政治教育学科涵盖的研究内容，是在思想政治教育学科范围内的具体问题研究。本书把研究背景设定在具体历史阶段，把研究对象限定在高校辅导员群体，将研究的广度缩小，将研究的深度加大，可以深化在思想政治教育学科范围内对高校辅导员职业人格问题的认识，丰富高校辅导员职业人格研究的理论内涵，加深高校辅导员职业人格的研究深度，把高校辅导员职业人格塑造问题更加系统化、体系化。

（2）有利于思想政治教育学科的进一步深化与发展。通过本书，把人格、人格结构、高校辅导员职业人格、高校辅导员职业人格结构等概念厘清，丰富思想政治教育学科的研究内涵，拓宽思想政治教育学科的研究领域，有利于思想政治教育学科建设的进一步深化与发展。

（3）拓展高校辅导员职业人格塑造的研究思路。对于高校辅导员职业人格塑造的研究从一般意义上而言，主要是就思想政治教育学科进行研究，不过本书实现了多学科的视角融合，有助于进一步拓展和充实高等教育学、心理学、社会学等与思想政治教育学相关的学科内涵，揭示相关学科的内涵联系，为新时代背景下研究高校辅导员职业人格塑造提供一定的理论支持。

2. 新时代高校辅导员职业人格塑造研究的实践意义

（1）有助于从国家层面推动高校辅导员职业人格塑造的配套措施落地。高校辅导员是形塑大学生人格的重要力量，担负着对大学生进行中国特色社会主义教育的重要历史使命。所以，在国家层面更加注重高校辅导员职业人格培育是极端重要和紧迫的。为了保障新时代高校辅导员职业人格塑造目的的达成，强化在大学生思想政治教育过程中的国家意志，需要国家出台优待辅导员、辅导员选拔、队伍建设、培养培训制度、畅通晋升渠道等方面的系列政策。通过本书，我们希望在一定程度上推动相关配套政策的落地落实。

（2）为相关决策部门提供决策参考。本书从辩证的视角对高校辅导员职业人格状况表现良好和存在不足的方面进行了全面分析，根据存在的突出问题进行了深度的原因分析，并提出了有针对性的对策建议。该研究成果可以为相关决策部门全面理解和把握加强高校辅导员职业人格塑造的必要性，以及高校辅导员职业人格的整体状况、建设目标、塑造新时代高校辅导员职业人格的方式方法提供决策参考。

（3）为高校管理者强化辅导员职业人格塑造提供间接参考。本书成果在对策建议的提出方面有一定的合理性和可行性，可以为高校管理者，特别是分管高校辅导员队伍建设的管理者在如何强化辅导员职业人格塑造的具体落实，以及辅导员队伍建设等方面的工作提供间接参考。

（4）为辅导员自我成长进步提供理论帮助。高校辅导员职业人格塑造是辅导员自我成长进步的具体展现。对高校辅导员职业人格塑造重视不足、指导不够的现实，在一定程度上阻碍着辅导员的自我成长进步。本书以辅导员职业人格塑造为核心点，着重加强辅导员自身建设，提升辅导员队伍的职业素质能力，突出辅导员的综合素养和人格魅力，从理论层面对高校辅导员强化职业认同，提升职业幸福感和归属感，进而对打造职业化、专业化的辅导员队伍有着积极的促进作用。

（二）研究思路

本书的研究立足点是问题导入，以问题意识为引领，以马克思主义唯物辩证法为理论基础，把唯物史观和马克思主义实践观作为方法论，综合运用文献法、以田野调查为基础的实证研究法、多学科视域融合法等方法，紧紧把握人的成长、人格塑造的社会历史性和阶级性，具体客观地看待人和人格塑造。从对时代要求的理解出发，把高校辅导员放在新时代的社会历史条件中辩证地进行研究，以高校辅导员队伍人格总体状况为基础，在充分肯定高校辅导员职业人格表现良好的前提下，全面客观地把握高校辅导员职业人格存在的突出问题，并进行有针对性、多层次的深度原因挖掘。最后，从大原则上肯定人性可知论，坚持后天实践的重要性，反对人性和人格上的神秘主义，进而对高校辅导员如何在具体的情境中进行职业人格塑造进行展开和阐释。

一是从西方哲学史和中国哲学史的角度对人格的发展历程进行梳理。在学习借鉴前人对人格的概念、人格的结构、高校辅导员职业人格的概念、高校辅导员职业人格结构等研究成果的基础上，准确把握辅导员职业人格的一般性内涵和特殊性内涵，从理论层面深入分析高校辅导员职业人格概念的内涵和结构维度。

二是以马克思主义唯物辩证法为理论基础，探讨新时代对高校辅导员职业人格的新要求。由于不同的学者对辅导员职业人格结构的划分维度不同，在借鉴前人对高校辅导员职业人格结构划分成果的基础上，运用内容分析法对"全国高校辅导员年度人物"的先进典型事迹进行分析，通过对新时代高校辅导员职业人格结构的实证探索与验证，最终确立新时代高校辅导员职业人格结构模型。并在此基础上，将高校辅导员职业人格研究置于新时代的历史大背景下，以新时代对高校辅导员精神面貌的新要求为指导，探究新时代高校辅导员的理想职业人格结构规范。

三是充分运用唯物史观方法论，通过问卷调查方式分别对高校辅导员群体和大学生群体进行辅导员职业人格现状调研。通过使用统计分析软件对调研结果进行总体情况分析和差异性分析，客观全面把握高校辅导员职业人格现状，从辩证角度既分析总结高校辅导员职业人格表现良好的方面，同时还要分析出高校辅导员职业人格存在的突出问题。

四是在准确把握高校辅导员职业人格存在问题的基础上，从国家、社会、高校、学生、家庭、同辈群体等方面进行深层次的原因分析。在分析的过程中，把唯物史观和马克思主义实践观作为方法论，既要肯定先天因素对人格养成的影响，又要明确人格的决定性因素源于实践。高校辅导员职业人格的形成是先天和后天的统一，是理论和实践的统一。所以，对于存在问题的原因进行挖掘，既要考虑先天因素，又要把辅导员放置于具体的历史环境中从后天因素方面进行重点考察。

五是从大原则上坚持人性可知论。人格是可塑的，在准确把握高校辅导员职业人格存在问题和深挖诱因的基础上，结合新时代对高校辅导员精神面貌的新要求和新时代高校辅导员的职业人格结构规范，提出新时代高校辅导员职业人格塑造的对策建议。

四、研究方法

（一）文献研究法

本书围绕高校辅导员职业人格这条主线，通过对党的文献、报告、政策、文件以及国内外相关文献的查阅，一方面从西方哲学史和中国哲学史的角度对职业人格的发展史进行梳理，另一方面对人格的概念、人格结构、高校辅导员职业人格的概念、高校辅导员职业人格发展史、高校辅导员的职业人格结构、高校辅导员职业人格现状等内容进行归纳总结，为探寻理论依据、梳理发展现状、总结经验教训、促进辅导员职业人格塑造科学化发展奠定了坚实的理论基础。

（二）以田野调查为基础的实证研究法

在本书中多次使用了以田野调查为基础的实证研究法，其中有两次最主要。一次是为了探索新时代高校辅导员职业人格的实证结构，采取整群分层抽样的方法（问卷）对多个省份的高校辅导员进行了预调研；另一次是为了客观全面把握高校辅导员的职业人格现状，通过问卷的方式在国内多个省份分别对高校辅导员群体和大学生群体进行了较大范围的实证调研，为高校辅导员职业人格现状的客观全面把握提供了重要帮助。

（三）多学科视域融合法

对于高校辅导员职业人格的研究，不仅涉及思想政治教育学，同时还涉及哲学、心理学、社会学、教育学、伦理学、文化学等学科。辅导员作为人，最根本的理论支撑就是哲学，故马克思主义辩证法是本书的总体性方法论指导；人格问题是心理学研究的常见问题，所以对于人格的研究离不开心理学的支撑，所以在人格结构的确定过程中需要融入心理学知识；高校辅导员是社会关系中的特殊群体，既有其作为人的一般性，同时也有其作为人的特殊性，所以在研究高校辅导员职业人格现状和存在问题的原因分析时，需要社会学知识的融入；高校辅导员的工作过程就是一种教育活动，牵涉教育主体、教育客体、教育环体、教育载体等因素，在本书的诸多关系研究中都有教育学科内容的融入；人格问题在一定程度上可以理解为伦理问题，在对高校辅导员职业人格现状进行分析总结时涉及较多的伦理学知识；高校辅导员职业人格在形成的过程中受各种文化的影响也非常大，所以在研究高校辅导员的职业人格结构、存在问题的影响因素等部分都涉及文化学的相关知识。

（四）统计分析法

为了科学地对问卷调研的数据进行分析，在新时代高校辅导员职业人格结构的实证探索与验证环节以及高校辅导员职业人格现状把握环节中，本书使用统计分析软件 SPSS24.0 对所收集的数据进行分析，采用数据基本统计分析、方差分析、验证性因素分析和回归分析等方法对所得数据进行分析，并在人口学变量上进行比较分析。

（五）典型案例分析法

高校辅导员职业人格塑造属于实践性非常强的研究问题，在本书中离不开对现实典型案例的分析。为了丰富选题依据中高校辅导员职业人格发展的现实困境内容，列举了多起高校辅导员职业人格缺陷的典型案例。为了准确把握新时代高校辅导员人格结构，将2013年至2023年的142名全国高校优秀辅导员年度人物的先进事迹当作典型案例。这些典型案例非常具有代表性，但是典型案例不具有归纳功能，所以在本书中对于典型案例的使用往往是结合了演绎方法，以便从具体中归纳总结出抽象结论。

第二章

高校辅导员、人格与高校辅导员职业人格概述

一、高校辅导员概述

（一）高校辅导员的概念

新中国成立后，为了巩固新生人民政权，需要对包括教育在内的领域进行全方位改革，以确保党对社会主义事业的领导。为了做好大学生的政治思想改造工作，政治辅导员的概念被提出。1953年，时任清华大学校长蒋南翔提出建立学生政治辅导员制度并被中央批准，高校政治辅导员制度正式产生。高校辅导员制度经历了70余年的发展，已经趋于完善。通过对高校辅导员制度的形成与发展，以及高校辅导员制度的发展趋势梳理，在《普通高等学校辅导员队伍建设规定》（教育部令第43号）等政策文件和相关的理论文献研究的基础上，将辅导员的内涵界定为：高校辅导员是指在高校党委的领导下，在高校学生工作部门和院（系）党委（党总支）的双重管理指导下，在院（系）一线从事大学生日常思想政治教育、管理工作，以提升大学生的思想水平、政治觉悟、道德品质、文化素养，促进大学生全面发展，以推进高校发展以及维护高校稳定为目的，具有一定专业素养的从业人员。从高校辅导员组织属性的角度分析，设置高校辅导员是党和国家巩固党的群众基础和执政根基的重要举措。作为辅导员，最重要的是接受高校党委的领导并听从党委的指挥，具有强烈的政治性。从高校辅导员工具属性的角度分析，其工具属性主要体现在职业角色上，一是组织者，二是实施者，三是指导者。从高校辅导员的价值属性角度分析，对于学生，辅导员的价值在于帮助和示范；对于学校，高校辅导员要能够第一时间处理影响稳定的各种突发情况。从职业属性的共性来讲，高校辅导员是通过劳动获取报酬。从职业属性的特性来讲，它具有特定的职业准入体系、职业责任、职业内容、职业身份、职业发展通道和职业评价标准。

(二) 我国高校辅导员制度的发展历程与发展趋势

1. 我国高校辅导员制度的发展历程

关于我国高校辅导员制度的形成和发展，当前学界形成了较多的研究成果，将近70年的高校辅导员制度发展过程中的历史事实得到学界的一致认可，但是在高校辅导员历史发展的阶段划分中出现了一些分歧，主要争论点集中在高校辅导员制度的萌芽确定时间和改革开放以后辅导员制度的阶段划分。虽然学者们从不同的视角，用不同的标准对高校辅导员制度的发展历程进行了不同的时间阶段划分，但总的来讲，学界对于高校辅导员制度的发展经历了萌芽、确立、停滞、恢复、强化、完善等阶段是普遍认同的。

（1）辅导员制度的萌芽阶段（1949年至1955年）

新中国成立后，最主要的任务就是巩固政权。为了巩固新生人民政权，就必须对包括教育在内的领域进行全方位的改革，通过改革确保党对社会主义事业的领导。新中国的教育反映着新中国政治和经济，是人民民主专政斗争的工具，教育工作要为政治服务。1951年前后，党和政府依据国内新的政治、经济和军事斗争形势，开展了镇压反革命、土地改革和抗美援朝的"三大运动"，为了配合各项运动的顺利开展，1951年11月，中央人民政府政务院正式批准了教育部《关于全国工学院调整方案的报告》，在该报告中明确提出，为了加强对全国工学院的政治思想教育的领导，需要在各工学院准备试行政治辅导员制度，要求要有专人担任政治辅导员，其主要任务就是做好学生的政治思想改造工作。这是新中国成立后最早提出设置政治辅导员岗位的官方文件，该文件提出的"试行政治辅导员制度"为我国高校辅导员制度的产生提供了宝贵的"种子"。到1952年，中国高等教育的规模得到快速扩大。1952年10月，教育部发出了《关于在高等学校有重点地试行政治工作制度的指示》，该文件要求在高校要设置政治辅导处并配备辅导员。其更进一步的地方在于首次对辅导员的职责进行了初步的界定，此时的辅导员制度初步成型。从1953年开始，我国开始了第一个五年计划，中心任务是加快经济建设，而高校学生骨干的主要精力也要从社会改革任务转向业务学习。为了在做好学生政治思想工作的同时帮助学生干部减轻负担，时任清华大学校长蒋南翔提出建立学生政治辅导员制度，并于4月3日向中央高等教育部、中央人事部提出关于设立学生政治辅导员的请示报告。"经中央批准，我校建立了政治辅导处，并从各系三年级学生中挑选了25名学习成绩优异、政治觉悟较高、有一定工作能力的党员，担任了第一批学生政治辅导员。"① 就这样，国内第一批具有现代意义的辅导员诞生了。随后一直到1955年，按照清华大学政治辅导员的制度模式，全国高校陆续配备了一定数量的政治辅导员，但是这些政治辅导员的身份还是学生，岗位是"双肩挑"，相关的政治辅导员配套制度还在探索中。

（2）辅导员制度的确立阶段（1956年至1965年）

在该阶段，3个文件的相继颁布使得辅导员制度最终确立。首先是1961年庐山会议上，中央政治局常委扩大会议通过的《教育部直属高等学校暂行工作条例（草案）》（简称"高校六十条"），提出要在一、二年级设立政治辅导员，这些辅导员的来源是专职党政干部、政治理论课教师，以及其他有一定政治工作经验的青年教师。并且，还明确指出要逐步培养和配备一批专职政治辅导员。该文件的进步之处在于中共中央首次正式提出要在高校设置专职政治辅导员。其次是1964年6月教育部的《关于加强高等学校政治工作和建设政治工作机构试点问题的报告》，该报告明确指出要在班级中按照编制1∶100的比例配备专职政治工作干部，并且来源最好是高校毕业生。该文件有两个亮点，一是对专职辅导员的编制、来源进行了明确；二是加快了专职辅导员配备落实的步伐。最后是1965年教育部出台的《高等学校学生班级政治辅导员工作条例》，该条例是以法规的形式对政治辅导员的地位、作用、职责等做出了明确的规定，将辅导员制度从局部准备阶段推向了全面落实阶段，标志着我国高校辅导员制度的正式确立。在该阶段，辅导员的工作职责和角色定位逐渐明晰，主要是深入学生中间开展政治思想工作，其目的是把党的路线方针政策灌输到学生头脑中，用先进的思想、信仰占领学生头脑，确保党对高校在政治上的根本领导。

（3）辅导员制度的停滞阶段（1966年至1976年）

辅导员制度停滞发展的10年就是"文化大革命"的10年。在"文化大革命"中，高校正常的教学秩序被破坏，思想政治教育和马克思主义理论教育被迫中止。以林彪、江青为首的集团利用大学生涉世未深的特点，煽动大学生闹革命。思想政治工作被当作派系斗争、篡党夺权的工具，高校的大批政工干部包括辅导员被当作"保皇派"而下放，政治思想工作从党的"优良传统"变成了"整人"的代名词。辅导员在被批斗中身心都遭到了摧残，政治辅导员制度也因此而被迫取消。

---

① 清华大学学生政治辅导员制度研究课题组．学生政治辅导员制度四十年的回顾与探索[J]．清华大学教育研究，1993（1）：3-7．

(4) 辅导员制度的恢复阶段（1978 年至 1989 年）

"文化大革命"结束后，中央拨乱反正，高校开始对教育秩序进行整顿，辅导员制度也得以恢复。1978 年，召开了全国教育工作会议，教育部起草修改了《全国普通高等学校暂行工作条例（征求意见稿）》，条例第五十一条明确规定必须建立一支思想工作队伍来加强对学生的思想政治工作，要在一、二年级设立政治辅导员，这些人必须是政治觉悟高、作风正派、能够密切联系群众，并且要有一定政治工作经验。政治辅导员主要采取兼职的半脱产形式，既要做思想政治工作又要做业务工作。伴随着思想大解放，大学生的思想问题较为突出，但是高校的思想政治工作并不能适应时代发展的需要，于是对加强大学生思想政治工作的呼声与日俱增。1980 年，根据党中央关于加强思想政治工作的一系列指示，教育部和团中央出台了《关于加强高等学校学生思想政治工作的意见》，在该意见中不仅提出要求专职和兼职的政工干部要做学生的思想政治工作，同时要求以马列主义理论课教师为主体的业务教师也要做学生的思想政治工作。1981 年 7 月，教育部在《高等学校思想政治工作暂行规定》中进一步提出，要做好学生的思想政治工作，必须配备一支又红又专、专职与兼职相结合的思想政治工作队伍，并且明确指出要按照 1∶120 的比例标准配备辅导员。"根据教育部和团中央的要求，1982 年春季和夏季，各高校先后从 1977 级和 1978 级应届毕业生中选留了一定数量的专职政治辅导员"[1]，自此，高校辅导员制度才恢复起来。1984 年，中共中央宣传部和中共教育部党组联合颁布了《关于加强高等学校思想政治工作队伍建设的意见》，该意见强调高校思想政治工作队伍必须实行专兼结合的方式，并且对这支队伍的来源、发展方向、正规化培训、待遇和基本要求等问题都提出了具体的建设性指导意见。随后，在 1986 年和 1987 年，中华人民共和国国家教育委员会陆续出台了两个文件，明确提出将包括辅导员在内的高校思想政治工作人员列入教师编制，实行教师职务聘任制，而不再是简单地享受教师待遇，这在地位上的肯定对于辅导员制度的发展是一次巨大的进步。1987 年出台的《中共中央关于改进和加强高等学校思想政治工作的决定》中强调了加强高校思想政治工作的极端重要性，要求高校要重视专职学生思想政治教育队伍的建设。鉴于当时本来就为数不多的专职辅导员的严重"流失"，导致辅导员的配备严重不足，所以，《中共中央关于改进和加强高等学校思想政治工作的决定》指出要选配一批兼职辅导员，并且指出这种"双

---

[1] 张立兴. 高校辅导员制度的沿革进程考察 [J]. 思想理论教育导刊, 2009 (4): 117-121.

肩挑"的做法是培养和造就符合"四化"要求干部的一条重要途径。这种决定在当时是符合实际的，但是该决定却成为后来对专职辅导员队伍建设提出疑问的"法规"性理由。到了20世纪80年代后期，国际局势动荡不安，国内的资产阶级自由化思潮对青年学生产生了极大影响，在少数自由化分子的煽动下，学潮变成了暴动，这次暴动的性质是反党反社会主义，从一定程度上说明我国高校的思想政治工作还存在较大问题，必须有针对性地加强高校的思想政治工作，从历史教训中汲取经验。

（5）辅导员制度的强化时期（1989年至2000年）

通过"政治风波"事件，党和政府充分认识到加强高校思想政治工作的极端重要性，强调要高度重视高校政治辅导员队伍建设。1993年2月，中共中央、国务院颁布了《中国教育改革和发展纲要》，1994年8月又出台了《中共中央关于进一步加强和改进学校德育工作若干意见》，这些文件都对高校思想政治工作队伍的建设进一步提出了相关要求，特别是要求高校要建立一支以精干的专职人员为骨干、专兼职结合的思想政治工作队伍，要采取特殊的政策，提高队伍素质，为他们解决好专业职务、待遇等方面的问题，这充分体现了党和政府对辅导员队伍建设的重视程度空前提高。1995年11月23日，中华人民共和国国家教育委员会颁布了《中国普通高等学校德育大纲（试行）》，提出："专职政工人员与学生的比例大体掌握在1∶120～150。"这是第二次对该队伍的生师比做出明确规定。但是该文件释放了一个崭新的信号，那就是实现队伍力量从兼职为主向专职为主、专兼结合的方向发展。2000年7月3日，中共教育部党组发布《关于进一步加强高等学校学生思想政治工作队伍建设的若干意见》，该意见指出学生政治辅导员是高校学生思想政治工作人员的组成部分，并对专职学生政治辅导员的任期、在职攻读研究生、生师比、培训、待遇等事宜进行了明确规定。通过10多年的发展，高校辅导员队伍建设逐步走向规范化和制度化，使得辅导员制度逐步得到强化，为以后辅导员队伍的建设发展奠定了良好基础。

（6）辅导员制度的完善时期（2001年至今）

进入21世纪后，社会改革的力度越发深入，各种社会矛盾交织出现，对大学生的思想产生了诸多影响，以致大学生的思想教育工作出现了很多新情况、新问题和新挑战。2004年颁布的《中共中央国务院关于进一步加强和改进大学生思想政治教育的意见》（中发〔2004〕16号）指出，加强和改进大学生思想政治教育是一项重大而紧迫的战略任务，要把思想政治教育摆在首要位置，并且指出辅导员是大学生思想政治教育的骨干力量。文件把以往的"政治辅导员"

称谓改成了"辅导员",去掉了政治二字,意味着辅导员的职责逐渐从政治性工作为主转向政治工作和日常的教育、管理、服务工作并重,充分肯定了辅导员的重要性。2005年的《教育部关于加强高等学校辅导员班主任队伍建设的意见》更加肯定了加强辅导员队伍建设的重要性,该文件提出了专职辅导员总体上按1∶200的比例配备,并对辅导员的选聘和发展提出了更为具体的要求。2006年7月,教育部发布《普通高等学校辅导员队伍建设规定》(教育部令第24号),这是新中国成立以来,专门针对高校辅导员群体颁布的第一个官方文件,对辅导员的职业定位、工作要求、工作职责、配备与选聘、培养与发展、管理与考核等内容作出了更加明确的规定。从此,高校辅导员队伍的发展真正走上了有据可依的道路。党的十八大以后,以习近平同志为核心的党中央对高校思想政治工作的重视程度达到了史无前例的高度。2014年颁布的《高等学校辅导员职业能力标准(暂行)》中,首次对高校辅导员的职业定义进行了明确,并对辅导员的职业能力标准进行了详细规定。经过10年的建设发展,2017年9月,教育部公布了新修订的《普通高等学校辅导员队伍建设规定》(教育部令第43号),明确了高校辅导员的最新定义:"辅导员是开展大学生思想政治教育的骨干力量,是高等学校学生日常思想政治教育和管理工作的组织者、实施者、指导者。辅导员应当努力成为学生成长成才的人生导师和健康生活的知心朋友。"[①]并依据新时代的新形势,对高校辅导员的工作要求和工作职责、配备和选聘、发展与培训等内容进行了重新修订,特别是对专职辅导员的身份进行了第一次明确的界定。

通过对高校辅导员制度演进历史的考察,我们可以发现,辅导员制度的发展与社会的政治、经济和高等教育的发展密切相关。虽然经历了一定的波折,但是从整体来讲是处于不断完善发展的过程。随着时代的发展,辅导员扮演的角色日趋复杂,已经从单一的思想政治教育者转变为以思想政治教育为主的多元化学生事务管理者和服务者。

2. 我国高校辅导员制度的发展趋势

通过对高校辅导员制度的形成与发展的分阶段梳理可以发现,高校辅导员制度的形成不是一蹴而就的,而是紧密伴随中国国情、社情实际的变化而发展变化的。虽然高校辅导员制度发展在一定时期暂停过,但总的趋势却是向好的。通过对高校辅导员制度发展趋势的归纳总结,可以对高校辅导员的科学内涵有

---

① 中华人民共和国教育部令(第43号)普通高等学校辅导员队伍建设规定[EB/OL].中国政府网,2017-09-21.

更为清晰、准确的认知。

(1) 从注重政治性到专业性,再到政治性、专业性和科学性的融合发展

高校辅导员制度产生之初的主要目的是加强党对高校的政治领导,巩固新生政权。从新中国成立到改革开放初期,受国内政治形势的影响,辅导员的核心作用就是为了对大学生进行政治灌输,尽管辅导员也有其他的职责,但政治教育绝对是核心职责。虽然对辅导员也有不同方面的素质要求,但是政治素质绝对是第一位的。所以,此时辅导员的核心属性是政治性。在改革开放的深入推进过程中,由于党和政府的干部出现了老龄化的趋势,在工作精力、知识更新、专业结构等方面的情况已然无法适应社会主义现代化建设的需要。因此,党就适时地把"革命化、年轻化、知识化、专业化"作为新时期干部政策的指导方针,干部队伍专业化的需求越来越高,思想政治工作从经验化到专业化的发展也是形势所驱。但是仅有专业化仍是不够的,特别是"文化大革命"的深刻教训使大家明白思想政治工作也必须走科学化的道路,要用科学的理论做指导,要用科学化和专业化的方式方法开展工作。为了促进高校辅导员队伍的专业化和科学化发展,改革开放以来,党和政府在相关政策和制度的制定过程中便非常注重专业化和科学化并重。例如,设置了思想政治教育专业,编写了教材和相关培训材料,设立了高校辅导员培训研修基地以及三级培训体系,出台了《高等学校辅导员职业能力标准(暂行)》等文件,这些举措都是辅导员制度发展专业化和科学化的表现。进入新时代后,对时代新人的素质特别是政治素质较以往相比有了更高的要求,这既是对时代新人的要求,同时更是对辅导员的要求。面对新时代更为复杂的国际国内局势,面对更高的教育要求和更复杂的教育对象,对辅导员工作的政治性、专业性和科学性呼声越来越高,这就要求辅导员工作既要满足政治需求,还要满足思想政治工作的基本原则和科学规律。所以在新时代辅导员制度的发展是政治性、专业性和科学性的融合。

(2) 从政策的局部化、不稳定化到全局化、稳定化,再到法治化保障的趋势

党和国家保障辅导员制度发展最有力的表现就是政策制定。政策的主要作用就是提供保障,做到有章可循。但是纵观新中国成立以来关于辅导员的相关政策制定变化趋势可以发现,关于辅导员制度的政策制定呈现出局部化、不稳定化逐步发展为全局化和稳定化的趋势。由于高校辅导员制度是新事物,在设立之初处于摸索阶段,带有试点的性质,所以在个别高校、个别年级进行试点,专职辅导员队伍并未建立,还是以兼职为主,并且政策时常出现反复变更的情况,总的来讲,从高校辅导员制度设立之初一直到20世纪末,辅导员制度处于不稳定状态,几乎每隔1年至2年就会有相关的政策出台,局部性和不稳定性

的特征较为明显。当然，这种局部性和不稳定性是事物发展过程中的必然。进入21世纪后，特别是中央"16号文件"和教育部令第24号的出台，使得辅导员制度呈现全局化和稳定化的态势，并且出现了"法治化"的新形势，因为教育部令第24号首次"将高校辅导员队伍建设由政策引导上升到法律法规层面"①。经过10年的稳定发展，教育部令第43号的出台，不仅使辅导员制度更加科学和完善，并且使该制度的法治化程度得到进一步强化。

（3）从粗放式管理到标准化管理，再到精准化管理的趋势

从新中国成立之初到改革开放之前，由于高等教育的规模相对较小，在校大学生人数较少，相应地，辅导员的人数也相对较少。当时的社会环境相对简单，身处该时代的大学生整体素质较高，也相对单纯，所以对于学生的管理是粗放式的，相应地，对辅导员的管理也是粗放式的。改革开放之后，随着高考制度的恢复，在校大学生数量激增，加之改革开放带来的社会剧烈震荡使得大学生的教育和管理难度大增，辅导员的重要作用日益得到肯定，所以，此时对辅导员的管理进入标准化阶段，对辅导员的招聘条件、素质能力要求、职责划分、管理培训等方面都有了明确的标准，使得辅导员队伍建设更加规范。进入新时代，国情、社情更为复杂，新媒体广泛普及、"00后"大学生的差异性特征更为明显、国际国内敌对势力的不断渗透、各种社会思潮的交织、各种安全问题和心理健康问题越发普遍等，这些新形势和新情况成为新时代辅导员工作的新挑战，对辅导员工作提出了更为严格和更为精准的要求，对辅导员的管理也步入精准化阶段。精准化的要求源自辅导员的工作实际，辅导员工作实现精准化，要求辅导员要精准地掌握所带学生的情况，并能够针对不同学生的不同问题进行精准施策。在辅导员管理方面，辅导员的诉求和需要也各不相同，不能再采取"一刀切""吃大锅饭"的管理方式，必须适时地结合辅导员的不同情况进行精准化管理。

（4）从经验型到个人专业化，再到团队合作化的趋势

辅导员制度设立之初，规模较小，无经验可循，也缺乏系统性的培训，彼时的辅导员开展工作主要依靠自身经验，缺乏一定的学理性知识的指导。改革开放之后，随着辅导员队伍建设的专业化程度越来越高，开始注重辅导员的专业化水平，特别是辅导员个体的专业化水平，相对来讲，从个体的经验型发展到个体的专业性发展，体现着辅导员制度的发展和辅导员队伍建设的发展。之

---

① 彭庆红，耿品. 新中国成立70年来高校辅导员队伍建设的历史进程、总体趋势与经验启示［J］. 思想理论教育导刊，2019（8）：135.

所以对辅导员个体的专业化程度提出了高要求，主要是由于辅导员的工作范围扩展，加之思想政治教育学科的建立以及快速发展，为辅导员专业化发展提供了学科支撑和理论指导。最具有代表性的就是辅导员素质能力大赛，通过大赛来测验辅导员个人的素质能力和专业化水平，但是这仅代表了个体的专业化程度。步入新时代，辅导员的职责范围更加宽泛，同时对辅导员的要求高度进一步提升，辅导员个体的专业素质能力无法适应新形势下学生工作的需要，需要从个体专业化向团队合作化发展。当然，团队合作化的前提是个体专业化，辅导员要确保自己在某一领域是专业的。相应地，也出现了诸多专业化辅导员，如心理咨询辅导员、宿舍管理辅导员、就业工作辅导员、资助工作辅导员、党建工作辅导员等，为了达到效益最大化，就需要专业辅导员实现团队合作化，进而实现团队合作效益的最大化。

（5）从外驱动力到内驱动力，再到整体环境合力的趋势

发展需要动力，动力一般包含外驱动力和内驱动力。辅导员队伍的建设发展亦是如此。高校辅导员制度在设立之初的动力主要是社会需要和政治需要，其动力主要源于外驱动力。但是随着高等教育事业的发展和辅导员队伍的逐步发展壮大，仅依靠制度保障、平台搭建、划拨经费等外驱动力来推动辅导员队伍发展已经显得动力不足。因为在辅导员队伍的发展过程中，随着辅导员岗位的专职化和职业化，辅导员开始追求个性化发展，辅导员的需求也呈现多样化趋势，他们对职业认同、职业价值、职业兴趣、职业幸福感、职业获得感等情感层面的追求更加迫切，此时的辅导员队伍建设发展就更加需要内驱动力的作用发挥，常规性的条件保障从主要驱动地位转变为次要驱动地位。步入新时代，高校思想政治工作的形势更为复杂，这就迫切要求多方力量的共同参与。特别是"大思政""三全育人"理念的提出，决定着高校辅导员不仅要发挥自己的内驱力，同时还要能够积极配合其他思想政治工作力量。这些力量不仅包括校内的专任教师、行政管理部门等力量，还包含校外的家庭、政府、社区、企业等相关组织。辅导员要能够主动融入大的思政工作格局中，在充分发挥自身作用的基础上协调整体育人功效的发挥。

（三）我国高校辅导员的职业角色定位

1. 中外高校学生工作者职业角色特点比较

高校辅导员作为大学生思想政治教育的骨干力量，在国家人才战略的实施、维护校园的安全稳定、促进大学生的成长成才等方面都发挥着不可替代的重要作用。在国外高校，也有类似于中国高校辅导员作用发挥的一支学生事务管理者队伍，被称为学生事务工作者（student affairs personnel）。通过对中外高校学

生工作者的职业角色特点对比，有利于清晰地把握我国高校辅导员的特点，还有利于精准把握高校辅导员的职业角色定位。

"学生事务"是相对"学术事务"而言的，发达国家的"学生事务"早于我国100余年，于20世纪初出现在高等教育中。"学生事务"与"学术事务"本是合一的，伴随社会的发展和高等教育的发展，二者自然地走向分离，形成了各自的独特领域。"学术事务"的侧重点在课堂教学和智力训练，而"学生事务"的侧重点则在课外活动和非智力教育。"学生事务"之所以走向独立，是由于学生的成长成才不仅要进行智力训练，更重要的是促进学生的全面发展。国外的"学生事务"起初主要是为了服务学生的职业发展，伴随社会、政治、经济、文化等因素对大学生的影响逐渐增大，"学生事务"的范围逐步扩展到心理健康辅导、生活指导、学业辅导、情感辅导等领域，形成了一个较为完备的咨询辅导体系，其主要目的是给大学生提供多样化、个性化的服务和咨询，帮助大学生顺利地从学生向社会人过渡。

国外的学生事务管理制度总体上经历了5个发展阶段。第一阶段是替代父母式阶段，此时是"学生事务"和"学术事务"的自然合一阶段，在该阶段学校代替父母进行教育，学生事务管理工作的价值并未显现。第二阶段是"学生事务"的独立阶段。教育界逐渐意识到对学生的培养不能仅是智力训练，而是要促进学生全面发展，为了帮助学生更好地全面发展，"学生事务"就必须从合一状态脱离出来成为独立状态。第三阶段是学生服务阶段。该阶段强调学生事务管理工作要在注重管理的基础上强化服务功能。第四阶段是学生发展阶段。该阶段的重心从"高校主导"转向"学生主导"，以学生的发展需求为导向，致力于通过学生事务管理和服务，帮助学生更好地实现自身发展。第五阶段是学生学习阶段。[①] 该阶段更加注重学生的自我发展和完善，学生事务管理存在的价值就是帮助学生、引导学生、教会学生进行自我管理和自我教育，进而实现自我发展。通过对国外高校学生管理工作的发展史梳理可以发现，国外高校学生管理者的角色经历了"替代者—独立者—服务者—发展推动者—引导者"的转变。

我国的辅导员制度相较国外学生事务管理制度而言时间较短，体系还不够完善。我国的高校辅导员制度始于1953年时任清华大学校长蒋南翔同志提出并建立的学生政治辅导员制度，经过10余年的摸索发展，高校辅导员制度确立于

---

① 沈东华，薛艳. 中美高校辅导员学生事务管理比较研究 [J]. 教育理论与实践，2014，34 (3)：25.

1966年，直至2004年，我国的高校辅导员制度才趋于成熟稳定。经过70余年的发展，我国高校辅导员的角色大致经历了3个发展阶段：第一阶段是"社会本位"阶段（新中国成立至20世纪80年代），该阶段的高校辅导员主要从事政治教育和与政治有关的活动，其工作突出政治性，主要是为政治服务，所以高校辅导员也被称为政治辅导员；第二阶段是"社会本位"和"个体本位"相结合的阶段（20世纪80年代至21世纪初），该阶段是在前一阶段基础上的继承性发展，仍旧是"社会本位"占主导地位，高校辅导员除了政治教育的主业外，附以管理职能；第三阶段是以学生为本，注重学生全面发展的阶段（2004年至今），该阶段相较第二阶段来讲，高校辅导员的工作在保证政治性和管理性的基础上，更加注重服务性。通过对我国高校辅导员制度的发展史梳理可以发现，我国的高校辅导员职业角色经历了从政治工作者向政治工作者和学生管理者，再向政治工作者、学生管理者和学生服务者的渐进转变。角色的转变有两个明显特点：一是高校辅导员的本色是政治性，无论何时，其政治性角色不能被削弱；二是高校辅导员的角色功能伴随社会、政治、经济、文化的发展呈现多样化特点，在保证政治性角色特点的基础上，管理和服务的职能越发凸显。

通过国外高校学生事务管理者的角色发展和我国高校辅导员的角色发展比较，可以发现二者在工作理念、身份和工作侧重点、专业化程度、职业化程度等方面都存在一定差异。

（1）工作理念差异

国外的高校学生事务管理者的工作理念是充分尊重学生，以学生为中心，通过服务和引导提升学生的学习能力，"提高学生的自我意识水平和自助能力，解决学生遇到的各种心理问题及实际问题，增进学生心理和思想的成熟"[1]。其工作理念最终要达到的目的就是促进学生的个性发展、全面发展，引导学生实现自我管理。我国高校辅导员的工作目标是以学生为本，通过教育、管理和服务功能的发挥来促进学生的全面发展。虽然二者的工作最终目的都是实现学生的全面发展，但是二者的理念差别主要体现为个性化教育和规范化教育的差异。国外的高校学生事务管理实施的是个性化教育，将学生视为一个完整的人，学生在校期间不仅要学习知识，注重智力发展，还同样注重学生的情感、精神、身体等方面的发展，以达到全面发展的目的。它根据学生的个性发展需求，在充分尊重学生个性的基础上为学生的发展和成长提供帮助、咨询、服务和引导，注重学生主体性的发展，让学生在潜移默化中学会自我管理和自我服务。我国

---

[1] 黄军伟.中美高校辅导员的角色定位比较及启示[J].理论月刊，2008（11）：150.

的高校辅导员工作理念主要是采用主动干预的方式，即规范化教育，把学生当作教育的客体，通过教育、管理和服务按照既定的标准把学生约束、规范到正确的行为方式上来。二者都是教育，但是由于国情、社情的不同，为了达到同样的目的，在不同的教育理念指导下，采取了不同的教育方式。

(2) 身份和工作侧重点差异

国外学生事务管理者是普通的专业教师或职业化工作者，其扮演着联系学生、学校、家庭和社会的桥梁"纽带"角色。他们不参与教学，工作侧重于教学之外的咨询服务，为帮助学生排忧解难而开展的社会化全方位服务。我国的高校辅导员是"双重身份"，首先是专职思想政治教育工作者，是行政管理干部；其次是从事学生思想教育教学和研究的教师。在身份方面二者截然不同，国外是服务者和引导者，国内是管理者和教育者。在工作侧重点差异方面，国外注重工作的服务性，国内注重工作的政治性。

(3) 专业化程度差异

国外的学生事务管理者更加注重工作的专业性，要求从业者要具备从事该工作领域的专业背景、学历、执业资格，对从业者在专业领域的素质能力要求较高，专业涉及教育学、心理学、社会学、运动学、营养学、法学、经济学、政治学、精神病学等学科。国内的高校辅导员更加注重的是辅导员的政治面貌、学生干部工作经历和学历，对于辅导员的专业背景没有严苛的要求，在一定程度上讲，国内的高校辅导员更加注重综合性。相较于国外的学生事务管理者，国内的高校辅导员在专业化程度上稍逊一筹。

(4) 职业化程度差异

由于国外高校对从事学生事务管理者的专业性要求非常高，从业者大都将从事的工作当作事业，并且能够从工作中得到较为强烈的职业价值认同。他们在从事工作的同时，还可以在专业领域开展研究工作，并且在工作岗位上可以成为教授级的学生事务管理者。他们职业稳定性较强，职业认同感较强。我国的高校辅导员自产生之初便是"双肩挑"，既是管理干部又是教师，这也决定着辅导员既可以发展为专职的行政管理干部，也可以发展为专业的专任教师，较少有人将辅导员工作作为毕生追求的事业。多方面因素的交织导致我国高校辅导员的地位相对较低，很多人把辅导员工作当作过渡性工作，在职业稳定性和职业认同感方面比国外的学生事务管理者相对更低。

2. 对我国高校辅导员角色定位的思考

所谓角色就是个体或群体在一定社会关系中所处的地位以及该地位要求个体所展现的行为模式。角色定位是管理学词汇，意思是在一定的系统环境下，在一个组合中拥有相对不可替代性的定位,包含角色能力、角色权力和角色责任。角色分工是角色定位的前提,角色定位的根本特征是不可替代性,而不可替代性的核心则是角色能力。辅导员的角色定位属于群体性角色定位,特指辅导员在高校这一组织系统环境中为了达到不可替代的地位,应具备的相关职业素质能力、职业权力和职业责任。精准掌握辅导员的角色定位,明晰辅导员职责,是深入开展辅导员研究,推动高校辅导员与时俱进发展的前提和基础。

要把握我国高校辅导员的角色定位,必须以历史的、发展的眼光来审视。我国高校辅导员制度自产生开始,其角色定位便随着社会、经济、政治、文化、高等教育等方面的发展而发展,呈现出较强的时代性。要对我国当前高校辅导员的角色定位进行把握,可重点把握以下三方面。

一是需要把握角色身份由"政工干部"向"教师和管理人员双重身份"转变。在我国高校辅导员制度设立之初直到"文化大革命"这一段时间内,高校辅导员的角色身份就是政工干部,高校辅导员政工干部的身份与当时的政治、经济、社会和高等教育发展相适应,政工干部的工作重心是对学生进行思想政治教育,确保大学生成为"又红又专"的人才,确保培养出来的学生具有社会主义觉悟,拥护共产党的领导,热爱社会主义中国,认同党对社会主义事业的领导。改革开放以后,全党工作以"阶级斗争为纲"向"以经济建设为中心"转移。随着我国经济社会的不断发展,社会对人才的需求量日益增大,高等教育得以快速发展,但与此同时,受市场经济的影响,加之"文化大革命"对高校辅导员制度的严重冲击和对学生思想的影响犹在,一些师生不能正确地处理"红与专"辩证关系的问题较为突出,大学生的思想政治工作出现了弱化的现象,重建高校辅导员制度迫在眉睫。在1982年辅导员制度恢复之后,鉴于辅导员制度的不完善,辅导员的社会地位和福利待遇得不到有效的保障,造成了辅导员的数量骤降。为了保证辅导员队伍的稳定发展,国家首先明确了辅导员的教师身份。教师身份的明确,既能提升辅导员的职业荣誉感、职业认同感,提升辅导员的福利待遇,降低辅导员队伍的流失率,还能为辅导员开展思想政治教育工作提供身份支撑。辅导员管理人员身份的确定与辅导员的职责拓展密不可分,而辅导员职责的扩展则与高等教育的发展和教育对象的特点、需求变化直接相关。伴随高等教育的快速发展,一方面是大学生数量的成倍激增,大学生生源质量的相对降低,出现在大学生身上的如思想、心理、安全、就业、学业、生活等方面的问题越发突出,迫切需要辅导员以管理者的身份加强对学生的在校管理,确保校园的安全稳定。另一方面是社会政治、经济、文化、高等教育等方面的变化。面对变化,辅导员的职责是需要相对地做出调整,仅从事思想政治工作已经无法适应教育对象多元化和教育需求多样化的现实，辅导员需要在做好思想教育、日常管理工作的同时，更加注重提供给学生高质量的服务，为学生健康成长和成才保驾护航。辅导员的职责范围从单一的思想政治教育工作向以思想政治教育、管理和服务并重转变，辅导员的角色身份也实现了由"政工干部"向"教师和管理人员双重身份"的转变。

二是需要把握对辅导员的角色期望从"经验型"向"研究型"转变。对辅导员角色期望转变的把握可以从辅导员的队伍结构的演变中寻踪觅迹。辅导员制度设立后，长时间内主要是以兼职为主，队伍结构主要是在校的高年级学生、部分专业课教师，以及部分党政干部。他们的工作开展主要依据自己的工作经验，工作经验的丰富与否直接影响着辅导员的工作实效。当然，之所以出现这样的局面，一方面是政府对辅导员队伍建设的重视程度不够，另一方面是辅导员工作缺乏专业支撑。改革开放之后，高校辅导员队伍的重要性得到广泛认可，辅导员的队伍结构转变为以专职为主、兼职为辅，逐步实现辅导员队伍建设的专业化和职业化。特别是伴随着思想政治教育学科的兴起，思想政治教育专业被认定为一门学科，辅导员队伍有了自己的学科支撑，有了体系化、科学化、规范化的思想政治理论做指导，对辅导员的角色期望开始从"经验型"向"研究型"转变，该转变意味着辅导员工作逐步走向了科学化、规范化的轨道。进入21世纪后，辅导员队伍建设进入前所未有的快速发展期，出台了优秀辅导员定向攻读思想政治教育专业博士学位，相继建立了诸多高校辅导员培训和研修基地等举措，推动辅导员走"职业化、专业化、专家化"的态势越发明显。辅导员工作仅依靠"经验"完全不能适应社会期待、高校期待、家长期待和学生期待，对"研究型"辅导员的呼声越来越高。培育"研究型"辅导员的意义和价值如下：首先是从辅导员自身发展来讲，即可以通过研究来扩宽辅导员的出路，辅导员不仅可以走行政之路，也可以走职称评定之路，还可以强化辅导员的职业价值感，提升辅导员的社会地位；其次是从促进大学生的成长成才来讲，面对教育对象的日趋个性化和教育需求的日趋多元化，思想政治教育工作不再单是对学生进行政治教育，同时还要处理好学生的日常思想教育，这对辅导员的职业素质能力提出了更高的要求，要求辅导员把握思想政治教育规律，真正做到立德树人，以理服人，"研究型"辅导员要在做好学生工作实践的同时，把实践转化为科学的理论，再用科学理论指导实践，使辅导员成为学生工作领域的"行家里手"，进而为大学生的成长成才提供师资支撑；最后是从推动高校发展层面来讲，辅导员作为高校思想政治教育的骨干力量，肩负着推动高校发展的职责使命，辅导员要本着对高校发展负责、对大学生成长成才负责的态度，结合在自身实际工作中发现的问题，及时地开展大学生思想政治教育研究和决策咨询，为高校的发展提供科学的决策建议。所以，辅导员的角色期望从"经验型"向"研究型"转变，既是辅导员队伍自身发展的要求，也是高校和谐发展、大学生成长成才的要求。

三是需要把握辅导员角色从"权威说教型"向"朋辈友好型"的转变。辅导员角色从"权威说教型"向"朋辈友好型"的转变跟辅导员的职责密不可分，也是社会发展、高等教育发展、教育对象特性转变等多方因素综合作用的结果。当辅导员的身份是政工干部时，其主要职责是对学生进行政治教育，工作方式主要是灌输，"以阶级斗争为纲"的社会大环境和教育对象的综合素质高、思想意识相对单纯造就了"权威说教型"的辅导员，辅导员的行为模式主要是"权威、说教、灌输"。改革开放之后，特别是高校的扩招、高考制度的快速改革、市场经济的强力冲击、媒体技术的发展，使得大学生学习方式、生活方式、就业方式等发生了新变化，大学生的思想变得复杂，接受信息的渠道更加多样，受西方文化观念的冲击更加明显，追求平等、民主、自由的意愿更加强烈，在这些复杂的急剧变化中，"权威、说教、灌输"的行为模式显然无法适应时代发展的需要。在教育部令第24号中，明确指出"辅导员应当努力成为学生的人生导师和健康成长的知心朋友"。在教育部令第43号中，进一步调整为"辅导员应当努力成为学生成长成才的人生导师和健康生活的知心朋友"。文件要求的转变正是时代发展对辅导员要求的转变。首先是身份地位的转变，辅导员在学生面前不再是高高在上的"权威者""说教者"，而是在身份平等基础之上的"引领者""指导者""帮助者"。其次是工作方式的转变，要从"权威说教型"向"朋辈友好型"转变，对学生进行教育的方式不再是咄咄逼人的强硬式灌输，而是转变为以德服人的"师者"，以理服人的"智者"，它强调的行为方式是平等、民主、自由的对话，强调的身份角色是"人生导师""知心朋友"。辅导员角色从"权威说教型"向"朋辈友好型"的转变，"肯定和确立了学生的主体作用与地位，突出了尊重人、解放人、依靠人、为了人和塑造人的要求"[①]。

3. 我国高校辅导员的职业角色定位确定

通过对辅导员制度的发展史梳理可以发现，高校辅导员的职业角色定位随着时代的发展和要求处于不断的发展变化之中，要准确科学地定位高校辅导员的角色，一个重要的途径就是全面理解中央的相关系列文件精神。

---

① 靳玉军，李晓娟. 高校辅导员近30年来的角色演变及其启示［J］. 高等教育研究，2010，31（1）：73-75.

<<< 第二章 高校辅导员、人格与高校辅导员职业人格概述

2004年8月，中共中央、国务院出台的《关于进一步加强和改进大学生思想政治教育的意见》指出："辅导员、班主任是大学生思想政治教育的骨干力量，辅导员按照党委的部署有针对性地开展思想政治教育活动……辅导员应当成为大学生健康成长的指路者和引路人"[①]。其主要任务是对大学生进行理想信念教育、爱国主义教育、公民道德教育、素质教育等。该文件虽然没有明确界定辅导员的角色，但指出了辅导员应当是大学生思想上的引路人、生活中的贴心人、学习上的指导者和心理上的疏导者。

2005年1月，教育部出台的《关于加强高等学校辅导员班主任队伍建设的意见》，进一步指出辅导员、班主任是高等学校教师队伍的重要组成部分，是高等学校从事德育工作、开展大学生思想政治教育的骨干力量，是大学生健康成长的指导者和引路人。在该文件中，一是对辅导员的身份进行了确认，明确了辅导员的教师身份。二是明确了辅导员的工作职责是从事德育工作，开展大学生思想政治教育。三是明确指出辅导员是大学生健康成长的指导者和引路人。该文件相较于2004年的文件，对辅导员的角色进行了明确，角色从相对模糊走向明朗，那就是大学生健康成长的指导者和引路人。

2006年7月，教育部发布的《普通高等学校辅导员队伍建设规定》指出："辅导员是高等学校教师队伍和管理队伍的重要组成部分，具有教师和干部的双重身份。辅导员是开展大学生思想政治教育的骨干力量，是高校学生日常思想政治教育和管理工作的组织者、实施者和指导者。辅导员应当努力成为学生的人生导师和健康成长的知心朋友。"[②] 该文件是第一次以官方文件的形式专门针对辅导员队伍建设而出台的文件，具有非常明确的指导意义。在该文件中，出现了诸多变化。一是身份变化。在辅导员教师身份的基础上明确增加了干部身份。二是工作定位的变化。从单一的思想政治教育转变为思想政治教育和管理工作的组织者、实施者和指导者。三是角色的变化。从大学生健康成长的指导者和引路人变化为学生的人生导师和健康成长的知心朋友。四是工作职责的变化。在原有工作职责的基础上增添了维护安全稳定、建设学生班集体、组织合力育人、做好学生骨干培养等方面的内容。通过对该文件的分析和对先前文件的对比，可以发现，该文件更加突出了辅导员的管理和服务作用发挥，在角色定位上对辅导员的地位进行了升级，一方面是指导学生的定位从单纯的指导者

---

① 教育部思想政治工作司.加强和改进大学生思想政治教育重要文献选编（1978—2008）[M].北京：中国人民大学出版社，2008：11.
② 中华人民共和国教育部令（第24号）普通高等学校辅导员队伍建设规定［EB/OL］.中国政府网，2006-07-23.

和引路人升级为人生导师，指导的范围从简单的健康成长扩展到人生发展；另一方面是新增了知心朋友的角色。

经过10年的发展，2017年9月，教育部对教育部令第24号进行了修订，出台了《普通高等学校辅导员队伍建设规定》（教育部令第43号）。该文件明确指出："辅导员是开展大学生思想政治教育的骨干力量，是高等学校日常思想政治教育和管理工作的组织者、实施者、指导者。辅导员应当努力成为学生成长成才的人生导师和健康生活的知心朋友。"[①] 教育部令第43号相比教育部令第24号，变化也较为明显：在角色定位上更加清晰明确。教育部令第43号明确指出辅导员要在大学生的成长成才方面成为人生导师，而教育部令第24号仅提出成为学生的人生导师，相比而言，教育部令第43号更加注重辅导员在大学生成长成才方面的引领和指导；同时，教育部令第43号明确指出，辅导员要成为学生健康生活的知心朋友，相比教育部令第24号的成为学生健康成长的知心朋友，教育部令第43号对知心朋友的界定更加精准，就是要求辅导员要在学生的健康生活方面围绕学生、关照学生、服务学生。通过对相关文件的梳理可以发现，高校辅导员的角色定位总体上包含三方面。一是高校辅导员作为教育者，其工作职责在于提高学生的政治思想觉悟、关照学生、服务学生。在工作要求方面，教育部令第24号在工作要求方面主要围绕如何开展工作而进行规定，而教育部令第43号则在工作要求中新增了辅导员的职业道德规范，更加突出辅导员的职业道德建设，以及辅导员的人格魅力。同时，在工作要求中新增了时代新人的培育目标和培育标准。在工作职责方面，新增了学风建设、网络思想政治教育、理论和实践研究，不仅在内容上增多，也在内容上进行了更为明确的细化，更加注重职业化和专业化建设。二是作为管理者，其工作职责在于助推学生的成长成才。三是作为服务者，其工作职责在于为大学生提供精准的指导与服务，作为专业化人才扎根于学生工作领域深入研究。从微观上讲，随着经济、社会的发展以及教育理念的不断更新，高校辅导员的角色定位一直处在不断变化和发展之中，结合当前高校辅导员的工作现状和自身工作实际，可以将我国高校辅导员的职业角色定位概括为9种。

（1）辅导员是大学生成长成才的思想引领者

大学生的成长成才是辅导员工作的终极目标，对大学生进行思想理论教育和价值引领则是辅导员工作的重中之重，辅导员要通过引导学生学习党的创新

[①] 中华人民共和国教育部令（第43号）普通高等学校辅导员队伍建设规定［EB/OL］. 中国政府网，2017-09-21.

理论成果，帮助大学生形成正确的"三观"，帮助大学生牢固树立"四个意识"、坚定"四个自信"，把大学生真正培养成能够担当民族复兴大任的新时代中国特色社会主义事业的建设者和可靠接班人。

（2）辅导员是大学生优良品格的道德示范者

高校辅导员要牢记"立德树人"的根本任务，将道德教化放在首位，培养大学生形成"以德为先"的道德素养，要经常性地深入学生，掌握学生的思想行为特点和思想政治状况，有针对性地帮助学生处理好学习成长、交友择业、自律管理等方面的具体问题，充分发挥辅导员高尚的职业素养和人格魅力，培养学生承受挫折的能力，引导学生养成自尊自爱、自立自强的优良品格。

（3）辅导员是大学生日常事务的管理服务者

大学生在高校的生活、学习中面临着诸多日常事务，如新生入学教育、毕业生离校教育、学生的评奖评优、经济困难学生的帮扶、学生干部的遴选和培养、日常的党团事务、日常的管理事务等，这些都需要辅导员的参与，在参与的过程中做好管理和服务工作，确保日常事务的良性运行。

（4）辅导员是大学生专业学习的学风建设者

学生以学习为本分，大学生也需要将学习作为大学生活的主要事务。由于大学的学习环境、学习方式、学习条件等和高中相差较大，一些大学生到了大学后有的是不知道怎么学，有的是不愿意学，这就需要辅导员的积极主动参与，在专业学习的学风建设方面发挥积极作用。高校辅导员要了解自己所带学生的专业学习情况，一方面，要帮助学生掌握正确的学习方法，激发学生的学习兴趣，引领学生在专业学习方面稳中有好；另一方面，要及时将学生的学习状况与相关任课教师进行沟通，起到中间桥梁的作用。

（5）辅导员是大学生心理健康的教育咨询者

辅导员作为与大学生接触最为密切的老师，对学生的思想状况和心理波动等情况掌握最为清楚，对于学生的心理健康问题要担负起教育者和咨询者的职责。一是要密切配合学校的心理健康教育机构做好学生的心理健康普查工作和心理健康知识的普及宣传工作，做好心理健康教育者；二是针对出现心理困惑的学生要积极做好咨询者，充分利用自己所学的心理学知识和社会经验阅历，对学生的心理问题进行疏导，帮助学生驱散心理问题的"阴霾"。

（6）辅导员是大学生网络素养的悉心培育者

当今大学生是网络"原著民"，要做好他们的思想政治教育工作，就要积极占领网络阵地，将传统的思想政治工作优势和时下流行的媒体技术相融合，用学生喜闻乐见的话语和故事传递正能量，传播先进文化。通过网络阵地加强与学生的互动，通过网络交流走进学生内心，帮助学生解疑释惑，不断地培育学生的网络素养，将学生培养成新时代好网民。

（7）辅导员是大学生突发事件的参与处理者

面对日趋复杂的国内外形势和个性突出、特点鲜明的大学生，各种突发事件时有发生。例如，事关大学生生命健康、财产安全、校园安全稳定等方面的突发事件，辅导员要在事发后第一时间赶赴现场进行处理，确保局面稳定、控制事态发展，及时掌握危机事件信息并按程序上报，并且要做好危机事件的善后工作。

（8）辅导员是大学生就业创业的规划指导者

就业是民生之本。就业创业对于大学生的未来发展至关重要。辅导员在日常工作中要引导学生树立正确的就业择业观，从大学生入校开始便要依据大学生的自身素质、专长和潜在资质，帮助大学生做好职业生涯规划，有意识地提升大学生的就业创业竞争力和就业创业技能，为大学生提供相关的就业创业信息和就业创业服务，帮助大学生做出恰当的职业选择，进而提高大学生的就业创业质量。

（9）辅导员是高校思想政治教育的专业研究者

高校辅导员是思想政治教育工作者，思想政治教育工作是其本职，新时代对高校辅导员的素质能力和工作成效提出了更高的要求，仅通过传统的经验型教育管理已然无法适应新时代对辅导员的期望，辅导员要通过思想政治教育的相关理论和学科知识的学习，参加相关学科领域的学术交流活动，并开展与思想政治教育、学术事务管理、心理健康教育、职业生涯规划等领域相关的课题项目研究，成为高校思想政治教育工作领域兼具理论与实践的"行家里手"。

二、人格概述

（一）中西方关于人格研究的学术史回顾

1. 西方关于人格研究的学术史回顾

国外人格发展最早可追溯到古希腊罗马时期，以斯巴达教育为代表的军事教育通过严厉的手段将儿童培养为勇士，这种军事化的管理导致人民的人格表现出绝对服从的特性。德谟克利特认为人的德行可教，"从智慧中引申出三种德性：很好地思想，很好地说话，很好地行动"[①]。苏格拉底非常重视道德改造和

---

① 北京大学哲学系外国哲学史教研室. 古希腊罗马哲学［M］. 北京：商务印书馆，2021：107.

人格完善，在他看来，"人的任务就在于不倦地致力于自己的道德修养"①。综观西方哲学人格发展伊始，自然哲学大多把人和外在世界混为一体，在这种混沌状态下，人并未独立于外在世界。可以说，从苏格拉底开始，人们的观察对象实现由外在世界向人的转变。

柏拉图是西方最早对人的品格做出描述性分类的学者，他认为人的灵魂或心理可以分成理性、意气和情欲三个部分。他对理想人格的定义是美德，他认为美德是指智慧、勇敢、节制、正义，而正义是其他三种美德的基础。亚里士多德认为人格对政治和社会发展有一定影响，应当紧密地联系在一起，他倡导德育、智育、体育三者的均衡发展。②古希腊时期的人格发展更多注重精神特征，提炼出的最高的东西就是理念，所以柏拉图的哲学叫理念论，某种程度上说，该理论认为人格比具体的人重要，人的理念不变，人将灭亡。何为学以成人，人作为一种抽象的表述，代表的不仅是身体的发育，更是心灵的成长，因此，唯心主义注重人的精神方面。

中世纪前后，人格的发展开始带有宗教色彩，教会的发展促使人格受到压制。中世纪的代表人物托马斯·阿奎那（Thomas Aquinas）认为，信仰和理性可以互为补充，但信仰才是最高能力。在他看来，上帝就是至善，人是肉体和精神的复合体，人有向至善发展的趋势，这种自然倾向是上帝赋予人的神性道德。

到了14世纪至16世纪，文艺复兴高潮使许多优秀的思想家和教育家提出了关于人格的思想，这个时期的人格讨论相对而言更加自由、和谐。夸美纽斯（Johann Amos Comenius）是研究文艺复兴时期思想的集大成者，他对人格的看法更多是在"应然"角度，认为这是职业道德的标准之一。③马基雅维利（Machlavelli）作为近代哲学的开创者，从"应然"与"实然"角度出发，认为人格是可以有不同程度变化的，就像政治一样，为了追求政治权利可以不择手段。黑格尔（Hegel）作为客观唯心主义的代表人物，他致力于将分开的东西弥合、对立的世界统一，他认为人、世界统一于精神，但精神不是具体的人的精神，而是在我们之外的存在。我们分有它的某方面，我们才能称为人，但它是客观存在的，因此为客观唯心主义。

近代人格受英国资产阶级革命的影响，一定程度上反映了当时资产阶级的

---

① 格里戈里扬.关于人的本质的哲学［M］.汤侠声，李昭时，等译.北京：生活·读书·新知三联书店，1984：37.
② 张焕庭.西方资产阶级教育论著选［M］.北京：人民教育出版社，1964：519.
③ 夸美纽斯.大教学论［M］.傅任敢，译.北京：人民教育出版社，1957：209-210.

利益。近代著名思想家洛克（Locke）认为，榜样作用对人格的影响很大，应当互相亲近，体察近况，他反对任性、极端的体罚手段。① 法国启蒙思想家卢梭（Rousseau）秉持"天赋人权"的思想，倡导自信独立的理想人格，认为"善念"是良好人格培养的基础。

19世纪以来，科学技术和社会生产力的提高让人开始审视自身，许多人格理论开始诞生，并呈现多元化发展趋势。这一时期的代表理论包括精神分析人格理论、行为主义人格理论、人本主义人格理论。在精神分析人格理论中，又分为古典精神分析人格理论和社会精神分析人格理论，其代表人物为弗洛伊德。他认为，人性是恶的，人格的健全和发展建立在性心理基础之上，强调人类原始的动能。人格的健康取决于人格结构中的本我、自我和超我之间的和谐一致。②

20世纪三四十年代，西方开始重视社会的影响，社会精神分析学派应运而生，社会精神分析人格理论因此产生。它与精神分析人格理论的区别在于，他们更加注重社会文化和后天自我的作用。作为精神分析学派的巨擘，荣格创立了分析心理学，他认为所有人的人格都是由意识和无意识构成的，二者有机联合，不可分割。人格应在发挥自我原型的基础上，不断完善自我。③ 胡塞尔认为，人格的核心是自身塑造、自身培养和自我实现，这是人格之所以区别于外物的重要特征，理想人格并非完美人格，有爱的绝对人格才可能是完美人格。④

20世纪30年代初，行为主义学派诞生，由此产生的人格理论强调人格的发展受环境因素的影响。早期行为主义代表人约翰·华生（John Broadus Waston）通过实验指出，可以通过重塑周围环境来改变人格。台尔曼则在其"认知行为主义"人格理论中将行为归结为手段，而将环境归结为工具，即通过运用手段和工具改变人格。斯金纳（Skinner）在华生等人的研究基础之上，通过实验得出，人格的养成与环境相关，环境的改变会促使人格发生变化，优良的环境对人格的发展有优化，恶劣的环境反之。

人本主义学派则与行为主义学派观点相左，他们认为人格的形成主要依靠个人内在的因素，更多是受个体意志力和个人选择所控制。不仅如此，他们不承认人具有社会性，也不承认环境对人格发展的作用。奥尔波特提出了健康人格的7个特征，并指出健康人格的核心特征是有意识的目标或抱负。马斯洛作

---

① 洛克. 教育漫话 [M]. 傅任敢, 译. 北京：人民教育出版社, 1963：72.
② 叶浩生. 心理学史 [M]. 上海：华东师范大学出版社, 2009：233-237.
③ 郑雪. 健康人格的理论探索 [J]. 华南师范大学学报（社会科学版）, 2006（5）：144.
④ 曾云. 胡塞尔对伦理人格的思考 [J]. 道德与文明, 2015（4）：83.

为人本主义学派的代表人物,他提出了需求层次理论,认为人性是由一系列按层次排列需求构成的,人的行为是由一定的需要所驱使的,为了实现某种需求,人会不断驱使自己达成有些人格。"人类的基本需求依强弱和先后出现的次序是生理需求、安全需求、归属和爱的需求、自尊需求和自我实现的需求"①。罗杰斯的人格理论强调"以人为中心"的理念,要善于运用每个人的人格特征达成目标。

马克思作为现代理论的代表人物,他在学说中指出,理想人格主要表现为人的活动能力的全面性和内外双面的和谐性,以及统一性和完整性,要做到辩证统一。他指出,人格的发展是自己与自然、自己与社会、自己与自己动态平衡的统一,只有在社会实践中才能实现人格完美。②

2. 中国关于人格研究的学术史回顾

"人格"一词源于西方国家,在中国古代并没有"人格"的说法,但的确存在关于人格的思想。查阅文献显示,我国古代关于人格的名词多达十几种,如圣人、贤人、君子、小人等,这些词汇不仅表达了不同的人格,也给人格赋予了不同的色彩。如何看待人、如何养成人格、养成什么样的人格,是古代哲学思想的主题所在,儒家、道家、墨家都曾围绕人的内涵和养成方式,从不同维度、不同方面进行了探讨。先秦诸子提倡把尧、舜、禹和周公等人的品质作为理想人格的标准。儒家学派代表人物孔子的人格学说主要体现在"仁",以"仁"作为做人的最高道德标准,并将人格划分为德行、智能和气禀三方面。道家学派代表人物老子的人格学说主要体现在"无为",所谓清静无为,即凡事不必太过操心,守本分、顺天道,更多是在厘清人我关系的前提下将"真人"作为理想人格。墨家学派代表人物墨子的人格学说主要体现在"兼爱非攻",他认为言行一致是优秀人格的重要标准,凡是有利于国家、百姓的都应积极劝谏、劝教。孟子主张人要有气概和风度,更多是以道德的标准严格要求自己,他认为人先知耻方能后勇。庄子认为识人虽有难度但未必不能知晓。他认为人格是与万物融合的存在,观其一亦可知其貌。综观先秦时期大放异彩的思想交融,大都站在人格的"应然"层面在谈论,虽切入角度不同,以及谈论侧重不同,但比较一致的就是他们以整体思维的方式做出了各自精辟的分析,这也是造成中国哲学没有实现现代性转化的原因之一。

历史车轮滚滚向前来到秦汉时代,由于国家基本取消了官私学校教育,取

---

① 黄希庭. 人格心理学 [M]. 杭州:浙江教育出版社,2002:398.
② 袁贵仁. 论马克思人的全面发展观 [J]. 高等师范教育研究,1992(3):8.

而代之的是官吏教育，因此人格逐渐向符合"大一统"趋势的道德风范靠齐。汉代大儒董仲舒极为推崇"义"，认为"义之养生人大于利"①，要把完成道义作为人生根本。同期，扬雄在著书中第一次将"师"与"范"相连形成"师范"，对后世教师人格的发展起到促进作用。

唐代的韩愈言明师者，所谓"传道、授业、解惑"。他将"道"作为评判和任用教师的根本标准，并强调要将这种信念融于师者内心。宋代的"程朱理学"从另一方面呈现了人格思想逐渐趋于极端专制化。以程颢、程颐为代表的思想家们，从宇宙本体中剖析分离出"天理"这一概念，并从这个角度阐述了理想人格的表现。南宋朱熹提倡将"理"作为社会的最高道德准则，主张人性善，提出"革尽人欲，复尽天理"②。自此，儒学教育逐渐成为教育伦理的主旨，虽然"程朱理学"在一定程度上约束了儒学的发展，但不可否认的是，他们的思想是迄今为止儒学教育伦理的集大成者，对后世的实践借鉴意义巨大。

历史的发展总是呈现螺旋式上升的规律。经过元代的开疆扩土，明代的思想逐渐回到相对稳定的发展状态，关于人格的探讨主要以明代理学家王阳明为典范。在他看来，人格在"应然"要求的基础上，增添了一份情感，强调"心即是理"，人与人之间的感情是促使理想人格发展的重要因素。清末的盛宣怀将德行作为淳化社会风气的重要措施，他重视教育对人的塑造作用，力促将人格教育放于人生成长之中。

到了近代，由于鸦片战争的影响，一批仁人志士开始寻找救亡图存的道路。人格思想也融合了家国情感和民族大义。康有为认为，"中国的改革需要人格的重建，即从缄默、观望、依附的人格变为自主平等的人格"③。在梁启超看来，中国人的人格塑造，实质上是提高整体国民素质。国民性的改造不是单纯培育人才，更为重要的是塑造人格和培育新民。他更注重独立人格。④ 此外，蔡元培首创公民道德教育，指出一切教育均须"以公民道德为中坚"。

1919年五四运动后，革命的胜利促进了新思想文化的传播，独立人格的观念开始深入人心。徐特立作为无产阶级革命家和教育家，他强调教师既要当"经师"，又要当"人师"，既要钻研学术科研，又要躬耕实践。陶行知"创造

---

① 董仲舒. 春秋繁露［M］. 杭州：浙江大学出版社，2021：153-160.
② 朱熹. 四书章句集注［M］. 北京：中华书局，1983：23-28.
③ 吴乃华. 论康有为戊戌时期的人格观［J］. 西北大学学报（哲学社会科学版），1993（3）：15.
④ 吴蓉. 梁启超人格思想及其特点［J］. 西南民族大学学报（人文社科版），2015，36（5）：67-69.

性地提出要创造'真善美活人',要在教、学、做中'学做真人',在生活教育中做'人中人'的人格教育理念"①。

新中国成立后,以毛泽东为代表的共产主义革命者,提出了以实现共产主义为奋斗目标的理想人格。改革开放之后,邓小平提出要塑造人们具有社会主义的新型人格,大力提倡培育"有共产主义的理想,有道德,有文化,守纪律"的理想人格。②江泽民进一步丰富了"四有"人格的内容,提出要培育有理想、有道德、有文化、有纪律的社会主义公民。胡锦涛提出了"八荣八耻"的社会主义荣辱观。习近平总书记曾指出,思政课教师"人格要正,有人格,才有吸引力。亲其师,才能信其道。要有堂堂正正的人格,用高尚的人格感染学生、赢得学生"③。

综观中国关于人格研究的发展史,从先秦时期的百家争鸣到社会主义时期的法理兼修,人格的内涵得到了长足的发展,人格的养成也得到了历史借鉴。相对而言,中国的人格更为侧重"应然"的讨论,对"实然"的研究有待进一步加深。

综观中西方关于人格的学术史梳理,双方既有共同点,也有不同点。共同点在于对人的看法,没有任何一个唯物主义把人看作动物,包括伊壁鸠鲁,追求内心世界的宁静,在精神上完善自己。不同点在于中西方一个侧重"应然",一个侧重"实然",都从不同角度丰富了人格内涵。关于辅导员职业人格的研究,应当发现人格并非独立的,而是与社会因素相关,要从特殊的职业人格和作为一般人的一般人格来探讨其中关系。一般意义上,塑造辅导员职业人格要在人性基础上建立职业道德和职业人格。

(二)多学科视域下的人格界定

"人格"作为一个科学研究的对象性范畴,已被诸多学科所关注并成为研究的焦点。在当前学界,心理学、社会学、伦理学、法学、文化学、哲学等,都从各自学科的角度分别对人格做出了不同的解释和界定。通过对不同学科的人格含义解析,有助于对"人格"含义进行科学合理的界定。

---

① 李顺松.重读陶行知人格教育思想建构现代学校人格辅导模式[J].教育导刊,2011(5):53.
② 丁科.论邓小平思想政治教育中的人格教育思想[J].毛泽东思想研究,2012(2):93.
③ 张烁.习近平主持召开学校思想政治理论课教师座谈会强调:用新时代中国特色社会主义思想铸魂育人贯彻党的教育方针落实立德树人根本任务[N].人民日报,2019-03-19(1).

1. 心理学对人格的界定

提及人格，对其研究最多的学科便是心理学，并且还产生了人格心理学，迄今也只有心理学界对人格问题的研究最为透彻。在心理学领域的许多杰出心理学家都因研究人格而成就卓越，最为著名的有精神分析学派的弗洛伊德、特质学派的奥尔波特、人本主义学派的马斯洛、行为主义学派的华生等，之所以会产生不同的学派，就是由于他们对人格理解的着眼点是不同的。

(1) 精神分析人格理论

弗洛伊德是精神分析学派的创始人以及人格心理学的开创者。1923年，他在《自我与本我》一书中提出了新的人格结构观点，即认为人格是一个整体，包括三个部分：本我、自我和超我。这三个部分相互影响，但是在不同的时间内，对个体行为产生的支配作用不同。本我类似于潜意识，是人格中最原始的本能部分。自我是本我和外界联系的中介，它遵循现实原则，依据现实条件调节、控制或者延迟本我需要的满足。自我代表着理智和理性，它存在的价值就是帮助本我获得本能的满足，相应地，本我也必须受到自我的控制和指导，否则就会颠覆理性的自我。超我是个体按照理想标准形成的，目的在于自我控制行为，代表了道德力量，遵循完美原则。本我、自我、超我时常是处于和谐共生的状态，从而保障了人格的正常发展。但是，三者也经常会发生冲突，超我追求完美，本我追求本能，完美和本能时常处于矛盾之中，这就需要自我的中间协调，而自我在与现实的作用过程中又不能违背超我的价值观，所以，会导致三者关系的失调，进而产生神经症，危及人格的健康和发展。

(2) 奥尔波特的人格特质理论

高尔顿·奥尔波特是人格特质理论的代表。奥尔波特认为，人格具有复杂的结构，由反射、习惯、态度、特质、统我等按照整合程度高低以金字塔式层级形式构成，反射处于最低整合水平，可以联结形成习惯。统我整合了特质、习惯、态度等属于"个人"的所有方面，是个体建立并维护自我感的基础。他认为特质是人格结构中最基本的建构单元，但并不是唯一的建构单元。他将特质分为共同特质和个人特质，所谓共同特质就是人类共有的特质，而个人特质则是个人独有的，代表个人的行为倾向。奥尔波特将个人特质视为一种组织结构，不同的特质导致了不同的人格结构地位。他还将个人特质分为三种类型：首要特质、核心特质和次要特质。首要特质最能代表个体特点，但是这种特质在个体身上并不常见；核心特质是指能够代表个体主要特征的几个特质，不是每个人都有首要特质，但是人人都有核心特质；次要特质是不易被人察觉的特质。所以，对于个体的人格，一般情况下，核心特质最能够代表个体的人格结构地位。

(3) 行为主义人格理论

约翰·华生是行为主义人格理论的开创者。华生认为，要使心理学成为一门真正的科学，就必须放弃研究主观的心理或意识，把可观察的行为作为心理学的研究对象。在他看来，人格就是人的习惯系统。他认为人格的发展就是个体随着年龄的增长，由简单反应、复杂反应到行为习惯系统形成与发展的过程。由于个体在成长过程中遇到的环境不同，以及接收到的条件刺激不同，形成了不同的条件反射系统，因此，也就形成了不同的人格。华生认为，环境是人格形成的决定因素。个体人格的形成并非取决于遗传特征，而是取决于他生活在什么样的环境中。因此，他特别强调早期环境和教养对人格形成和发展的重要作用。

(4) 人本主义人格理论

马斯洛是人本主义心理学的创始人，他对人性持乐观的态度，认为人天生具有趋于健康的本性，主张人本主义心理学要以正常的健康人为研究对象，研究人的经验、价值、欲求、情感、生命意义等，其目的就是促进人的健康发展，提高个人的尊严和价值以达到自我实现。马斯洛认为，动机理论是人格理论的中心，即需要层次论。在他看来，人的需要是多样的和有层次的。在多样性方面，当人的一个需要被满足后，它通常便失去其动机的力量而被另一种需要所替代。在层次性方面，他将需要的层次由低到高分为生存、安全、社交、尊重、自我实现的需要，并且，只有当低层级的需要被满足后才会去追求更高层级的需要。需要层次的差异决定了人格差别。马斯洛特别关注健康人格及如何实现健康人格的发展。他认为健康人格是没有疾病并能自我实现的人格，并且他归纳出了自我实现的健康人格所具备的16种人格特征。

通过对以上4种心理学人格理论的梳理可以发现，尽管不同的心理学派对人格定义各不相同，但是他们大都把人格归结为人的性格、特质、气质等生理—心理性状。心理学是从人的自然存在状态入手进行人格研究，非常注重个体的人格差异。所以，现代心理学一般把人格（个性）定义为一个人的整体心理面貌，即具有一定倾向性的各种心理特征的总和。通俗地讲，人格是构成一个人的思想、情感及行为的特有的统合模式，是各种心理特征的总和，也是各种心理特征的一个相对稳定的组织结构，在不同的时间和地点，它都影响着一个人的思想、情感和行为，使一个人具有区别于他人的、独特的、稳定而统一的心理品质。

2. 伦理学对人格的界定

伦理学认为，人，是处于伦理关系中的人，是道德规范和道德义务的承载者。伦理学的核心概念就是道德，伦理学研究的目的就是如何使人成为社会需要的有道德的人。从伦理学的角度来讲，人格就是道德人格。当然，在伦理学视域中，人格即品格。伦理学上的人格以人的品格为其主要内容，关注的是人的"崇高的自我"，其人格是指能区分人的高尚与卑下的品质、境界、道德水准以及人的尊严等，也就是说，伦理学中的人格是有高尚和卑下之分的。同时，伦理学认为，人格不是先天固有的，而是后天在社会中逐渐形成和发展形成的。所以，从一定意义上来讲，伦理学就是研究道德人格差异、原因以及道德人格形成发展规律的学科。中国自古以来便拥有丰富的伦理学说和伦理思想，以孔子为代表的儒家建立了以"仁"为核心的伦理体系，并且建构了一套个人修养规范；以老子和庄子为代表的道家则建立了以"自然无为"为核心的伦理体系，它倡导的是素朴、自然；以墨子为代表的墨家伦理宣扬"兼相爱，交相利"，呼吁人人相爱；佛教则形成了"惩恶劝善"的道德伦理精神。不同的学派对伦理的理解不同，但是受中国传统思想的影响，民众以及学者对于人格的认识和认同，主要还是从伦理道德的角度来理解。

3. 社会学对人格的界定

社会学的研究目标是探寻社会发展规律以及社会运行规律。社会学的主要研究对象是社会人，社会是由一个个社会成员构成，只有把社会人研究透彻，才能研究好社会发展和运行规律。"人格是社会人的规定，是社会传统和风俗习惯等社会规范在个体身上的内化，表征个体的社会化程度和水平。"[①] 社会学认为，人的发展是人的社会化的过程，人的社会化就是人通过社会交互作用，不断学习社会文化，参与适应社会生活，不断成长为社会人的过程。社会对社会人有一套被大众所认可、承认和接纳的群体性标准规范，当个体的行为符合该标准规范时便是社会人，当个体的行为不符合该标准时便成了异类。社会学研究人格是将个体放在他所处的社会环境以及所属的社会群体中对其人格进行研究，只有这样才能从整体上把握人格。从这个意义上讲，个体的行为越符合群体性标准规范，他的社会化程度就越高，其人格就越完善；反之，个体的行为违背了群体性标准规范，他的人格就成了"反社会人格"。社会学对人格的研究目的，在于按照社会的群体性标准规范对社会人的人格进行调试和重组，让个体高度社会化，使其形成社会人格，实现人与人、人与社会的和谐发展。

4. 法学对人格的界定

法学中使用"人格"概念，最早源自古罗马法，古罗马法中的人格广义上

[①] 陈琼珍. 现代人格及其塑造 [M]. 北京：中山大学出版社，2018：38.

包含所有人，但实质上是只有自由人才具有人格，而丧失自由的奴隶是没有人格的。"具有法定的自由身份、市民身份和家父身份的人具有完满的人格，而其中某些身份的丧失会导致人格的减等或消灭。"① 直到近代，基督教宣扬的"上帝面前人人平等"，宣扬的就是人格的平等，为近代法律人格从不平等走向平等奠定了基础。而启蒙运动和自然法理论的兴起，开始反对现实中社会生活和法律中的等级制度，才逐步形成了"人人平等"的人格理念。到了现代，法学中的人格特指受法律保护的人格权，即保护与人格主体不可分离的权利，主要包含生命权、健康权、姓名权、名誉权、荣誉权等伴人毕生的不受侵犯的权利。法学中的"人格"与"人格权"紧密相连，它特指人作为法律范围内权利和义务主体的资格，通俗地讲就是人之所以成为人的资格，是人的资格的确认，人格通常是对作为主体（包括法人）的权利、义务的确认。法学中的人格没有高低之分，只有是否确认之分，一旦被法律剥夺了人格权，个体便没有了人格，法学设置人格权的根本目的就是对人的基本权利的保护。

5. 文化学对人格的界定

文化学认为，文化是人类特有的存在方式，作为人的特殊规定性的人格自然与文化有着千丝万缕的联系。从文化学的角度来看，人自从出生开始就受到一定文化情境影响，在个体社会化的过程中，受先在的文化浸染，将习得的文化逐渐内化为个体稳定的心理结构和行为方法。社会学强调人的社会属性以及社会对人格的塑造作用，而文化学则认为，社会对人格的塑造实质是文化的浸染作用发挥，所以，文化对人格的形成具有重要的影响作用，人的社会化就是文化人格形成的过程。文化学视域下的人格就是文化人格。但是对于文化在人格形成中的作用发挥程度如何，文化学界有两种不同的声音。一种是文化决定人格论。以波亚士为首的美国人类学家意识到生物遗传因素并不能决定人格的差异，而真正决定人格差异的是文化。正是由于个体生活在不同的文化情境中，才造就了不同的行为模式，形成了差异化的人格。该观点有其优点，它把文化和人格结合起来，弥补了生物学和心理学对人格研究的不足，但是把文化和人格的关系简单化，忽视了文化和人格之间的有机统一关系。另一种是文化与人格交叉论。美国学者林顿和卡丁纳等人认识到波亚士学派的不足后，提出了文化与人格交叉论，该理论的核心思想就是人格有群体人格和个体人格之分。群体人格是群体在同一文化环境下形成的，他们在人格方面表现出共同的部分；但是人格是有差异的，即便是拥有共同群体人格的个体人格也是有差异的。之

---

① 杨立新. 人格权法 [M]. 北京：法律出版社，2011：47.

所以会出现这种差异,是由于社会文化影响的只是人的基本人格,而由于个体的生活文化情境不同,相应地造就了区别于其他个体的不同人格。

6. 哲学对人格的界定

人格的主体是人,以马克思和恩格斯为主要代表的马克思主义经典作家认为,人是一切社会关系的总和。人的本质特性是社会性,同样,人格的本质特性也在于其社会性。对于人格的研究不仅要研究人的个体性还要研究人的群体性。人的社会性决定了人是"类",从哲学视角研究人格,有必要从"类关系"去把握人格的本质属性和表现特征。"类"仅仅能说明人的自然属性,说明人和其他动物一样都是有生命的种类,但是"类关系"不仅表示了人的自然属性,更说明了有生命的人的生存和发展与社会环境、社会关系紧密相连,"类关系"强调的人的社会属性或文化属性。人格理论研究专家埃丽奇·弗洛姆(Frich Fromm)指出:"人是社会的人,是在一定的文化中与文化相互联系、相互影响的人。人与动物有着本质的区别,虽然动物在发展的过程中也经历了个性化的过程,但只有到了人类,人的社会化才发展到高峰。是社会创造了人,人在这个社会中不断地为社会所同化,从而满足社会的需要,形成与社会适应的人格。"① 马克思主义人学理论认为,从人格的本质属性和表现特征来看,人格不能脱离人,一旦脱离,人格就变成纯粹的抽象的东西,因此,只有作为社会的人才能是人格的现实认知基础。在马克思看来,人不仅是"种生命"的自然存在体,更是具有能动性的"类生命"的社会存在体。人的社会性决定了人有共同的社会属性,人的能动性决定了不同的个体差异性。马克思指出:"人是一个特殊的个体,并且正是他的特殊性使他成为一个个体,成为一个现实的、单个的社会存在物。"② 但同时,马克思也指出:"人的本质并不是单个人所固有的抽象物,在其现实性上,它是一切社会关系的总和。"③ 马克思既肯定了人的个体性,又说明了人的社会性。他在这里指出的"社会关系",就体现了人和人之间、人的个体与类之间的有机联系。所以说,人的"类存在"是一种在社会关系的影响和制约中所体现的生命体存在。马克思在揭示人的本质的基础上,还明确地指出"'特殊的人格'的本质不是人的胡子、血液、抽象的肉体的本性,而是人的社会特质"④。所以说,人格体现了人的社会特质。人的社会特质决定

---

① 郑希付. 现代西方人格心理学史 [M]. 广州:广东教育出版社,2007:201.
② 马克思. 1844年经济学哲学手稿 [M]. 中共中央马克思恩格斯列宁斯大林著作编译局,译. 北京:人民出版社,2004:84.
③ 马克思恩格斯选集:第1卷 [M]. 北京:人民出版社,1995:60.
④ 马克思恩格斯全集:第1卷 [M]. 北京:人民出版社,1956:270.

了人格的个体性和群体性都要受到社会关系的制约。综上所述,"哲学意义上的人格是人的本质在个体的人身上现实化,是个体或群体在社会实践活动和社会交往中形成的调节、适应和改造客观环境中个体或群体的精神气质和行为模式的总和"①。

  以上各学科都从不同的侧面多方位地阐述了人格的丰富内涵,都有其合理性。但是,心理学、伦理学、社会学、法学、文化学作为具体的科学,它们对人格的揭示有其不可避免的局限性。心理学从人的自然存在状态入手研究人格的差异性,将研究重点过于集中于"统一的结构性自我",忽视了对人格的群体性研究。伦理学将人格视为道德人格,虽然更接近于现实生活,但是缺乏对人格的本源性挖掘。社会学强调人格体现着人的社会化程度和水平,但是仅将社会规范标准作为人格的评判标准不够全面。法学强调人格权,重在人格的确认,无法说明人格的根本。文化学注重文化对人格塑造的决定作用,无论是文化决定人格论还是文化与人格交互论,注重的还是表面现象。总体来讲,以上学科对人格内涵的界定有其合理的地方,每个理论都只能分析和研究人格的不同方面,但是普遍存在缺乏对事物本质探究的通病,唯有哲学对人格的研究,撇开了人格的具体特征,抽象出了人格的共同本质和共同特征,揭示出人格的本质在于社会性,人格决不能超出社会的经济结构以及由经济结构制约的社会的文化发展,强调社会的物质生活条件对人格的产生和发展起制约和决定作用。

  通过对古今中外学者对人格定义的梳理,结合心理学、伦理学、社会学、法学、文化学、哲学等学科对人格内涵的不同阐释,可以将人格定义为人格是人在社会化过程中,在一定社会文化情境的影响下,受社会物质生活条件的制约,通过对社会文化的习得和内化所形成的稳定的心理结构和行为方式,并通过个性特征、价值观念、思维方式和行为模式等进行展现的综合系统。换句话说,人格是人们在社会生活中通过自身的言语、行为、情感、态度等显性特征所表现出的人的品位或格调。言语、行为、情感、态度等是展示人格的媒介,隐藏在它们背后的核心是人格。人格正是通过人的社会活动,把渗透在言语、行为、情感、态度中的人格水平以一种可被他人感知的方式展现出来,由此完成在一定社会条件下个体的人格定位。人格作为个体外在形象展示的内核,是做人的根本。人在一定社会关系的交往中,人格是基础,人格因素对人际交往起着基础性的调节作用。人格还是社会风尚的表征。个人的人格代表着个体的品位或格调,全社会的人格水平不仅体现在关系到国家、民族利益的宏观方面,

---

① 陈琼珍. 现代人格及其塑造 [M]. 广州:中山大学出版社,2018:43.

更经常性地体现在日常生活的社会责任和社会义务之中。例如，尊老爱幼、诚实守信是高尚人格，而背信弃义、损公肥私是卑劣人格。社会个体通过履行社会责任和社会义务所表现出来的正能量人格是推动社会进步的重要力量，并且成为维系中华民族、社会的巨大凝聚力，作为精神层面的人格可以转化为巨大的物质力量。所以说，在社会主义市场经济发展过程中，加强社会主义精神文明建设，提升社会成员的总体人格水平就显得十分必要和重要。

（三）人格的一般性内涵体系

人格不是与生俱来的，它的生成需要一定的条件，这些条件有机构成了人格的一般性内涵体系。

1. 社会文化是生成人格的关键因素

人格是个体对社会文化的习得和内化所形成的稳定的心理结构和行为方式，即人格的生成受社会文化的影响非常大。人可以分为生物人和社会人，二者的差别就在于是否受社会文化的影响。自然人是具有自然生命的人，是生物学意义上的人，他具备了人所应有的生物特征，但是缺乏社会特征，最具有代表性的就是狼孩、狗孩、猴孩，他们虽然是生物学意义上的人，但并不具备人格。真正使人成为社会人的关键因素就在于社会文化，处在社会关系中的人从一出生便受各种社会文化的影响，这种社会文化对个体的成长产生着巨大影响，也从内部塑造着个体的人格。

人类在历史的发展中积累了大量的物质财富，从而形成了物质文化，物质文化主要展现为经济文化。经济因素是社会发展的决定性因素，在马克思看来，人可以看作经济范畴的人格化。从该意义上讲，经济文化决定着人格的发展水平，以经济关系为核心的物质文化对人格的生成和发展有重要的影响。人类社会的发展产生了法令、礼俗等制度规范体系，即制度文化。正是由于制度的存在，才让所有社会成员都有了行为规范准则，使得社会成员彼此之间的交往和社会活动成为可能。法令是强制性的制度，礼俗则是非强制性的制度，但无论是强制性还是非强制性的制度，其最终目的都是约束人的行为。人格通过人的行为方式展现，而制度恰恰是约束人的行为方式，所以制度也在一定程度上影响着人格的生成和发展。精神文化是人类在从事物质文化基础生产上产生的一种人类所特有的意识形态，为人的思想意识发展提供精神指引。在人格的形成过程中，不同的精神文化产生不同的人格。中华文明延续至今，积累了诸多宝贵的精神文化，特别是中华优秀传统文化，至今仍在深深地影响着现代人格的成长和发展。

总的来讲，文化是人从生物状态的自然人发展成文明状态的社会人的重要因素，没有文化就没有社会人的存在，没有文化也就不会有人格的存在。

2. 社会关系是生成人格的基础

人格形成和发展的前提是社会人的主体性存在，人的本质是所有社会关系的总和，社会关系自人出生便存在，具有非选择性。每一个具体的、现实的人都处在一定的社会关系中，社会个体正是在与自身、他人、社会和自然所结成的各种社会关系中确认自身。人格在社会关系中以社会角色的形式存在，"处在不同社会关系网中的社会成员由于所处的阶级、家庭环境、教育程度、经济状况、社会地位、职业等方面的差异，在社会认知、心理状态、行为方式等方面的表现也是千差万别的，他们的规定，即他们的人格也必然存在一定的差异，从而使不同的个体呈现出差异性和丰富多样性"①。

3. 人的能力是生成人格的根据

人与动物最大的区别在于人能够充分发挥自己的主观能动性并运用自身的主体能力改造世界。人的能力是多样的，总的来讲，人的能力可以分为劳动实践能力和交往能力。

劳动实践能力是形成人格的最基本要素，个体往往是在生产劳动的过程和结果中确证自身的存在。从一定程度上讲，人的劳动实践能力构成了人格生成和塑造的客观基础。人的本质和未来发展趋势是由其交往关系决定的。"一个人的发展取决于和他直接或间接进行交往的其他一切人的发展"②，人是在主体同他人的交往中完成对人格的塑造。人的自主选择能力和创造能力在人格的生成和塑造过程中发挥重要作用。从自主选择能力的角度来讲，个体主体把人当作目的，为实现自身的社会价值，在目标的导向下会自主地选择不同的方法和不同的人生道路；从创造能力的角度来讲，正是由于个体具备创造能力，才使人类社会不断地发展到当今。然而，能力有高下之分，不能以主体能力的大小来衡量主体是否具有人格。

4. 人格意识是生成人格的前提条件

人的类本质是自由的有意识的活动，正是由于人具有自我意识，才成为区别于自然界其他物种的特殊存在。自我意识发展的最高层次就是人格意识，人在了解社会的过程中形成"社会性自我"，认识到自身是自由自觉的社会存在物，自己能够成为自己命运的主宰，也就意味着人格意识形成了，所以说人格意识是人格生成和发展的前提。"人格意识是人的意识的产物，是人的意识的必然属性，自我意识中的自我既作为意识的主体出现，又作为诸主体间关系枢纽

---

① 陈琼珍. 现代人格及其塑造[M]. 广州：中山大学出版社，2018：48.
② 马克思恩格斯全集：第3卷[M]. 北京：人民出版社，1960：515.

的主体自身。"①

(四) 人格的特征

1. 独特性

人格的形成是先天遗传、成长环境、教育等先天和后天因素共同作用的结果，每个人的先天遗传条件不同，并且成长的环境和接受的教育都存在差异，所以形成的人格也各不相同。人格既有个体人格，也有集体人格。个体人格是独特的，这是各种因素综合作用的结果，很容易被理解。集体人格不仅有其独特性，而且还有其相似性。某个群体、阶级、民族，由于他们生活在一定的群体环境之中，他们的群体人格便会形成一些共性的地方，但是这些共性的集体人格也是相对的，相对于本集体是共性的，但是相对于其他集体就是独特的。

2. 整体性

人格是由多重心理特征构成的一个有机整体，不同的心理特征不是孤立地、机械地堆砌在一起，而是错综复杂地交织在一起并相互发生作用的一个整体。整体性表现在两方面。第一，人格的整体性表现在人格的内在统一方面。一个正常人表面的正常状态是心理平衡状态的外显，人的内心时常处于冲突状态，但是在心理成分的协调性作用下，人能够对内心矛盾冲突进行及时的调整，从而实现内心冲突的平衡和外在行为的和谐。第二，人格的整体性是区分个别的标准。人格是人独特的精神风貌，是整体性的独特体现。只有从整体出发，在和其他人格特征联系中，才能区分个别，才能使个别得以确定。

3. 稳定性

个体通过家庭教育、学校教育、参加社会实践等，逐步形成了具有一定稳定性的价值判断、动机、理想、信念、价值观。正是在这种具有稳定倾向性的心理特征指引下，个人的心理面貌和言谈举止才会在日常生活中表现出稳定的品质。这种稳定的品质对人的行为的影响是一贯的，是不受时间和地点限制的。没有绝对的稳定，所有的稳定都是相对的。既然稳定是相对的，也就意味着人格也有不稳定的时候，例如，当一个处事稳重的人，某天因为心情烦闷喝多了酒，表现出冒失和轻率的举动。这种举动是人格的非稳定状态，但是我们不能轻言此人就是轻率的人，从本质上讲，他的人格还是相对稳定的。正是由于人格具有稳定性，我们才能够通过人格将不同的人进行区分。

4. 可塑性

所谓人格的可塑性，就是指"在同样的社会条件下，由于个人主体在社会

---

① 余潇枫,张彦. 人格之境：类伦理学引论 [M]. 杭州：浙江大学出版社,2006：93.

中的经历、地位、所受教育以及主观努力不同,便会形成不同素质的人格"[①]。正是由于人格在相对稳定的基础上具有可塑性,所以人格教育和人格塑造才成为可能。结构存在于空间之中,具有稳定性,但它又发生在时间之中,具有重复性,是在不同情境中重复发生的具有一致性的东西,这就是人格结构的稳定性和可变性。人在社会化过程中,随着时间的推移,人格结构在保持相对稳定性的基础上会发生一定的变化,日渐趋于完善。并非所有的人格形成后都是符合社会要求的,并且由于人格主体的社会化环境和社会化程度不同,需要通过人格教育和人格塑造对不符合社会需求的人格进行重塑,以达到适应社会的目的。

5. 倾向性

人格的倾向性是指人格在形成的过程中受一定动机的支配而产生的。它是以人的需要为基础的动机系统,需要是最根本的人格倾向指引。人格的倾向性特征主要包括需要、动机、兴趣、理想、信念、价值观和世界观。需要是人格发展的动力源泉,只有在需要的支配下,人格才会得以形成和确定。动机、兴趣、理想、信念、价值观和世界观都是需要的化身,都展现着需要的倾向性。其中,动机是低层次的需要,世界观则是最高层次的需要。世界观是个人行为举止的最高调节器,影响着人的整体精神面貌,维系着人格品质的统一,使行为具有一贯性和倾向性。

6. 层次性

按照人格的个性能否与周围社会环境相适应的标准,可以将人格层次分为健康人格和病态人格,健康人格与周围社会环境和谐融入,病态人格则与周围社会环境格格不入。按照人格的个性是否稳定、同一,可以把人格层次分为成熟人格和不成熟人格,成熟人格稳定性和同一性强,个体的独特性显现明显;不成熟人格的稳定性和同一性相对较差,个体的独特性显现不够明显。按照个体的外在行为在社会中的作用,可以将人格划分为良好人格和恶劣人格。良好人格通过优秀的外在行为表现出来,恶劣人格通过不好的外在行为表现出来。

三、高校辅导员职业人格概述

(一) 高校辅导员职业人格的概念

当前学界在研究辅导员时经常使用"辅导员职业人格"这一概念,他们也都意识到辅导员职业人格的重要性,但是对于高校辅导员职业人格的概念阐释

[①] 王荣德. 现代教师人格塑造 [M]. 天津:天津教育出版社,2004:11.

却没有定论。之所以没有定论，很大一部分原因源于对"人格"概念的定论不一，不同的学者从不同的学科视角对于"人格"的概念界定不同。高校辅导员的人格由三个词汇组成：高校、辅导员、职业人格。高校是范围，辅导员是主体，职业人格是核心。人们对辅导员职业人格的定义大多是从教育社会学的角度出发，注重辅导员职业人格的职业特性。学者顾晓虎和高远认为，辅导员职业人格"体现了能胜任本职工作所必须具备的良好的性格特征、积极的心理倾向、创造性的认知方式、丰富的情感、坚强的意志、高尚的道德品质、规范的行为方式等内容的融合"①。学者徐德斌认为"高校辅导员的人格是指个体作为辅导员这一特定社会角色，在一定的社会生产方式中，在一定的社会政治关系、经济关系和文化环境关系中所表现出来的稳定个性和行为特征的总和，是辅导员在自己的职业活动中表现的稳定性的行为模式"②。基于此，"高校辅导员职业人格"可以定义为在高校范围内，以教育、管理、服务大学生为本职的从事大学生日常思想政治教育活动的辅导员，在社会化过程中受政治、经济、文化等因素的影响而形成的稳定的心理结构和行为方式的总和。

职业人格与职业素养、职业操守的内涵非常接近，三者既有区别又有联系。职业人格是人格的一种，它是个人在从业过程中形成的相对稳定的内部行为和外部行为的统一，不同的职业需要有相应的职业人格。职业素养是劳动者通过不断的学习和积累，在职业生涯中表现并发挥作用的相关品质。职业操守则是某一职业的从业者的道德底线和行为准则。职业操守使从业者将社会角色期待转化为内在的职业素养，进而体现为职业人格。总的来讲，职业人格是内在和外在的综合，是一种主动的职业适应。职业素养其本质是品质的体现，更多地体现从业者的业务能力和思想道德水平。而职业操守其侧重点是最低标准，即从业的最低道德底线和行业规范。相比较而言，职业操守的要求层次最低，职业素养的要求层次居中，而职业人格的要求层次最高。职业素养体现着职业人格，但是并不能完全等同于职业人格，而职业人格则包含了职业素养和职业操守。

（二）高校辅导员职业人格的发展历史研究

人格是个体在不断受到社会生活、教育，以及自身实践锻炼的影响下，长期塑造而形成的。在探究高校辅导员职业人格发展的历史进程中，要以需求为导向，首先需要了解不同时期高校辅导员所处的时代背景，并对不同时代背景

---

① 顾晓虎，高远. 职业化高校辅导员的人格特征及其塑造［J］. 高等教育研究，2008 (7)：93-96.
② 徐德斌. 高校辅导员人格简析［J］. 中国市场，2010 (19)：164.

下高等教育体制机制、高等教育事业的发展、学生工作的新需求以及学生在不同时代表现出的不同特质做出梳理与分析,进而全面准确把握高校辅导员职业人格的发展与变迁。

1949年至1976年是辅导员职业人格的萌芽和基本成型阶段。新中国刚刚成立,为巩固新生人民政权,需要对包括教育在内的领域进行全方位的改革,以确保党对社会主义事业的领导。此阶段,教育是人民民主专政斗争的工作,教育工作要为政治服务。在"三大运动"时期,中央人民政府政务院要求要有专人担任政治辅导员,其主要任务就是做好学生的政治思想改造工作。1953年开始,为了在做好学生政治思想工作的同时帮助学生干部减轻负担,清华大学"从本科三年级学生中挑选了25名学习成绩优异、政治觉悟较高、有一定工作能力的党员来担任学生政治辅导员"[①]。自此,国内第一批具有现代意义的辅导员诞生了。1961年庐山会议上,首次正式提出要在高校逐步培养和配备一批专职政治辅导员;教育部于1964年与1965年连续发布2个文件对专职辅导员编制来源做出了解答,更是提高其地位、凸显其作用、明晰其职责。1966年至1976年,高校辅导员队伍建设因遭到"文化大革命"的严重冲击而停滞。萌芽和基本成型阶段,辅导员队伍建设最大的特点就是加快了专职政治辅导员配备落实的步伐,其核心目的在于把党的路线方针政策灌输到学生头脑中,确保党对高校在政治上的根本领导。总的来讲,这一历史时期的辅导员职业人格极具政治倾向性,职业人格特征为政治觉悟高、理想信念坚定、注重政策灌输,虽有一定职业素质能力但相对偏弱。

1977年至1983年是辅导员职业人格的恢复发展阶段。十一届三中全会召开,中央拨乱反正,辅导员制度也得以恢复。同年,教育部起草修改了《全国普通高等学校暂行工作条例(征求意见稿)》,条例第五十一条明确要在一、二年级设立政治辅导员。政治辅导员主要采取兼职的半脱产形式,既要做思想政治工作又要做业务工作。伴随着思想大解放,青年大学生的思想问题较为突出,但是高校的思想政治工作并不能适应时代发展的需要,1981年7月,教育部在《高等学校思想政治工作暂行规定》中进一步提出,要做好学生的思想政治工作,必须配备一支又红又专、专职与兼职相结合的思想政治工作队伍。"1982年春季和夏季,各高校先后从1977级和1978级应届毕业生中选留了一定数量的专

---

① 清华大学学生政治辅导员制度研究课题组. 学生政治辅导员制度四十年的回顾与探索[J]. 清华大学教育研究, 1993(1): 3.

职政治辅导员"①，自此，高校辅导员制度才恢复起来。该阶段的高校辅导员主要是专兼职相结合，而高校也存在对思想政治工作重视不够的问题和辅导员队伍稳定性差的问题，所以这些辅导员的人格特质主要表现为政治觉悟高、作风正派、有一定政治工作经验、职业认同度不高、职业素质能力较低。

1984年至2003年是辅导员职业人格的平稳发展阶段。1984年，教育部批准在12所院校设置思想政治教育专业。② 1986年和1987年，中华人民共和国国家教育委员会陆续出台了2个文件，明确提出将辅导员列入教师编制。1987年出台的《中共中央关于改进和加强高等学校思想政治工作的决定》中强调高校要重视专职学生思想政治教育队伍的建设。鉴于当时本来就为数不多的专职辅导员的严重"流失"，导致辅导员的配备严重不足。所以，该决定指出要选配一批兼职辅导员。20世纪80年代后期，国内的资产阶级自由化思潮对青年学生产生了极大影响。1994年8月出台了《中共中央关于进一步加强和改进学校德育工作若干意见》，特别是要求高校要建立一支以精干的专职人员为骨干、专兼职结合的思想政治工作队伍，要采取特殊的政策，提高队伍素质，为他们解决好专业职务、待遇等方面的问题。2000年7月3日，中共教育部党组发布《关于进一步加强高等学校学生思想政治工作队伍建设的若干意见》，该意见对专职学生政治辅导员的任期、在职攻读研究生、生师比、培训、待遇等事宜进行了明确规定。通过10多年的发展，高校辅导员队伍建设逐步走向规范化和制度化。在这个阶段，对于高校辅导员队伍建设的重视程度和保障力度明显增强，但是在关于辅导员队伍建设政策的执行落实方面还远远不够，所以导致了队伍建设发展缓慢。这个时期的高校辅导员职业人格状态也要辩证地看待，一方面是政治素质好、理想信念坚定、职业认同提升、职业素质能力增强；另一方面是职业压力增大、职业迷茫。

2004年至2012年是辅导员职业人格的深入发展期。"进入21世纪，中国高等教育呈现出从精英教育向大众化教育转变的趋势，辅导员队伍建设与高等教育发展、人才培养之间的不适应随之产生。"③ 为了适应高等教育的新发展需要，2004年，中共中央、国务院下发的《关于进一步加强和改进大学生思想政治教育的意见》（中发〔2004〕16号）提出，要把思想政治教育摆在首要位置，

---

① 张立兴. 高校辅导员制度的沿革进程考察［J］. 思想理论教育导刊，2009（4）：118.
② 教育部思想政治工作司. 加强和改进大学生思想政治教育重要文献选编（1978—2014）［M］. 北京：知识产权出版社，2015：23.
③ 彭庆红，耿品. 新中国成立70年来高校辅导员队伍建设的历史进程、总体趋势与经验启示［J］. 思想理论教育导刊，2019（8）：133.

辅导员是大学生思想政治教育的骨干力量。2005年教育部颁布的《关于加强高等学校辅导员班主任队伍建设的意见》不仅对辅导员的选聘和发展提出了更为具体的要求，而且支持和鼓励一批辅导员骨干向职业化、专家化方向发展。[①] 2006年7月，教育部发布《普通高等学校辅导员队伍建设规定》（教育部令第24号），这是专门针对高校辅导员群体颁布的第一个官方文件，对辅导员的职业定位、工作要求、工作职责、配备与选聘、培养与发展、管理与考核等内容做出了更加明确的规定。在这个时期，高校辅导员队伍建设最鲜明的特色就是提出了辅导员队伍专业化、职业化发展的理念。该时期高校辅导员的职业人格相对于前一个时期来讲稳中有升，对于辅导员队伍建设的重视程度又提升了一个层次。其职业人格状况主要体现为以下两方面：一方面是政治素养较好、爱岗敬业、踏实肯干；另一方面是心理压力增大、职业素质能力不足、职业发展迷茫、职业意志不够稳固。

2012年至今是高校辅导员职业人格内涵式发展的阶段。2012年，中国特色社会主义进入新时代，高校辅导员队伍建设也进入了新的发展阶段。为推动辅导员职业人格的内涵式发展，实现高校辅导员队伍建设的职业化、专业化和专家化目标，党中央出台了一系列的政策和保障举措。2013年印发的《普通高等学校辅导员培训规划（2013—2017年）》对高校辅导员的培训内容、培训任务和保障措施进行了规定。[②] 2014年印发的《高等学校辅导员职业能力标准（暂行）》对高校辅导员的专业素质要求和职业能力标准要求进行了详细的规定。[③] 2017年公布的《普通高等学校辅导员队伍建设规定》（教育部令第43号）进一步对高校辅导员的工作职责、身份、配备选聘相关要求、专业培训、发展通道等方面进行了明确规定。[④] 新时代对高校辅导员队伍建设的要求更高、更精准、更明确，推动着高校辅导员队伍建设更加注重政治素质提升、标准化管理、精细化举措和内涵式发展。这一阶段对高校辅导员职业人格的要求明显提升，要求高校辅导员要能够以生为本，关心关爱学生，要有更高的思想水平、政治觉

---

① 教育部思想政治工作司.加强和改进大学生思想政治教育重要文献选编（1978—2014）[M].北京：知识产权出版社，2015：283-284.

② 教育部思想政治工作司.加强和改进大学生思想政治教育重要文献选编（1978—2014）[M].北京：知识产权出版社，2015：591.

③ 教育部思想政治工作司.加强和改进大学生思想政治教育重要文献选编（1978—2014）[M].北京：知识产权出版社，2015：660.

④ 中华人民共和国教育部.普通高等学校辅导员队伍建设规定［EB/OL］.中国政府网，2017-09-21.

悟、道德品质和文化素养。① 直面新时代的新要求，当前高校辅导员的职业人格状况显然不能有效满足这些新要求，一些高校辅导员还存在着职业素质能力不强、理想信念不够坚定、事业心和责任感不足、师德师风欠佳等人格困境，不利于新时代高校辅导员的人格塑造。

（三）高校辅导员职业人格的多维结构状态

高校辅导员职业人格包括辅导员这一职业共同体成员共有的一般心理结构和外部行为模式。据此，可以对高校辅导员职业人格的结构及构成各层次的结构因子进行理论分析。考虑到有利于社会对辅导员职业人格的期望要求和辅导员个人应有的人格自我认同，可以把辅导员职业人格的多维层次结构划分为三个层面：一是辅导员职业人格的内层结构，即辅导员职业人格的内在心理结构；二是辅导员职业人格的外层结构，即辅导员职业人格外部行为模式结构；三是辅导员职业人格的综合表象，即综合以上两方面形成的辅导员职业人格的形象识别系统。

1. 高校辅导员职业人格的内层结构

人格的本质是一种精神性的存在，体现着人的精神追求。人格的本体主要不是一个人物质的、身体的、生理的自我，而是一个人的心理的、精神的、思想的自我。所以，辅导员的内在心理结构是辅导员职业人格的主体内容，对辅导员职业人格的塑造起着至关重要的作用。社会对教师的人格期待已经远远高于社会诸多职业人格，对教师的职业规范和职业道德提出了更高的要求。但是，社会对辅导员的职业人格期待和要求比对教师的人格期待和要求更高、更严，这是由辅导员的职业角色定位决定的。既然人格体现人的精神追求，那么，人的积极的精神追求到底是什么呢？是对真、善、美的追求，体现着人的智慧、道德和审美的认知能力和实践能力。相应地，辅导员的职业人格体现着更高水平的智慧人格、道德人格和审美人格。辅导员职业人格结构中的"道德因子、智慧因子、审美因子，是辅导员职业人格内层结构的重要因子"②。其中，智慧人格是基础，道德人格是核心，审美人格是智慧人格和道德人格的升华。

（1）辅导员职业人格体现着高水平的道德因子

人格精神在一定程度上看是一种道德精神，是人在其全部的生命活动中所

---

① 中华人民共和国教育部.普通高等学校辅导员队伍建设规定［EB/OL］.中国政府网，2017-09-21.
② 庞跃辉，廖清胜，王戎，等.为人师表的人格范式：教师人格优化系统研究［M］.重庆：西南师范大学出版社，2017：25.

彰显出向善的精神行为。教育是形成良好道德的重要推动力，教育的本质在于塑造学生健全的人格，主要方式是教师通过人格作用的发挥潜移默化地影响学生的人格塑造，所以，道德的培育对教师品德的示范作用提出了要求。同理，辅导员作为大学生日常思想政治教育的骨干力量，作为大学生成长成才的人生导师和健康生活的知心朋友，其品德示范作用的发挥要求更高。辅导员职业人格体现着高水平的道德因子，是自身发展和工作出实效的必然要求。"人的逐利动机足以推动工作行为的发生，但是利益诉求只是工作活动的起点，道德素养不仅将工作活动约束在正义框架内，还可以引导人们做出许多高尚的工作行为。"[①] 从自身发展层面来讲，具有良好道德素养品质的人，必然追求完美的工作活动，以爱岗敬业的精神不断提高自己的专业知识和技能，以至于在某一领域成为专家。辅导员队伍建设经过近70年的发展，已经从职业化阶段发展到专业化和专家化阶段，专业化和专家化是对辅导员发展的历史要求。良好的职业道德可以使辅导员不断地加强学习和自我修炼，从而促进辅导员自身的完善和提升。从工作出实效的角度来讲，"人师"是师德之最高标准，一个有高水平道德品质的辅导员，会以良好道德的身体力行给学生予以示范，积极地影响学生的心灵，学生会从心底里接受辅导员，听从辅导员的教诲，提升辅导员教育实效，为学生的长远发展奠定基础。

（2）辅导员职业人格体现着高水平的智慧人格

通常来说，人的智慧是指对事物迅速、灵活地认知和处理的能力（包括观察力、反应力、记忆力、理解力、想象力等），一般分为规整智慧、发现智慧和创新智慧。学生的身份表明学生的学习是为了追求真知，真知是智慧的化身，真知是由教师教授的，所以，教师是智慧的化身，是智慧人格的体现。辅导员的规整智慧体现的是辅导员的博学才华，意指辅导员要用自己的渊博知识引领学生的学习，辅导员要善于规整知识，揭示真理，要能够及时地对学生答疑解惑。辅导员的发现智慧是辅导员的工作必备素养，辅导员是做人的工作，工作对象是形形色色、个性各异的大学生，辅导员要能够通过表象发现规律，要能够通过自己的观察发现学生中存在的问题，并给予及时的解决。辅导员的创新智慧要求辅导员不能墨守成规，要善于根据事物的变化及时调整策略，实现在创新中发展。

---

① 魏则胜，李敏．高校辅导员道德素养概论［M］．广州：广东高等教育出版社，2018：16．

(3) 辅导员职业人格体现着高水平的审美人格

美是纯洁道德、丰富精神的源泉。没有美滋养的人生，必然是单调的、干涸的人生。人之所以审美，除了愉悦自己的目的之外，在很大程度上是为了完善自己，剔除人性中的假、丑、恶，光大真、善、美。辅导员的审美人格，要求辅导员"应当具有健康的审美情趣、掌握正确的审美标准，具有敏锐发现美、积极表现美、善于创造美的认知能力和实践能力"[1]。辅导员只有自身具有高水平的审美人格，才能对学生进行良好的审美教育。著名美学思想家王国维在《论教育之宗旨》中就深刻指出，教育之宗旨就在于使人成为"完全之人物"，而所谓"完全之人物"，就在于具备真善美之"三德"。[2] 美，从本质上讲，是真与善的统一；从人格结构要素来看，真是基础，善是中心，美是真和善的升华。辅导员良好的审美人格是辅导员人格魅力的高度显现，它在辅导员的教育、管理和服务中具有愉悦身心、陶冶情操、拉近师生情感、启迪学生心智方面具有独特的作用，是促进学生健康成长的极大推动力量。

2. 高校辅导员职业人格的外层结构

高校辅导员职业人格内层结构在很大程度上是社会赋予的，是社会角色期待经认知提炼以后在辅导员群体成员心灵深处内化的结果。但是，仅仅有内层结果是不够的，内层结构仅是精神层面的，并未触及现实，人类活动的目的在于改造世界，实践性是人类社会活动的本质特性，这就决定着人格的外层结构是至关重要的。角色职能的实现，不仅需要角色认知，还需要角色行为。所以，辅导员职业人格是其角色内在心理结构和外部行为模式的有机统一。

对辅导员职业人格的探讨主要还是从辅导员的为人示范意义上来进行的，对辅导员职业人格因子的把握体现着鲜明的社会规范要求。社会规范要求贯穿辅导员职业人格的始终，这是由辅导员的职业属性决定的。一般来讲，辅导员的职业角色行为可以分为理想型、领悟型和实践性。领悟型和实践型更偏向于辅导员个体对职业角色的认知和践行，具有个性化、差异化等特点。毕竟辅导员角色是群体性角色，具有一定的共性，所以，从理想型的角度出发更能体现辅导员角色的共性化，更能把握辅导员职业人格的外层结构和社会规范要求之间的内在联系。所以，将辅导员职业人格的外层结构状态确定为契合社会规范要求所展现的外部行为模式，实质上是把社会期望的辅导员角色行为模式作为

---

[1] 庞跃辉，廖清胜，王戎，等. 为人师表的人格范式：教师人格优化系统研究 [M]. 重庆：西南师范大学出版社，2017：26.

[2] 王国维. 论教育之宗旨 [M]. 璩鑫圭，童富勇. 中国近代教育史资料汇编. 上海：上海教育出版社，2007：645-646.

辅导员职业人格结构的重要表现。当然，社会对辅导员的角色期待是多样的，从历史纵向上来讲，辅导员的角色演变是"政治工作者""思想教育者""管理者、服务者和教育者"。从工作职责横向上来讲，辅导员的角色是大学生成长成才的思想引领者、大学生优良品格的道德示范者、大学生日常事务的管理服务者、大学生专业学习的学风建设者、大学生心理健康的教育咨询者、大学生网络素养的悉心培育者、大学生突发事件的参与处理者、大学生就业创业的规划指导者、高校思想政治教育的专业研究者。从角色期待的主体来讲，高校领导期待辅导员是校园安全稳定的守护者，家长期待辅导员是学生健康成长的陪伴者，任课教师期待辅导员是学生学习的监督者，学生期待辅导员是帮助他们快乐度过大学生活的服务者，家人期待辅导员是守家顾家的践行者，同事期待辅导员是相互扶持的协作者，等等。通过梳理可以发现，第一，社会对辅导员的角色期待是随着社会的发展而不断变化的；第二，辅导员在同一时期是多重角色的综合体；第三，不同社会主体对辅导员的角色期待重点不同。

辅导员具有教师和管理者的双重身份，承担着对大学生的教育、管理和服务职能。从《普通高等学校辅导员队伍建设规定》（教育部令第43号）中可以发现，辅导员的本质是教育者。通过教育、管理和服务最终来实现教育职能，也就是教师的职能。所以说，教师角色是辅导员的根本角色。自古以来，社会将教师划分为"经师"和"人师"，"经师"注重的是知识传授，"人师"则注重的是人格塑造。"人师"相比于"经师"要求更高，辅导员由于其职业特殊性，社会对其角色期待更加注重于"人师"，但同时，辅导员还要承担部分"经师"的角色。在"经师"和"人师"的角色期待中，辅导员时常会出现角色冲突，所以，要求辅导员成为"经师"与"人师"相统一的理想型辅导员，这就是辅导员职业人格外层结果的第一对相关因子："经师"行为模式和"人师"行为模式，二者是不可分离的，是有机统一的。

由于辅导员的所处环境主要包含校园环境和校外环境，二者都是社会环境，也可以将其分为职业环境和非职业环境。在职业环境中，辅导员既是教师、管理者、心理咨询师、职业规划师、管理服务者等，又是领导、下属、同事。在非职业环境中，辅导员既是子女、父母，又是其他的各种社会角色。这就要求辅导员要在不同的角色中频繁切换，时常会导致辅导员的角色冲突。所以，辅导员应该具有更强的角色转换能力，从而消解辅导员职业行为模式与个性行为模式的人格冲突。这就是辅导员职业人格外层结果的第二对相关因子：一般人格行为模式和职业人格行为模式。二者也是不可分割的，是有机统一的。

综上所述，辅导员职业人格外层结构主要由"'经师'行为模式和'人师'

行为模式""一般人格行为模式和职业人格行为模式"2 对相关因子构成。因为社会对辅导员的角色期待是一种理想型的角色期待,故辅导员的职业人格结构也要按照理想型的社会期待进行构建。从该意义上讲,辅导员的职业人格外层结构是"经师"行为模式、"人师"行为模式、一般人格行为模式和职业人格行为模式等四种人格模式的有机统一。① 在这种人格行为模式中,既体现了辅导员职业共同体成员都应当具有的良好共性化行为模式,又体现了辅导员个体应当具有的良好个性化的行为模式。

3. 高校辅导员职业人格的综合表象

辅导员职业人格的展现是综合性的表象。仅有精神性的内在心理结构模式,则无法实现人格的外显;仅有实践性的外部行为结构模式,则有悖常理。所以,辅导员职业人格的展现必定是辅导员内在心理结构模式与外部行为结构模式的有机统一,二者缺一不可。二者的有机结合,形成了辅导员职业人格的形象识别系统。辅导员职业人格的形象识别系统是社会公众对高素质辅导员职业人格进行宏观识别的重要依据,辅导员本人也应该对该形象识别系统产生强烈的认同,并督促自己不断向其标准靠近,从而体现出辅导员的优秀特质,充分彰显辅导员良好职业人格的整体形象。结合辅导员的职业角色定位和辅导员的工作实际,辅导员职业人格形象识别系统包含五方面:自我身体素质、自我心理素质、品格素质、个性特质和职业能力素质。其中健康的心理素质、品格素质和个性特质属于内层结构,健康的身体素质和职业能力素质是外层结构。

(1) 以心理健康为标志的自我身心素质

身心素质健康包含两方面,一是身体素质健康,二是心理素质健康。世界卫生组织关于人的健康所做出的阐释:健康不仅是指没有疾病,更是指一种身体上、精神上、社会适应上和思想道德上的良好身心状态。当代大学生面对学业问题、家庭问题、情感问题、就业问题、人际交往问题、社会适应问题等多重问题的交织,很容易陷入紧张、焦虑、压抑和苦闷之中,这就对辅导员的心理素质提出了高要求,要求辅导员自己要有良好的心理素质。一方面学生工作事务繁杂,各种突发事件时有发生,辅导员唯有依靠强大的心理素质做支撑才能够很好地完成工作;另一方面辅导员要在学生面前起到示范表率作用,要教育引导好学生的心理健康,首先辅导员自身的心理必须健康。同时,辅导员要身体素质健康。辅导员工作任务量大,不仅需要脑力消耗,还需要体力消耗,

---

① 庞跃辉,廖清胜,王戎,等. 为人师表的人格范式:教师人格优化系统研究 [M]. 重庆:西南师范大学出版社,2017:31.

从一定意义上讲，辅导员工作也是"体力活"，无论是进教室、进宿舍，还是帮助学生处理各类问题，很多时候都需要辅导员亲力亲为，有些时候辅导员工作还要加班加点完成，这也就对辅导员的身体健康素质提出了要求。

（2）以优秀政治思想道德为取向的品格素质

辅导员的主要身份是教师和思想政治教育者。既然是教师，良好的思想道德是第一位的；作为思想政治教育者，更要突出其政治品格。德包含着大德、公德和私德。所谓大德就是要立志报效祖国，服务人民；公德就是社会公德；私德就是公民自身的品德。也就是说，辅导员要兼顾"三德"，既要有大德、公德，还要有良好的私德。在大德方面，政治性是辅导员职业的本质属性，辅导员首先要做到的就是讲政治，增强"四个意识"，坚定"四个自信"，做到"两个维护"。辅导员要把祖国和人民放在心中，要明白自己的初心使命。在公德方面，辅导员作为高素质的社会公民，要通过自身的言谈举止体现出高素质社会公民的道德素质，要以社会主义核心价值观为标尺，加强自身的公德建设。在私德方面，辅导员作为与学生联系、交往最为密切的老师，其言谈举止对大学生的成长成才有重要的潜移默化的影响作用，这也就要求辅导员在日常生活中要加强自律，时刻注意自身的言谈举止，将优秀的言谈举止转化为自己的日常行为规范。德的范围是宽泛的，但要求也是具体的，优秀的政治思想道德体现着辅导员的政治品格和道德素质。

（3）以自信、活力、乐于助人为主要特征的个性特质

从人格心理学的角度来讲，辅导员的人格是辅导员个性特质的显现。辅导员的个性特质体现着辅导员群体的共性特质和个性特质的统一。从职业心理学的角度来讲，辅导员的个性特质主要是针对辅导员群体的共性特质，体现着辅导员群体的特殊性。总的来讲，辅导员群体的个性特质主要包含自信、活力、助人等个性特质。辅导员从事的是教育、管理、服务等工作，教育的职责要求辅导员的特质是自信，辅导员要教育学生认知和践行"四个自信"，教育者要先受教育，若要教育学生自信，辅导员首先自己要自信。管理的职责要求辅导员要有活力，辅导员的教育对象是大学生，大学生的显著特点就是朝气蓬勃，如果辅导员缺乏活力，老气横秋，则很难走进学生内心，很难被学生接受，管理效果则无从显现。服务的职责要求辅导员要乐于助人，大学生在大学的生活、学习期间，总是会遇到形形色色的问题，每当学生遇到问题时，总是会向辅导员求助，帮助学生解决问题也是辅导员的职责所在。当然，自信、活力、助人仅是辅导员个性特质的宏观方面，其中每一点还包含诸多细节，自信包括不惧困难、乐观、学识渊博、视野宽广等方面；活力包括平易近人、人际关系强等

方面；助人包括有情有义、富有同情心等方面。

（4）以应变为核心的职业素质能力

高校辅导员的工作内容繁杂，对高校辅导员的职业素质能力提出了非常高的要求。辅导员肩负着思想理论教育和价值引领、党团和班级建设、学风建设等9大方面的职责，每一种职责都要求辅导员具备不同的能力。在《普通高等学校辅导员队伍建设规定》（教育部令第43号）中明确指出，辅导员要具备"较强的组织管理能力和语言、文字表达能力，以及教育引导能力、调查研究能力，具备开展思想理论教育和价值引领工作的能力"[1]。这些能力是辅导员顺利开展工作的必备能力，是辅导员人格形象识别系统的外部显现。辅导员的这些能力与辅导员的职责密切相关，这些能力的核心是应变，特别是针对辅导员工作来讲，每天面对的情况都是复杂的、独特的，这就对辅导员的应变能力提出了非常高的要求。从教育对象来讲，一方面，不同的教育对象有不同的问题；另一方面，相同的教育对象在不同的时间和空间遇到的问题也不尽相同。从教育情境来讲，以教室情境为代表的教学情境和以宿舍为代表的课外情境，面临的问题是纷繁多样、千差万别的，并且一些问题还时常交织在一起，给辅导员工作带来了极大的挑战，这就要求辅导员要根据不同的情况具备解决不同问题的职业素质能力。

（四）高校辅导员职业人格的一般性内涵和特殊性内涵

人的能动性决定着人既有社会性，还具有自主性。所以，人既有共同的社会属性，也具有不同的个体差异性。高校辅导员职业人格亦是如此。所以，对于辅导员职业人格内涵的理解，应坚持辩证的思维，立足于对辅导员职业人格共性和个性的辩证统一进行统筹把握。

1. 高校辅导员职业人格的一般性内涵

对于高校辅导员职业人格的一般性内涵，可以从两方面来理解。一方面可以从人格的类关系存在本位视角来认识辅导员职业人格，也就是强调辅导员的社会属性；另一方面可以从辅导员职业共同体的视角来认识辅导员职业人格，强调的是辅导员的职业属性。从社会属性来讲，高校辅导员首先是社会人，辅导员职业人格具备一般人的社会特质，体现出社会群体性特征。马克思更加注重人的社会性，他指出，"人的本质不是单个人所固有的抽象物，在其现实性

---

[1] 中华人民共和国教育部. 普通高等学校辅导员队伍建设规定[EB/OL]. 中国政府网，2017-09-21.

上，它是一切社会关系的总和"①。高校辅导员作为社会群体的一部分，和其他的社会群体一样，其职业人格要受到社会规范的约束，其行为要符合社会文明进步的要求。从职业属性来讲，辅导员是一个职业性群体，他们在职业发展过程中逐渐形成了一般性的职业群体人格，当然这个职业性群体人格是相对辅导员群体来讲的，这种群体性的职业人格体现着辅导员职业共同体成员所具有的内在心理结构和外部行为模式，社会期待、行业规范为辅导员群体人格的形成提供了一般行为模式基础，它更多突出辅导员的职业属性规范，要求高校辅导员都要遵守，要求高校辅导员职业人格都要体现。

2. 高校辅导员职业人格的特殊性内涵

高校辅导员职业人格的特殊性也需要从两方面来理解。一方面是群体特殊性，即辅导员群体和其他社会群体相比而言具有特殊性；另一方面是个体特殊性，辅导员群体是由一个个辅导员个体构成，而辅导员个体因成长环境、教育经历等因素的影响而生成不同的人格，即辅导员职业人格存在个体差异性。

从群体特殊性方面来讲，辅导员人格是由辅导员职业角色决定的，其本质上是一种职业人格，带有明显的职业规定性，不同的职业产生不同的群体性职业人格。虽然个体在社会生活中都扮演着诸多角色，但是由于职业活动是成人从事的主要社会活动，是作为一个成人社会身份和地位形成的基础，因此，从一定意义上讲，职业角色是成人的主要社会角色。职业人格是"个人作为特定职业共同体成员为适应社会职业规范所形成的稳定的内在心理结构和外部行为模式，它是一定社会的思想道德、理想情操、价值取向、行为方式的综合体"②。职业人格主要是由社会职业规范、个人对职业角色的认识及其所从事的职业实践活动决定的。高校辅导员的职业人格主要来自辅导员职业规范的约束，这些约束主要有教师政策法律规范、辅导员队伍建设规定、高校教师职业行为准则、高校组织规章制度和纪律要求等。总体而言，高校辅导员是一份特殊的职业，有其明显的职业特殊性，特殊性源于国家和社会对辅导员在工作职责和职业角色方面的特殊要求和价值期待。

(1) 相比思想政治理论课专任教师的职业人格特殊性

思想政治理论课专任教师主要以第一课堂授课为主要途径对大学生进行马克思主义理论教育和思想政治教育，教育方法侧重于课堂讲授，教育内容侧重

---

① 马克思恩格斯文集：第1卷 [M]. 北京：人民出版社，2009：501.
② 庞跃辉，廖清胜，王戎，等. 为人师表的人格范式：教师人格优化系统研究 [M]. 重庆：西南师范大学出版社，2017：20.

于理论知识的讲解。辅导员从事的大学生思想政治教育工作则主要以第二课堂为主，教育方法侧重于实践引领，教育内容以学生遇到的具体实际的德育问题居多。高校辅导员与思想政治理论课教师的职业人格虽有重复的地方，如均突出政治人格，但是高校辅导员由于其职业特殊性，二者的职业人格差异也非常明显。具体体现在以下方面：高校辅导员要有更加丰富的职业情感，对待学生需要付出更多的情感；要更善于明察，能够及时发现学生存在的问题；要有更加坚韧的心理素质，能够承受学生工作中的各种挫折；要有更加突出的应急能力，能够面对突发情况快速反应处理；要有更加突出的人际交往能力，能够和学生打成一片；要有更加突出的网络思想政治教育能力，能够牢牢占据网络思想政治教育阵地；要更加注重为人师表，在言谈举止方面成为学生的表率。

（2）相比专业课教师的职业人格特殊性

高校辅导员工作是以思想政治教育为主线，寓教育于学生党团建设、日常教育管理与服务以及课外活动之中，通过辅导员的作用发挥促进学生的全面发展。高校专业课教师教书育人的作用，主要是通过教学过程中的示范和引导来实现的，专业课教师以培养学生的社会适应能力和竞争能力作为教学的出发点。辅导员与专业课教师的育人作用发挥差异集中在育人内容和育人目的。高校辅导员相比专业课教师的职业人格特殊性主要体现在以下方面：要有更加坚定的政治信仰和理想信念，时刻凸显政治人格；要更善于明察，能够及时发现学生存在的问题；要有更加丰富的职业情感，在学生工作中做到用情育人、以情化人；要有更加健康的身心素质，用自信、担当、乐观、自强等人格魅力感染学生；要有更丰富的学识，用宽口径的知识储备实现对学生的教育引导；要具有更强的纪律观念和规矩意识，更好地展现自身党性。要有更加综合的职业能力，以便能够更好地帮助学生解决实际问题。

（3）相比高校管理者的职业人格特殊性

辅导员具有管理干部身份，但其工作具有特殊性。辅导员不仅要用自己的知识、经验和感悟引导学生，寓教育于引导之中；也应该以指导学生发展为主体工作，寓指导于辅导之中；以学生事务管理为基础工作，寓管理于服务之中。高校管理者职能主要是把控教育的性质、目的和方向，对教育教学工作进行计划、组织、协调、监督。高校辅导员相比高校管理者的职业人格特殊性主要体现在以下方面：要有更加坚定的政治信仰和理想信念，时刻凸显政治人格；要更善于明察，能够及时发现学生存在的问题；要有更强的教育引导能力，聚焦对学生的价值引领；要有更为宽容的职业情感，在育人过程中以情感人；要有更加健康的身心素质，用自信、担当、乐观、自强等人格魅力感染学生；要有更强的授课能力,通过课堂实现对学生的思想教育。

从个体特殊性方面来讲,由于每个辅导员的基因素质、家庭环境、成长经历、教育经历、性格特质等方面都各不相同,从而造就了辅导员个体的人格特殊性,每个辅导员在日常生活中的行动都与他人不同,每个辅导员各有其能力、爱好、认知方式、情绪表现和价值观。虽然不同的辅导员在职业人格方面有共同的地方,但是在个人人格方面却是千人千面、各不相同,体现着人格的独特性。

(五)立德树人视域下高校辅导员职业人格作用机制

习近平总书记在同北京师范大学师生代表座谈时曾指出:"教师重要,就在于教师的工作是塑造灵魂、塑造生命、塑造人的工作。"[①] 同时,习近平总书记在多个场合多次强调立德树人是教育的根本任务。这就是说,高校辅导员作为教师,肩负着立德树人的重要历史使命,其根本工作职责在于加强对大学生的道德教育,帮助大学生树立正确的世界观、人生观和价值观,从而助力大学生肩负起中华民族伟大复兴的重任。辅导员最为重要的职业价值在于塑造人,而塑造人最为集中的体现便是人格塑造。著名教育家乌申斯基(Ushinsky)曾深刻指出,"在教育工作中,一切都应当以教师的人格为依托,教师人格是教育力量的活的源泉"[②]。胡建新认为,辅导员通过"高度负责的态度,率先垂范,言传身教,良好的思想、品德"[③] 等素质来影响和教育学生,而这些素质方面的要求都可归为"人格"。总的来讲,当前学界对辅导员人格塑造作用发挥的机理研究主要集中在"人格感染",在育人过程中都非常突出辅导员的主体作用发挥,进而在潜移默化中影响学生。

辅导员育人的主要机理就是"人格感染",立德树人视域下辅导员人格塑造作用发挥的机制主要体现在以下四方面。

一是感化机制。辅导员在育人过程中的人格作用发挥首先是一个感化的过程。辅导员的一个重要职责便是管理,而管理则意味着约束,以至于一些学生对辅导员保持警惕甚至反感,这种时候如果辅导员能够通过细心、耐心、关心、爱心来对待学生,真诚地帮助学生解决生活和学习中的困难,让学生明白辅导

---

① 习近平:做党和人民满意的好老师——同北京师范大学师生代表座谈时的讲话[EB/OL].中华人民共和国审计署,2014-09-10.

② 杰普莉茨卡娅.教育史讲义[M].华东师范大学教育系教育史教研组翻译室,译.上海:华东师范大学出版社,1958:375.

③ 胡建新.大学生思想政治教育体系的融合与构建[J].思想理论教育导刊,2014(7):123.

员是真心为学生着想，那么便会获得学生的信任，也将获得学生的认可，辅导员的人格便在感化中发挥作用。

二是激励机制。高校辅导员要努力成为大学生成长成才的人生导师和健康生活的知心朋友。作为人生导师，要在学生遇到困惑时能够对其指点迷津，激励学生勇敢前行；作为知心朋友，则要善于倾听，善于鼓励。无论是人生导师的角色，还是知心朋友的角色，其作用的发挥手段主要是激励。辅导员正是在与学生的交流沟通中散发出知性、智慧、成熟、勇敢、乐观的人格魅力，使得人格的激励作用得到发挥。

三是熏陶机制。大学生在校期间，接触次数最多的老师便是辅导员。由于辅导员的职业特殊性，既要"在学生中树立权威"，又要"与学生打成一片"，这种关系是"权威"和"平等"的对立统一。要处理好这组关系，关键在辅导员的主导作用发挥，具体体现为辅导员的人格力量。大学生在与辅导员的多次交往中感受到辅导员的人格力量，便会打心底里敬重辅导员，对于辅导员的"权威性"教育乐于接受，对于辅导员的"亲和性"融入也感到高兴，而学生就是在这种关系的处理中不断地接受着辅导员人格力量的熏陶。

四是示范机制。学高为师，身正为范。辅导员的教师身份决定着辅导员必须对学生起到典型示范作用。在大学生的思想政治教育过程中，言传和身教同样重要。但是，对大学生的实际需求来讲，他们更在乎的是身教，因为相对于言传，辅导员的身教更有说服力，更直观，更能被学生所感受和接纳，最终达到学生将思想政治教育内容内化于心，再外化为行动的效果。学生在信任辅导员后，便会对辅导员的思想、品德、情感、意志、日常言行等进行效仿，辅导员的人格便在示范中发挥作用。

由于辅导员的教育内容更多的是道德教育、社会主义核心价值观教育和中华优秀传统文化教育，这些教育内容是立德树人的有力展现。高校辅导员正是通过自身的言传身教，通过自身的人格感染，实现对大学生的人格塑造，进而在潜移默化中实现立德树人的教育根本任务。

四、研究高校辅导员职业人格塑造的理论基础

马克思主义理论内容涵盖之广、思想意蕴之深，作为理论先导，在人类认识世界和改造世界的过程中发挥着巨大作用，提供着强大的思想动力。马克思、恩格斯的著作中虽未对人格进行专门研究，但在其经典著作，如《关于费尔巴哈的提纲》《1844年经济学哲学手稿》《德意志意识形态》等，其中有很多关于人学的哲思，对这些分散的论述加以整体性思考，发现其中蕴含了丰富的人格

塑造思想。从纵向上，以唯物史观研究其历史脉络及发展演进；从横向上，在新时代特定背景下，分析高校辅导员角色的个性与共性相统一，指导高校辅导员职业人格塑造理论与实践相统一，以及人格塑造过程中先天与后天相统一，提供了强大的动力源泉。

（一）马克思主义人学思想

探究高校辅导员职业人格，首先要探究关于人的一系列理论，了解人的相关属性与本质。马克思主义人学思想是围绕人进行了一系列探究，其中包括对人的劳动实践的分析。正是劳动实践让人成了人，人的本质蕴含着其劳动属性、实践属性。并且人是社会中的人，是自然中的人，不能作为独立的个体存在。而人存在于世界，是在认识世界与改造世界中不断成长、发展，最终成为全面发展的人，同时全面发展的人也能够推进社会的长足进步，是共产主义的最终归宿。马克思主义人学思想是本书的理论基石，对人的相关理论厘清、梳理后，再深入研究马克思关于人格的相关理论，可夯实本书的理论基础构建。

1. 马克思主义劳动观

唯物史观是马克思主义的创新之所在，并且是一个逻辑严密的完整的体系。有其特别的研究与叙述肌理，包含内容丰富。在研究历史唯物主义问题时，在追根溯源的过程中，产生了对其起点的疑问。将"人"看作历史唯物主义的研究起点，但是这并不全面，历史唯物主义的整体性、逻辑性并不全面严谨，还需要从劳动与实践出发。

第一，劳动是只有人才有的本质特性。从劳动出发能够深刻探寻人类历史发展过程中的客观规律等问题。"我们开始要谈的前提不是任意提出的，不是教条，而是一些只有在臆想中才能撇开的现实前提。这是一些现实的个人，是他们的活动和他们的物质生活条件，包括他们已有的和由他们自己的活动创造出来的物质生活条件"[1]。正如马克思所讲的，人们的物质生活条件都是靠人在社会与自然的协调处理中通过劳动展开的。

第二，劳动构成人的本质。人之为人的根本特性，人的其他一切特性，比如社会性、意识性、能动性等性质其源其根本来自劳动。在劳动过程中，人在复杂的关系网中成长、塑造，其中包括人与己的关系、人与人的关系、人与社会的关系、人与自然的关系。劳动是人的根本，抓住劳动主线，统筹研究人与这四个层面的各种关系，那么通往塑造之路的靶向会更精准，更具代表性。

第三，劳动是人类实践活动的基础，是社会历史的起点。历史从哪里开始，

---

[1] 马克思恩格斯文集：第 1 卷 [M]. 北京：人民出版社，2009：515-519.

思想进程也应当从哪里开始。马克思、恩格斯一直强调，是劳动创造了人，劳动是人类历史的开端。在研究高校辅导员职业人格塑造过程中，就应该将高校辅导员在高校工作中存在的问题，不论存在问题的好坏，抑或是存在问题的显隐性，都是需要关注的，这些既是辅导员的工作基础，也能更好地综合把握材料、掌握规律，将具体提升至抽象，再将其规律办法进行推广，变为可复制的鲜活案例，再度指导辅导员的具体工作。

2. 马克思主义人的本质理论

在整体的概括中，加强对哲学的深入思考，马克思主义发展的道路中产生的哲学伟大变革，指引着当下人们对世界的认识。人想要改变世界，那么就必须加强认识，而马克思主义的人学思考处处都指引着研究中关于对人格塑造的探索与实践。其理论高度、精神伟力，需要不断用历史唯物主义的方式方法，来结合时代横纵贯通展开研究。

第一，感性世界是人的世界。从前的一切唯物主义——包括费尔巴哈的唯物主义——的主要缺点是对事物、现实、感性，只是从客体的或者直观的形式去理解，而不是把它们当作人的感性活动或当作实践去理解，不是从主观方面去理解。所以，结果竟是这样，和唯物主义相反，唯心主义虽然发展了能动的方面，但只是抽象地发展了，因为唯心主义当然是不知道真正现实的、感性的活动本身。马克思从两方面揭示了新唯物主义所面对的两个任务，一个是旧唯物主义的局限性，另一个是唯心主义的局限性。旧唯物主义之所以会被新唯物主义取代，就是因为其不懂人的实践、人的感性活动。在旧唯物主义的哲学体系中，费尔巴哈的人本主义学说，让唯物主义登上舞台，但是他的理解比较片面，考虑的实践主题范畴比较单一，只看到了犹太人的活动方式及表现形式，所以他所看到的人并非"现实的全部人"，也并非"全部人的感性活动"。所以在研究高校辅导员的时候，需要牢牢把握住其劳动根本，把握住主体的全面性。只有当这样做了，把握住了人的始发点，才能更好地去把握整个哲学理路，所分析的结果也不会偏颇，不会苍白无力，反而会变得更加生动鲜活，反映个性与共性。同时摆脱费尔巴哈旧唯物主义的直观与不彻底，所有的研究与思考都不是设想出来的，而是真真切切地从人的感性活动与实践去构建的，是有血有肉的。

第二，人的世界凸显人的主体性。以唯物主义为底色的马克思主义哲学，不仅强调了唯物主义的重要，更重要的是强调了唯物主义的基本原则。当把本原问题与思维和存在的同一性问题有机结合，用来阐释哲学的内涵意蕴，这才是唯物主义的全新理路。马克思主义经典作家始终把唯物主义的理论传统视为哲学发展的"永久性"基础。哲学研究的基本对象上,马克思主义经典作家并不局限于物质与意识的两极对立来展现哲学主张。在哲学的研究方法上,马克思主义经典作家扬弃旧哲学以单纯分析为基本特征的传统辩证方法。在哲学体系理论机制上,扬弃了旧哲学的纯粹本体论研究方式,也否定近代哲学"只研究认识论"的唯心主义理论。这为研究高校辅导员的"人"的特质时指明了清楚的方向:首先,要以唯物主义为永久底色;其次,要弄清楚对象,并不仅是在物质与意识间游离,而是要全面把握人是社会人这一要义;再次,人是一切社会关系的综合,不能单纯分析辅导员,应该从学校、学生、同事等各个要素的角度来全面、立体地考察与研究辅导员的社会关系,才能更系统地厘清其特质;最后,除了认识的过程,更需要掌握其方法论,将人格塑造的实践之路走远走实。

马克思对于人的本质问题的研究,首先要明确人的本质是动态的,不是一成不变的。人格作为人的本质的体现,也是具体的、发展着的。一个人的本质和人格之间相互联系和影响:一个人的本质越完整,人格也会越健全;人格越健全,又会促使人的本质越发完善。人是社会的主体,人具有自然和社会两种属性,人格塑造必然受到人所生存的现实条件的制约和影响,因此,在研究辅导员职业人格塑造问题时,要从"现实的人"出发,了解和关注辅导员的实际发展状况,从辅导员个体内部、高校环境和社会发展的时代要求中寻求辅导员职业人格塑造提升途径。

3. 马克思主义人的全面发展理论

遵循客观规律,凸显人在实践活动中的重要地位,这是马克思主义思想的伟大变革与进步。相应地,在高校辅导员队伍序列中,人格塑造并非理论灌输就能实现的,必须"润物细无声"地融入日常的实践工作中去,才能够达到效果。而本节就是要探寻历史唯物主义中关于人的全面发展的相关内容,才能够帮助本书在内容上取得更显著的、更深刻的成果。

第一,人的需要指引实践产生。需要是有机体对客观事物需求的反映,是对某种目标的渴望。马克思认为,人作为有生命的存在物,需要是人生存的依据,是人的发展的根本动力。但是人和动物获取物质生活资料的方式不同,动物只能依靠本能,被动顺从自然规律,从自然界中获取恩赐,而人类通过自主生产和社会劳动,创造出自然界本来没有的东西来满足自身的生存要求。精神需要是人类所特有的需要,指对理想、信念、文学、艺术、道德等精神产品的追求和享受。当物质需要得到充分满足后,精神需要便会成为主导性需要。随着人的心智的成熟和发展,人对精神产品的需要越发旺盛,精神生产的比重也逐渐加大，这是人类需要的变化。社会需要指人在社会交往和实践活动中的需要。马克思提出人的社会性是人的内在本质，人总要在一定的社会关系中开展实践活动，离开了社会人就无法正常生存生活，良好的社会关系能有效促进人的生存和发展。社会需要的范畴较为广泛，包含交往需要、政治需要、经济需要、情感需要等。发展需要是指人们在实践活动中，通过不断发展、完善、进步和挖掘潜能，最终实现个人价值的需要。马克思将人的自由而全面发展作为发展需要中最高层次的需要。人格是一个人内在品质和意志的集中体现，辅导员人格塑造就是人的精神需要的提升和补给，健康的辅导员人格可以促使辅导员更准确自我认知，以积极的生活态度和良好的调控能力面对工作中的挫折和困难，是辅导员个体内在发展完善、实现人生价值和职业价值的必要条件。

第二，实践是人的解放与全面发展的必由之路。从历史唯物主义的角度，马克思崇尚的是实现全人类解放，让人回归人的本质，实现人的全面自由发展。这一理论愿景批判了资本主义对人性的摧残和异化，并且深刻地披露了在马克思生活的年代人的劳动异化，以及人被资本主义折磨得人不像人。马克思呼吁全人类只有在共产主义社会，每个人才能真正实现自身的解放和发展。而如今，正处在"两个大局"时期，越来越多不和谐的声音此起彼伏，这需要探讨如何更好地实现人的全面发展，并且在高校辅导员人格塑造中要如何做，才能够助力人的解放与全面发展。马克思认为人的全面发展是一个历史过程，"'解放'是一种历史活动，不是思想活动"[①]。马克思从历史唯物主义角度出发，提出人的发展具有阶段性，要经历"人的依赖关系""物的依赖关系"和"人的自由全面发展"3个阶段。"人的依赖关系"体现了人对自然的依赖，人是"自然化"的需要；"物的依赖关系"体现了人对物的依赖，人是"商品化"的需要；"人的自由全面发展"体现了人实现了完全的自由状态，这一阶段，异化被消除，人从物化统治中解放出来，不再依附人身关系、机器和资本，可以完全靠个人意志支配开展创造性劳动。马克思认为人的全面发展是个体需求的满足和人的本质要求，需要在一定社会关系中才能实现。每个人都是独立的个体，个人发展的程度不仅要考虑劳动能力和才能的发展，还要融入道德品质、精神状态等其他方面的考量。要实现人的全面发展，就要把人从异化中解放出来。异化的根源在于私有制的推行，因此，马克思在《1844年经济学哲学手稿》中，对异化劳动进行了批判，从经济原因分析人的全面发展诉求，提出通过扬弃异化并复归人性，实现个体需求与能力的全面发展。马克思还提出自由全面的发展是

---

① 马克思恩格斯文集：第1卷［M］．北京：人民出版社，2009：527.

人发展的最高追求。包括人的劳动能力（体力劳动和智力劳动）的全面发展，人的需要（物质方面和精神方面）的全面发展，人的社会关系的发展，"个人的全面性不是想象的或设想的全面性，而是他的现实联系和观念联系的全面性"①。

人是存在于现实社会中的个体，多样的社会因素塑造不同状态的人格特点。辅导员人格的提升要在一定的社会关系中，通过丰富多彩的实践活动去塑造，辅导员人格全面发展的最终目的是引导大学生形成健全的人格，推进整个人类社会的全面和谐发展。没有主体性的存在，健全、理想人格的养成就无从谈起。研究辅导员人格塑造就是要坚持辅导员个体为主体，充分发挥每个辅导员独特的个性，以积极的精神世界作为动力，指导自己正确的社会实践行为，进而实现个人的全面发展。

第三，人的全面发展是共产主义的终极意义。共产主义是关乎人的解放，关乎人的全面自由发展，关乎人在追求幸福的美好生活中不断趋近"应然"的想象。人的自由全面的发展是共产主义思想的理论核心，是马克思目标之所至，是理想之归宿。当深刻把握人的全面发展理论后，才能够在共产主义的道路上越靠越近。马克思、恩格斯的著作如《德意志意识形态》，其核心思想一直发挥着理论光辉，从两次世界大战之后，人的生命越来越被珍视，尽管到如今还有不尽如人意的地方，但是人的价值与存在的意义越来越凸显。

高校辅导员在实现人的全面发展中起到了重要作用，主要体现在其身份特殊性上。一是辅导员自身需要实现全面自由发展。在永无止境的实践过程中，辅导员队伍，必须充分完善自我人格、本领素养。全面发展的要义内涵深刻、涵盖之广，不仅要汲取马克思主义经典作家的理论光辉，更要汲取在中国沃土上充分发展的中国化马克思主义理论的伟力，这是塑造高校辅导员人格的理论遵循。二是辅导员的角色之重要更体现在其为人师。不仅要完善自身的发展、塑造，更需要关注学生、帮助学生、成就学生，这样青年一代才能全面发展，才能接好班、站好岗。人的全面发展是全部人的全面发展，每一个环节都很重要，每一部分人都要在其中。共产主义的实践是永无止境的，但是把世界最终归结为人，也就是"以人为本"，这是"把人视为本体论意义上的世界之本和价值论意义上的世界之本"②。当然，这更是方法论意义上的世界之本。

（二）马克思的人格健康化思想及理想人格观

厘清历史唯物主义对人的相关论述后，重点聚焦马克思对人格的相关论述

---

① 马克思恩格斯文集：第 8 卷 [M]．北京：人民出版社，2009：172.
② 张奎良．实践人学与以人为本 [M]．郑州：河南人民出版社，2011：133.

及思想，这是抽丝剥茧后探求的理论核心，这些都成为本书的理论支撑。其中马克思论述了人格从病态到健康的根本途径，并提出了理想人格理论。其核心要义就是聚焦到人，人的全面发展是在自然存在、社会存在及自为存在的3个维度的高度统一中完成的，人的全面发展也只有在物质、精神条件的保障下，充分发展实践，让物质探寻与精神追求在实践的过程中健康交互、交融发展，才能构建起人的理想人格。

1. 无产阶级革命是推动人格健康化的根本途径

马克思认为，"中世纪是人类史上的动物时期，是人类动物学"①，"专制制度的唯一原则就是轻视人类，使人不成其为人"②。人因为异化、制度、阶级而不能成为真正意义上的人。要破除"人非人"的困境，其根本途径是消灭异化、私有制和阶级对抗。只有将人从政治性、地缘性、血源性等桎梏中彻底解放出来，才能完整人格的全面性，让人在健康的社会环境中健康全面发展，使人由病态人格通往健康人格。"推翻统治阶级的那个阶级，只有在革命中才能抛掉自己身上一切陈旧的肮脏东西，才能建立社会的新基础。"③ 但资产阶级革命未能从根本上改变社会形态，无法使人普遍达到健康人格，而无产阶级革命将消灭异化性质，使人由被迫交往转化为自由交往，使人成为创造和发展社会历史的主体，从片面的人成为全面完整的人，从地域性的个人成为世界历史性的个人。

一是资本主义社会中人格看似平等，实则不平等。在资本主义社会的运转法则中，个人主义和利己主义成为整个社会的主流，从而使人与人之间的矛盾越发尖锐、愈演愈烈。资本主义社会将人的"个人生活与类生活分离"，在政治和意识形态领域中宣称"人格平等"，在实际生活中却割裂人格，"政治人格与实有人格、形式人格与物质人格、普遍人格与个体人格的分离"④，让人失去其本心。

二是资本主义分离了人格却又有其历史功绩。资本主义社会追求剩余价值，使得生产力急速发展，促使人的能力不断进步，这是推动自然科学发展的基本条件。由于科技的进步，人为满足于物质条件所需要付出的劳动时间也在逐渐缩短，自由时间随之增多，这成为人全面发展、塑造其个性的最重要条件。虽然资本主义消灭了自身发展的物质条件，但同时也为发展自身创造了某些物质方面和人的素质方面，在此基础上反思与扬弃，才能找到病态人格通往健康人

---

① 马克思恩格斯全集：第3卷 [M]. 北京：人民出版社，1956：350.
② 马克思恩格斯全集：第1卷 [M]. 北京：人民出版社，1956：411.
③ 马克思恩格斯全集：第1卷 [M]. 北京：人民出版社，1956：78.
④ 马克思恩格斯全集：第1卷 [M]. 北京：人民出版社，1956：382.

格的路径。

三是无产阶级革命才是消灭异化、制度、阶级的关键。"按照马克思的思路,人格结构的根本转换和社会结构的根本改造,是同一过程的两个方面。"①消灭私有制,改变原有的以剩余价值为生产目的,使人的创造需要成为第一需要。消灭资本主义的制度,"使全部生产力受联合起来的个人控制"②,从而使人不再受外在条件限制,充分发挥个人的才能,这为人的个性发展提供了基本条件。

2. 马克思理想人格的三个维度

马克思认为,人格跨越了狭义的心理要素,囊括了人在社会实践中形成的行为模式、思维模式以及情绪反应在内的广义心理特征的总和。并且将人格的发展分成了三方面,即自然存在、社会存在、自为存在的充分发展。并且马克思认为,"人以一种全面的方式,就是说,作为一个总体的人,占有自己的全面的本质。"③ 也就是说,马克思理想人格与全面发展的人在逻辑上保持高度一致性,理想人格就是全面发展的人。下文分为三个维度展开对全面发展的人的论述。

一是自然存在层面,充分挖掘人的自然潜能,使人成为个性自由发展的人。人是自然存在者,想更好地塑造理想人格,首先,就需要让其自然潜力得到充分的张扬与发展,并且其自然潜能随着社会发展变化而不断发展、变化、进步,在体与智的交互实践中,使得人充分发展。高校辅导员人格塑造需要遵循这一理论基础,关注人的自然潜能,充分激发其主观能动性,让人格的塑造因子活起来。

二是社会存在层面,全面丰富的社会关系,使人成为社会中的人。不仅要重视个人的潜能,还要重视社会对人的影响。全面丰富的社会关系是帮助人跨越政治、地缘、地位等因素的障碍,社会关系能够进一步促进人的天性的发展,并且为促进人的天性健康发展提供了更充分有力的环境保障。但在资本主义社会的反思下,要注意发展丰富社会关系,但要杜绝人的异化。

三是自为存在层面,要充分发展人的需要,使人成为全面发展的人。"人类的生产在一定阶段上会达到这样的高度:能够不仅生产生活必需品,而且生产奢侈品,即使最初只是为少数人生产,这样,生存斗争——假设我们暂时认为

---

① 王江松,邹慧萍. 马克思的健康人格思想初探[J]. 哲学研究,2006(5):45.
② 王江松,邹慧萍. 马克思的健康人格思想初探[J]. 哲学研究,2006(5):45.
③ 马克思. 1844年经济学哲学手稿[M]. 中共中央马克思恩格斯列宁斯大林著作编译局,译. 北京:人民出版社,2000:85.

这个范畴在这点仍然有效——就变成为享受而斗争。"① 人的本性在于人的需要，需要会随着社会的发展而改变，并且需要的改变也会让人在发展过程中转换其发展方向及目标追求，这对人格发展产生很大程度的影响。要想人成为全面发展的人，就必须考虑到人的需要，人在追求、享受需要的同时，也在发挥其主体创造性，在不断发展的过程中展现出自我价值。

3. 理想人格实现的三重保障

马克思理想人格的3个维度，既是其构建的基本条件，也是对理想人格构建提出了相对应的实践路径思索。人格的发展并非通过单一的自然人实现的，而是受政治、经济、文化、社会、生态等方面影响制约的，所以马克思的人格理论也可视为人格互动理论，在多要素协同互动中，让人成为全面发展的人，让人的人格塑造成理想人格。

一是生产力发展，为人格发展创造物质条件保障。"没有蒸汽机和珍妮走锭精纺机就不能消灭奴隶制；没有改良的农业就不能消灭农奴制；当人们还不能使自己的吃喝住穿在质和量方面得到充分供应的时候，人们就根本不能获得解放。"② 日益进步的自然科学让社会生产力急速发展，同时也让社会的物质资源得到丰富，物质条件得以保障。人在物质丰裕的情况下，会加强交流来置换剩余产品，并且人对物质需要的欲望逐渐增大，人与人之间的矛盾也随之扩大，在此情况下人格的发展会因此产生巨大的影响。除此之外，人们在对物质及资源掠夺的同时，伴随的是自然的破坏、资源的枯竭，那么在人格塑造的过程中，需要加强对这方面的重视与培育，所以这就需要发展教育水平，对其精神世界进行改造与培育。

二是教育发展，为人格发展创造精神条件保障。"教育对所有已满一定年龄的儿童来说，就是生产劳动同智育和体育相结合，它不仅是提高社会生产的一种方法，而且是造就全面发展的人的唯一方法。"③ 马克思的教育理论认为教育包括了文化、技术、体育。教育对人的全面发展起到了决定性作用，使人的身与心、体与智都得到了很大程度提升。通过文化方面的教育让人能够提升智力，树立起正确的世界观、人生观和价值观，让人能够正确地认识世界；通过技术与体育方面的教育，让人提升其各方面的技能，培育良好的体格。一系列教育让人在生理、心理、肌理方面得到均衡发展。

---

① 马克思恩格斯选集：第4卷 [M]. 北京：人民出版社，2012：518.
② 马克思恩格斯文集：第1卷 [M]. 北京：人民出版社，2009：527.
③ 马克思恩格斯全集：第23卷 [M]. 北京：人民出版社，1965：530.

三是实践发展,为人改造世界提供保障。实践"推动着人类不断超越自己的动物本能而获得自由,推动着人类社会不断地从必然王国走向自由王国"①。在生产力发展为物质条件提供保障、教育发展为精神条件提供保障后,人从认识世界逐步走向改造世界。人们在对客观存在加以主观认知的过程中形成了人格,而人格就指导人付诸实践用以改造世界。实践包括了在生产力方面的继续探寻,即在物质层面优化与精进生产活动,也包括了在教育发展中对科学创造及艺术审美的更新迭代。并且在此过程中,实践的发展会激发出人的自然潜能,在困境中克服困难迅速成长,在顺境中优化过程积累经验。

五、研究高校辅导员职业人格塑造的知识借鉴

高校辅导员职业人格塑造是一个复杂的、系统性的研究,在以马克思主义理论为根本遵循之外,还涉及其他学科的相关理论知识,只有打破学科壁垒,学科交叉研究,才能更深入、更透彻地剖析高校辅导员职业人格塑造的实践进路。本书吸收借鉴了心理学、高等教育学、管理学等多学科、多领域的研究成果,这些学科都为本书提供了强大的理论支撑。

(一)人格心理学

西方学者注重从心理学的视角认识和研究人格。在过去很长一段时间里,人格研究一直集中于人格的消极方面。由于积极心理学的兴起,西方学者开始把目光转向希望、乐观、主观幸福感等人格的积极方面,积极心理学是由心理学家塞利格曼(Seligman)和契克森米哈赖(Csikszentmihalyi)首先提出的,将其定义为"致力于研究人的发展潜能和美德等积极品质的一门科学"。积极心理学的人格观被称为积极人格理论。积极人格理论反思和批判了传统人格心理学研究中所存在的问题,认为人格形成过程受先天因素和后天因素共同影响。

自 20 世纪 30 年代人格心理学作为一个独立的研究领域出现,它的一个主要目标就是获得对人的本质的完整理解。为此,在 1930 年至 1950 年间,人格心理学家们建立了很多所谓的"大理论"以试图揭示出人的本质。所有这些理论都有一个共同的假设,即个体的特征行为是由存在于个体内部的真实心理状态和过程决定的。20 世纪 50 年代后,这种对完整人(whole person)的理解的兴趣逐渐减弱,取而代之的是对一些单个特质的经验研究,这种对人本质的兴趣的丧失一直持续至今,在一定程度上它不仅使人格研究陷入了困境,带来了一系列问题(人格是稳定的还是可变的;人格的结构与维度能否统一;人格是一

---

① 侯惠勤. 人性的崇高是如何可能的 [J]. 河海大学学报(哲学社会科学版),2014(2):4.

个反应结果还是一个动态过程；人格的量变和质变如何分辨；等等），而且也降低了人格心理学在大众心目中的声望，使得其他社会科学和人文科学对人格心理学丧失了兴趣。不过，"后现代主义是20世纪中期西方发达国家……为人格心理学的发展提供了一个新的视角"①。

当前西方的人格心理学研究大体分为特质论和社会认知论两大取向。特质论的基本观点是：人格由许多不同的特质组成，特质是持久而稳定的行为倾向。特质论的创始人奥尔波特把特质区分为共同特质和个人特质，后者又可分为首要特质、中心特质和次要特质；卡特尔认为人格特质包括表面特质和根源特质，并在多年研究的基础上把根源特质确定为16种；艾森克则从"外倾—内倾""神经质—稳定性""精神质—超我机能"3个维度来分析人格特质。此后，人格心理学中陆续出现了五因素、六因素和七因素等特质结构模型。特质论极大推动了人格心理学的发展，开拓了广阔的应用前景。但是，也有研究者看到了特质论的不足，并质疑：特质不能很好地预测行为，而且特质也不存在跨情境的一致性。社会认知论强调认知过程的重要性、人格的社会性和具体情境性。希金斯（Higgins）认为，知识结构的可得性和可及性是稳定的人格变量。瑟沃恩（Cervone）和舒达（Shoda）指出，人格的社会认知观就是通过对社会信息加工的因果机制、结构和过程的"自下而上"分析，来解释人格的跨情境一致性及其变化。"尽管人格的社会认知观也存在一些局限，如不能解释人格的整体功能、忽视个体间稳定的特质差异等，但是它对内部复杂心理过程的揭示和对具体情境性的关注正好弥补了特质论的不足"。②

近年来，有学者提出稳定的行为倾向与内在的心理过程是人格的两个方面，有必要对特质论与社会认知论进行整合以建立一个全面的人格理论。米契尔（Mischel）和舒达于1995年提出认知情感人格系统理论，简称CAPS理论。该理论是社会认知理论中最新发展的一种较为系统的人格观点，提供了一种更宽泛的人格观点和统一的理论框架。该理论提出了认知情感单元，认为个体在单元的长期可通达性和单元之间关系的结构上存在差异，这是个体独特性的基础。

完善人格道德教育理论是20世纪80年代在美国兴起的一个道德教育学派，这一学派代表人物是托马斯·里考纳（Thomas Lickona）。里考纳的完善人格是由道德认识、道德情感和道德行为构成的。这三部分的实质是知善、欲善和行

---

① 田守花，连榕. 后现代主义人格理论述评［J］. 福建师范大学学报（哲学社会科学版），2006（5）：144.

② 王云强，郭本禹. 多学科视野下道德人格研究的兴起［J］. 西南民族大学学报（人文社科版），2016，37（6）：204.

善。20世纪90年代美国心理学家科斯塔（Costa）和麦克雷（McCrae）提出了五因素模型，包含神经质、外倾性、经验开放性、宜人性、认真性，用英文单词第一个字母表达即为OCEAN。他们通过自评、他评、跨文化研究、人格障碍研究、进化论和遗传学的研究，包括纵向和横向的研究都发现有这5个基本维度，于是认为这是人格心理学的一个转折点。

国内外学者在人格心理学领域已形成了大量理论成果，这些成果都为研究高校辅导员职业人格塑造提供了强有力的理论支撑，尤其是对于指导本书构建高校辅导员职业人格结构模型具有重要意义。

（二）高等教育学素质结构理论

高等教育学不仅研究高校学生，同时还研究高校教师，并且非常重视其德育研究。"它旨在运用已有的教育基础理论，进一步认识和揭示高等教育改革和发展过程中的各种特殊矛盾及其规律"①，这些特殊矛盾及其规律都对厘清高校辅导员职业人格塑造的相关问题有着重要意义。其中素质结构理论将问题聚焦到"人"，对高校辅导员的职业人格研究、职业发展、个人能力、人才培养、队伍建设等方面都起到了理论指导作用。

素质结构理论的内涵，是以美国心理学家戴维·C.麦克利兰（David C. McClelland）提出的"冰山模型"为基础的，其理论模型旨在对人的个体素质进行画像。"冰山模型"将人的个体素质划分为显性素质与隐性素质，分别对应"冰山"的"水上部分"与"水下部分"。其中显性素质包括基本知识、基本技能等外在表现，隐性素质包括社会角色定位、价值观、自我认知、品质、动机等难以从表面观测的，更深层次、更易影响到素质本身的部分。其后，美国学者莱尔·M.斯潘塞和塞尼·M.斯潘塞（Lyle M. Spencer, Jr, Signe M. Spencer）对"冰山模型"进行发展与完善，更具针对性地提出了"素质冰山模型"。其主要观点是在前者麦克利兰的基础上，对显性素质提出了补充，将行为纳入显性范畴，行为、知识和技能等被称为基准性素质。他们认为基准性素质是容易被观测且模仿的，无法通过这些素质分辨出"人"的区别，因而为了鉴别"人"的区别，提出了鉴别性素质，这是在麦克利兰隐性素质的基础上完善得出的。鉴别性素质主要包括了内驱力、社会动机、个人品质、自我形象、态度等方面。不论是麦克利兰还是斯潘塞，都认为"冰山"的水下部分相应的素质起主导作用，对"人"的影响更深。同"冰山模型"相似的"素质洋葱模型"，同样是以前者为基础提出的。"素质洋葱模型"与"冰山模型"的本质内涵一致，都

---

① 潘懋元.高等教育学：上册[M].福州：福建教育出版社，1984：6.

强调影响"人"的素质的主次性。并且两种模型以洋葱与冰山两者物质本身的特征为依据,构建理论模型。冰山强调从上而下的显隐形,洋葱强调从外到内的深浅性。"素质洋葱模型"更形象,从外到内反映出人的素质越核心—越具特性—越难观测—越难模仿。

素质结构从某方面来说,对人格塑造的影响极其重要,不论是从上而下的冰山式模型,还是从外到内的洋葱式模型,都对构建高校辅导员职业人格结构模型提供了理论基础与思路方向。

(三) 职业人格理论

管理学的研究对象是人类社会活动中的各种现象及其规律,通过研究人的行为产生、发展和转化的规律。美国心理学家霍兰德（John Lewis Holland）,在20世纪60年代提出了人格类型理论。霍兰德在长期的跨国研究中,将调查方向聚焦到大量的职业兴趣调查。他认为不同的职业种类会有不同的人格类型与之相对应,并且基于大量的调查,霍兰德将人格分为6个类型,同时也分出了六类与之相对应的职业。这六类人格分别为现实型、研究型、艺术型、社会型、企业型、常规型。霍兰德人格类型理论认为,当一个人的人格特质适应于与之相匹配的职业,那么他将能在这个工作岗位上充分发挥自身优势与才能。并且在该职业工作环境中,如果人格与之环境相对应,那么更容易适应环境,同时,环境也会选择人。如果个人人格与其工作不相匹配,那么在工作过程中不会产生巨大动力,非但不会高效完成工作,甚至无法胜任。总之,霍兰德的人格理论对研究辅导员职业人格塑造有一定的指导作用,对于高校辅导员的这种特殊职业性质与工作环境,需要与之相对应去塑造其人格,才能让辅导员更从容地去应对工作中的挑战,更率先垂范地去引领大学生发展,真正成为大学生成长成才路上的知心朋友与引路人。

除此之外,还有帕森斯（Parsous）的特质因素理论,该理论又被称为人职匹配理论。特质因素理论是最早的职业辅导理论。帕森斯认为,职业选择的焦点是关注人与职业的相匹配程度,每个人由于所处生活环境、接受教育背景不同,而塑造出了独特的个人特质及人格模式,而较于不同的人格模式也都有相对应的、适合于个人本身的不同职业类型,人选择职业,同样职业也在筛选人。其理论中关注的人的"特质",指个人的人格特征,包括能力倾向、兴趣、价值观和人格等,所谓"因素"则是指在工作上要取得成功所必须具备的条件或资格。美国著名职业指导专家埃德加·H. 施恩（Edgar. H. Schein）提出了"职业锚"理论,又称职业系留点。"职业锚"理论的实践意义尤为明显。他通过研究个体的社会化过程和心理契约的形成，致力于寻求个体需要和组织要求的结合点。① 施恩对 44 名 MBA 学生进行为期 10~12 年的纵向追踪调查研究，调查中发现，每个人的职业选择都是有其原因的，并且这 44 名学生做出职业决策时的原因有其相似之处。最终他将学生做职业选择的深层原因总结、归纳、凝练，得出了著名的"职业锚"理论。"职业锚"理论分为五方面：追求技术能力、管理能力、安全稳定、创新、自主独立。

这些理论的共性皆是将个人的职业选择与其人格特质相关联，人格特质影响人的职业选择，也影响其与职业的适配程度。同时不同职业也需要有适应该职业的职业特质即职业人格，人在选择职业的同时，职业也选择人，环境也影响、造就人。对于影响职业选择的特质，都是更深层次的、更核心的、更不易模仿的特质。

---

① 梁建，吴国存. 组织职业生涯开发理论及其启示 [J]. 外国经济与管理，2002（3）：32.

第三章

新时代对高校辅导员职业人格的新要求

进入新时代并不意味着就已经达成了新时代，它恰恰是新时代的开端。习近平总书记告诉我们，"中华民族伟大复兴，绝不是轻轻松松、敲锣打鼓就能实现的，我们必须准备付出更为艰巨、更为艰苦的努力。广大青年要成为实现中华民族伟大复兴的生力军，肩负起国家和民族的希望"①。这说明新时代的目标达成需要以青年大学生为重要构成的生力军的努力拼搏才能实现。为把青年大学生培养成德智体美劳全面发展的时代新人，不仅需要专业教师给予青年大学生知识技能的传授，同时还需要以辅导员为重要组成部分的高校思想政治工作队伍对大学生进行价值世界的形塑，从而真正使大学生成为社会主义事业的建设者和可靠接班人。价值世界的核心在于人格，辅导员的核心使命则在于形塑新时代大学生的时代人格。要形塑好新时代大学生的时代人格，前提是辅导员自身的人格要正。新时代高校辅导员的崭新职业人格面貌要匹配新时代对大学生的新要求，唯有如此才能帮助和引导大学生形塑人格。所以，面对新时代育人育才的实际需要，探究新时代对高校辅导员职业人格新要求势在必行。

一、新时代高校辅导员面临的新机遇与新挑战

（一）新时代高校辅导员面临的新机遇

当今世界是经济全球化、世界多极化、社会信息化、文化多样化发展的世界，"各国经济社会发展相互联系和依存日趋加深，全球治理体系和国际秩序变革加速推进，新一轮科技革命和产业变革正在重构全球创新版图、重塑全球经济结构，以互联网、大数据、云计算、量子卫星、人工智能为代表的现代科学技术正在深刻改变着人类的思维、生产、生活和学习方式"②。这是当今的全球

---

① 习近平.在北京大学师生座谈会上的讲话[EB/OL].教育部政府门户网站，2018-05-03.
② 习近平总书记教育重要论述讲义[M].北京：高等教育出版社，2020：3-4.

发展大势，是中国高等教育事业发展的重要历史背景，新时代高校辅导员工作在如此背景下既面临着机遇也面临着挑战。

1. 新时代高校辅导员面临的国际机遇

（1）国际格局重构增强了道路自信

当前，国际格局风云变幻，纷繁复杂，正在经历着深刻的复杂变化。资本的自由流动让经济全球化成为大势，国与国之间的经贸联系日益密切；信息化的强大驱动，推动了新一轮科技革命的快速到来。工业化、信息化和现代化的快速发展，在以互联网为媒介的催化作用下，使不同的文明相互交织、交融，推动着全球国际格局的重塑和全球治理时代的到来。日裔美国人弗朗西斯·福山（Francis Fukuyama）的"历史终结论"认为共产主义已经终结，人类剩下唯一的一条路就是西方的市场经济和民主政治。但是，坚持走中国特色社会主义道路的中国持续性地取得了历史性的成就，让"历史终结论"不攻自破。世界的政治格局从冷战时期的"两极化"到冷战后的美国独大，再到现如今的世界多极化。经济全球化给以中国为代表的发展中国家提供了千载难逢的发展机遇，中国经济态势持续中高速增长，国内生产总值稳居世界第二；印度、巴西等新兴大国也遇到了快速发展机会，印度的GDP跃升至全球第五，巴西的GDP跃升至全球第九。虽然受发达国家金融危机和经济衰退的影响，一些发展中国家和新兴经济体受到了影响，但是从整体上来讲，发展中国家的经济增速高于发达国家的经济增速，世界经济发展的重心逐步从欧洲转移向亚洲。以中国为代表的发展中国家的快速崛起冲破了西方"七国集团"长期对世界经济话语权的垄断，使得国际经济格局的多极化成为可能。世界经济实力的变化必然导致世界政治格局的变化，国际关系的重心正在从大西洋向太平洋转移。中国在各方面取得的卓越成就让中国日益走向世界中心，让中国在国际格局的重塑中越发掌握主动权，中国正在以一个负责任大国的姿态屹立于世界之林，这是中国特色社会主义道路的胜利，让全体国民在国际格局的重塑中对中国的发展更有自信，对中国特色社会主义道路更有自信。

（2）全方位外交布局的深入展开增强了理论自信

中国的外交是具有中国特色的全方位、多层次、立体化外交，是极具中国特色的大国外交。中国人民一直奉行的是"和平共处、互利共赢"的外交策略。党的十八大以来，通过实施共建"一带一路"倡议，100多个国家和国际组织参与其中，使得中国与"一带一路"沿线国家的服务贸易发展迅速，造福了沿线国家，成为中国推动构建人类命运共同体的生动实践。通过发起创办亚洲基础设施投资银行，加快了亚洲国家的基础设施建设，实现了亚洲大陆内部的互联互通，将中国与亚洲国家打造成互利共赢的"利益共同体"和共同发展繁荣的"命运共同体"。"一带一路"国际合作高峰论坛、亚太经合组织领导人非正式会议、二十国集团领导人杭州峰会等系列高端会议的成功举办，都在表明中国向世界发出了携手构建人类命运共同体的积极信号。中国全方位外交布局的核心理念就是"中国通过全方位开放合作，通过走和平发展道路，在实现中华民族伟大复兴的同时，与世界各国一道推动构建人类命运共同体"[1]。在全方位外交布局的实践中，习近平总书记通过对中国发展大势和世界发展大势的把握，对人类的前途命运进行了深刻的思考，提出了一系列富有中国特色、体现时代精神、引领人类发展进步潮流的新理念、新主张、新倡议，形成了习近平外交思想。习近平外交思想是马克思主义理论中国化的展现，是中国特色社会主义理论体系科学性和真理性的展现。正是在以推动构建人类命运共同体为核心的习近平外交思想的正确指引下，我国的国际影响力、感召力和塑造力进一步提高，使中国对引领世界构建人类命运共同体更加自信。全方位外交成果的取得，更加坚定了人们对于习近平外交思想的自信，更加坚定了人们对习近平新时代中国特色社会主义思想的自信和中国特色社会主义理论的自信。

（3）中国国际地位的空前提升增强了制度自信

中国国际地位的空前提升根本原因在于中国国家综合实力的大幅提升。党的十八大以来，中国取得的成就是历史性的，是全方位的。通过供给侧结构性改革和创新发展驱动战略的实施，中国经济持续保持中高速增长，对世界经济增长贡献率超过30%。通过全面深化改革，"中国特色社会主义制度更加完善，国家治理体系和治理能力现代化水平明显提高"[2]。通过全面依法治国的推进，中国特色社会主义法治体系日趋完善。通过加强思想文化建设，党对意识形态工作的领导更加稳固，国家的文化软实力和中华文化影响力均得到大幅提升。通过精准扶贫等一系列惠民政策的落实，社会治理体系得到了有效完善。通过生态文明建设的大力推进，国家生态环境明显好转，国际生态文明建设的引领者地位得到巩固。通过国防和军事现代化的全力推进，人民军队的战斗力得到有效提升，保家卫国、维护世界和平的实力和信心大增。通过中国特色大国外交的全方位推进，中国的大国地位日益得到认可，中国的负责任大国形象也得到了稳固。通过全面从严治党的落实，全党的风貌焕然一新，展现出强大的组

---

[1] 杨洁篪. 推动构建人类命运共同体［N］. 人民日报，2017-11-19（6）.
[2] 习近平. 决胜全面建成小康社会，夺取新时代中国特色社会主义伟大胜利——在中国共产党第十九次全国代表大会上的报告［EB/OL］. 中国政府网，2017-10-27.

织力和战斗力。这一系列全方位、开创性成就的取得，造就了中国国家综合实力的大幅度提升，中国在国际的话语权明显提高，中国的国际事务引领力得到明显加强，中国的国际地位得到有效巩固。中国国际地位之所以空前提高，主要得益于在中国共产党的带领下坚持社会主义制度，坚持走中国特色社会主义道路。这是道路的胜利，更是中国特色社会主义制度的胜利。中国国际地位的空前提升，让中国人民对中国特色社会主义制度更加坚定，让中国人民对中国特色社会主义制度的制度优势更加自信。

（4）中国高等教育步入世界第一方阵增强了文化自信

改革开放40余年来，中国"建立起了一套相对完整的中国特色社会主义高等教育制度体系，建成了世界上规模最大的高等教育体系"[①]，2023年中国各类高等教育在学总规模4763万人，2023年我国高等教育毛入学率60.2%，截至2024年6月20日，全国高等学校共计3117所，已超过全球平均水平以及全球中高收入国家平均水平，中国的高等教育从大众化阶段进入了普及化发展阶段。在规模扩大的同时，中国高等教育的质量也快速提升。QS2024年世界高等教育综合实力排行榜显示，在全球数字教育发展方面，中国的指数排名从第24位跃升到第9位，显示了中国在数字教育领域的快速发展和进步；整体来看，中国内地共有101所大学的882个专业入榜，总量上仅次于美国和英国。正是由于国家对高等教育的高度重视和大量投入，中国高等教育的综合实力和美国、英国等教育强国的差距在不断地缩小，中国高等教育的综合实力已经进入世界高等教育第一方阵，开始与世界高等教育的最新发展同频共振，世界高等教育开始认真倾听中国声音、融入中国元素。高等教育司司长吴岩曾在报告《培养堪当大任的卓越拔尖人才》中指出，中国的高等教育将呈现四方面的变化：一是中国高等教育已经从经济发展的支撑转变为引领经济发展的"火车头"；二是高等教育将从"精英教育"转变为每个人职业生涯中的"基础教育"；三是高等教育类型结构最显著的特征是多样性；四是中国高等教育要在世界舞台、国际坐标和全球格局中从参与者变为竞争者和治理者。这四方面的变化是实力的变化，是底气的变化，是对中国高等教育的极大自信。高等教育是文化的范畴，对高等教育的自信就是对中国特色社会主义文化的自信，将来的中国高等教育必定能够在世界舞台上发出时代最强音，培养出的时代新人也必将能够在激烈的世界竞争中独树一帜。

[①] 陈宝生. 写好高等教育"奋进之笔"：在教育部直属高校工作咨询委员会第二十七次全体会议上的讲话[J]. 中国高等教育，2018（21）：17.

2. 新时代高校辅导员面临的国内机遇

新时代，以习近平同志为核心的党中央把高校思想政治工作的重要性提到了前所未有的高度，并给予了前所未有的大力支持，这给高校思想政治工作带来了千载难逢的好机遇，辅导员是高校思想政治工作的骨干力量，自然也给新时代高校辅导员工作带来了诸多机遇。

（1）教育优先发展难得的历史机遇

党的十九大报告明确指出："建设教育强国是中华民族伟大复兴的基础工程，必须把教育事业放在优先位置，深化教育改革，加快教育现代化，办好人民满意的教育。"① 新时代，优先发展教育事业是推动党和国家各项事业发展的重要先手棋，要不断使教育同党和国家事业发展要求相适应、同人民群众期待相契合、同我国综合国力和国际地位相匹配。这是习近平总书记对新时代教育发展的战略定位。之所以优先发展教育，这是由新时代的国情、社情决定的。新时代，中国要实现中华民族伟大复兴的中国梦，要实现全面建成小康社会，要实现建成社会主义现代化强国，这一切梦想和目标的达成最主要靠的就是人才。科学技术是第一生产力，但科学技术终究是要靠人才来实现的，新时代国际竞争的核心就是人才的竞争，而人才的培育唯有靠教育。"谁能培养更多优秀人才，谁就能赢得经济社会发展的战略优势，谁就能在国际竞争中占据主导地位。"② 以美国为首的西方资本主义国家联手对华为的疯狂打压、围追堵截，之所以举国为华为的义举动容而又无能为力，就是由于我们缺少芯片领域的人才。教育的优先发展包含高等教育的优先发展，而高校思想政治工作是高等教育的生命线，自然也得到优先发展的机遇。

（2）高等教育的内涵式发展亟须思想政治教育的作用发挥

习近平总书记在全国高校思想政治工作会议上强调："我们对高等教育的需要比以往任何时候都更加迫切，对科学知识和卓越人才的渴求比以往任何时候都更加强烈。"③ 高校是培养高素质、高水平、高能力人才的教育机构，高校的初心就是要通过能够担当时代大任的建设者和接班人来实现教育报国和教育强国梦。教育强国是现代化强国的重要组成部分，高等教育则承担着更为艰巨的使命，这是由高校的职责使命决定的。新时代，人才是推动经济社会发展的第

---

① 习近平：决胜全面建成小康社会 夺取新时代中国特色社会主义伟大胜利——在中国共产党第十九次全国代表大会上的报告［EB/OL］.中国政府网，2017-10-27.
② 习近平总书记教育重要论述讲义．［M］.北京：高等教育出版社，2020：75.
③ 张烁．习近平在全国高校思想政治工作会议上强调：把思想政治工作贯穿教育教学全过程 开创我国高等教育事业发展新局面［N］.人民日报，2016-12-09（1）.

一资源和战略性资源,特别是在高精尖领域的卓越人才,这些人才培育最为关键的环节就是高等教育,现如今中国的高等教育发展必须走内涵式发展道路。当今世界,科技进步飞速发展,国际竞争日趋激烈,竞争的核心就在于对创新性人才的拥有。科技创新已经成为提升综合国力的关键支撑,成为社会生产方式和生活方式变革进步的强大引领。谁能掌握科技创新的主动权,谁就能在竞争中占据优势地位。习近平总书记在科学家座谈会上强调:"我国经济社会发展和民生改善比过去任何时候都更加需要科学技术解决方案,都更加需要增强创新这个第一动力。"① 高校是培养科技创新型人才的主力,从一定程度上讲,中国能否实现科技强国,高校重担在肩。进入新时代,中国高等教育的地位、使命和责任都被提到了历史上前所未有的高度,但是高等教育的所有工作都必须把政治放在第一位。科技创新型大学生的培养离不开高校的思想政治工作支撑。一方面,我们首先要保证高校培养出来的创新型人才是中国特色社会主义人才,是为中国特色社会主义建设事业服务的,是为中华民族伟大复兴服务的,这是根本性的原则问题。另一方面,创新型大学生也必须是德智体美劳全面发展的大学生,这就需要通过思想政治工作大力提升培养大学生在品格培养、思维训练等方面成长成才的能力。所以,新时代对高等教育的迫切需求也为高校思想政治工作的开展提供了契机,高等教育的内涵式发展亟须思想政治教育的作用发挥。

(3) 面临教育"三个面向"更加凸显的机遇

1983年国庆节,邓小平同志为北京景山学校题词:"教育要面向现代化,面向世界,面向未来。"教育的"三个面向"是我国教育体制改革和发展的战略性指导思想,为我国21世纪初的教育改革发展指明了前进的方向。习近平总书记在同各界优秀青年代表座谈时的讲话中指出,广大青年要坚持面向现代化、面向世界、面向未来,要通过学习知识和掌握技能,不断提高与时代发展和事业要求相适应的素质和能力。同时,习近平总书记在党的十九大报告中和纪念马克思诞辰200周年大会上也都提出了要立足中国,发展"三个面向"的社会主义先进文化。中国特色社会主义教育是社会主义先进文化的重要组成部分,这也就决定着新时代的高等教育也要坚守"三个面向"。"三个面向"的核心是面向现代化,在党的十九大报告中提出了在21世纪中叶把我国建设成社会主义现代化强国,教育现代化就是实现社会主义现代化的有力支撑。在中共中央、国

---

① 面向世界科技前沿面向经济主战场 面向国家重大需求面向人民生命健康 不断向科学技术广度和深度进军 [N]. 人民日报, 2020-09-12 (1).

务院印发的《中国教育现代化2035》中明确指出要加快推进教育现代化,实现教育强国,进而把教育提到了优先发展的战略位置。教育现代化,决定了教育必须面向世界、面向未来。之所以要教育要面向世界,是因为我们中国的教育要发展成具有中国特色、世界水平的现代教育;是因为中国致力于"人类命运共同体"的构建,致力于全球治理体系变革的促进,致力于教育可持续发展,这都需要对世界文明进行吸收和借鉴,需要以开放的姿态加强与世界的联系和互动。之所以教育要面向未来,是由于时代向前发展,必须对教育现代化进行适度超前部署,要积极探索关系人类前途命运的重大问题,要准确判断中国特色社会主义发展趋势,要努力培养出更多更好能够满足党、国家、人民、时代需要的人才。为了实现"三个面向","党中央作出建设世界一流大学和一流学科的战略决策,就是要提高我国高等教育发展水平,增强国家核心竞争力。"[1]习近平总书记强调,只有培养出一流人才的高校,才能够成为世界一流大学。只要我们在培养社会主义建设者和接班人上有作为、有成效,我们的大学就能在世界上有地位、有话语权。而发展中国特色、世界先进水平的现代教育,要把立德树人的成效作为检验学校一切工作的根本标准,把立德树人内化到大学建设和管理各领域、各方面、各环节,做到以树人为核心,以立德为根本。为此,要加强思想政治工作体系建设。新时代的历史方位上,高校思想政治工作的重要性越发突出,教育"三个面向"的实现需要高校思想政治工作的全面参与,这也为新时代高校思想政治工作的开展和新时代辅导员育人工作能力的提升提供了机遇。

(4) 党和国家对高校思想政治工作的重视程度达到了史无前例的水平

党的十八大以来,党和国家对高校思想政治工作的重视程度到了史无前例的水平,为高校思想政治工作的开展提供了坚强有力的保障。为了保障高校思想政治工作发展,习近平总书记专门召开了全国高校思想政治工作会议、全国教育大会,专门出台了《关于加强和改进新形势下高校思想政治工作的意见》《高校思想政治工作质量提升工程实施纲要》等政策文件。为了保障思想政治理论课的建设,习近平总书记亲自主持召开了学校思想政治理论课教师座谈会,出台了《关于深化新时代学校思想政治理论课改革创新的若干意见》等政策文件。为了保障思政课教师队伍和辅导员队伍建设,专门以文件的形式对思政课教师和辅导员的生师比进行了明文规定,将思政课教师和辅导员纳入高层次人才队伍选拔并加大倾斜支持力度,专门设立了思政教师和辅导员岗位津贴,专

---

[1] 习近平. 习近平谈治国理政:第二卷[M]. 北京:外文出版社,2017:376.

门实行了思政课教师职称评审单列和辅导员职称评审单列，专门实施了思政课教师在职攻读马克思主义理论博士学位专项计划、高校思想政治工作骨干在职攻读博士学位专项计划，专门建立了新时代高校思想政治理论课教师研学基地、辅导员培训和研修基地，并且专门设立荣誉称号表彰优秀思政课教师和优秀辅导员，这一系列激励措施的实施就是为了增强思想政治工作教师的职业认同感、荣誉感、责任感。这些会议的召开、高支持度的保障政策充分展现了党和国家对高校思想政治工作的重视，高校思想政治工作迎来了春天，为高校思想政治工作的快速发展提供了坚强有力的保障。

（二）新时代高校辅导员面临的新挑战

1. 新时代高校辅导员面临的国际挑战

（1）国际意识形态领域的斗争更为尖锐复杂

资本主义意识形态和社会主义意识形态是2个根本对立的意识形态，一直存在尖锐的矛盾和斗争。在20世纪50年代，西方国家提出了"和平演变"战略，其本质就是意识形态战略，它们就是要通过意识形态的渗透、诋毁、演变社会主义意识形态，瓦解社会主义思想基础，实现不战而胜，以期达到消灭社会主义的目的。进入新时代，随着中国综合实力大增，"西方国家特别是美国把我国的发展壮大，视为对其霸权的威胁，视为对其所谓发展模式、自由民主等'普世价值'的挑战"[①]，四处宣扬"中国威胁论"，开始对中国千方百计地阻挠和围追堵截。随着中国越来越走近世界中心，中华民族伟大复兴中国梦越来越接近实现时，资本主义国家对中国的遏制就会越发激烈，在意识形态领域的斗争就会越发白热化。以美国为首的西方资本主义国家擅长并乐于使用意识形态渗透手段，因为相对而言，意识形态渗透形式隐蔽、成本较低，但是破坏力极大。青年群体特别是大学生群体历来就是西方"和平演变"的主要对象，高校也历来就是意识形态斗争的"主战场"，国际意识形态领域斗争的尖锐复杂化必定导致高校意识形态工作的复杂化。

（2）境外敌对势力和敌对分子的渗透颠覆破坏活动加剧

境外敌对势力和敌对分子对我国政权的渗透颠覆活动一直存在，但是进入新时代后，这类破坏活动呈加剧之势。一是通过多种手段把控高校的师生。当下国际文化交流密切、学术交流活动频繁、出国出境旅游常态化，高校的一些师生出国、出境进行学习、探亲、旅游、学术交流等活动的机会增多，境外敌对势力和敌对分子便将这些师生作为情报获取、渗透和策反的对象，通过贿赂、

---

① 王达品．关于做好新时代高校意识形态工作的思考［J］．人民论坛，2020（1）：110.

交易、恐吓、色诱等手段对这些师生进行控制，以达到其渗透颠覆破坏活动的目的。二是利用国内的重大事件和热点事件进行炒作造谣的现象增多。为了达到反动宣传的目的，境外敌对势力和敌对分子利用一切可以利用的机会，特别是抓住国内的一些重大事件和热点事件进行炒作造谣，加强"心战"攻势。其主要手段是利用事件，通过传单、标语、邮件等形式攻击党的方针政策，侮辱党和国家领导人；还有故意散布谣言蛊惑人心、扰乱社会秩序等。这些渗透颠覆破坏活动不仅在社会上呈现增多之势，并且在高校内出现的频次也有所增加。三是通过经济资助的方式进行控制。一些境外敌对势力和敌对分子通过各类基金会进行经济资助，以达到渗透颠覆破坏的目的。对于老师，这些敌对势力时常通过科研项目资助的方式进行渗透；对于学生，特别是家庭经济困难的学生，往往通过奖学金、助学金等经济资助方式进行渗透。四是通过宗教进行渗透。一些敌对势力利用宗教信仰拉拢高校师生，特别是少数民族师生；通过宗教活动在高校进行民族分裂主义、宗教极端主义等思想的渗透。通过不同方式的渗透颠覆破坏活动，增加了高校辅导员工作的难度。

（3）多样化的国际格局更加富有挑战性

当今世界正在经历着百年未有之大变局。"新冠肺炎疫情全球大流行使这个大变局加速变化，保护主义、单边主义上升，世界经济低迷，全球产业链供应链因非经济因素而面临冲击，国际经济、科技、文化、安全、政治等格局都在发生深刻调整，世界进入动荡变革期。"[①] 当前的世界格局呈现多极化发展态势，特朗普上任后推行"美国优先"政策，美国接连退出了巴黎气候变化协定、联合国教科文组织、全球移民协议、伊朗核协议、维也纳外交关系公约、世界贸易组织等国际组织，对世界的政治、经济、文化、军事等格局都产生了巨大影响；英国脱欧对诸多国家的移民、自由贸易、政治、经济、军事等方面也都产生了重大影响，并会伴生一连串的"蝴蝶效应"；中东地区的叙利亚、伊拉克，非洲地区的尼日利亚等国家战火纷飞，这都给世界经济社会发展带来诸多不确定性。总的来讲，当前，逆全球化浪潮席卷世界，西方极右翼民粹主义政治势力迅速抬头，全球地缘政治竞争愈演愈烈。新兴大国的快速崛起，国际关系重心的转移，这些都对国际格局的多样化重塑产生着重要影响。国际局势的动荡容易导致人心的不稳，而人心的不稳极易造成思想的波动。高校大学生作为新时代青年，对国际政治的关注度日益高涨，国际局势的变动会对高校大学生的思想产生一定程度的影响，也在一定程度上影响着高校辅导员的工作。

---

① 习近平在经济社会领域专家座谈会上的讲话［EB/OL］. 求是网，2020-08-25.

（4）教育国际化对高校辅导员工作提出了更高要求

中国坚持改革开放战略，随着中国日趋走向世界中心，中国的高等教育也要相对应地与国际接轨，采取"送出去和迎进来"的举措，一方面将国内的大学生送到国外留学，另一方面国外的留学生进入中国高校学习，这都在一定程度上对高校思想政治工作提出了更高的要求。对于国内大学生出国留学，这是高等教育国际化发展的必然，在《国家中长期教育改革和发展规划纲要（2010—2020年）》中就明确指出要培养大批具有国际视野、通晓国际规则、能够参与国际事务和国际竞争的国际化人才。这就要求高校思想政治工作者要有国际视野，要求高校思想政治工作者不能仅把视野局限在国内，而是既要关注国内又要放眼世界；高校思想政治工作者要有国际素养，在对大学生的思想政治工作中要善于从国际角度进行教育，这就对高校思想政治教育工作者的素质能力提出了更高的要求。对于外国留学生，一些高校的留学生和国内大学生同上课、同吃住，无形之中就加大了高校思想政治工作的难度，要求高校思想政治工作者既要处理好国内大学生的学生管理事务，还要处理好留学生的学生管理事务，甚至当留学生和国内大学生出现矛盾纠纷时，更要做到谨慎处理，以免产生国际纠纷。并且一些留学生在生活习惯、秩序遵守、言谈举止、宗教信仰等方面都和国内大学生存在诸多差异，更是在一定程度上加大了高校思想政治工作的复杂性和困难度。教育国际化是提升我国国际地位，加强国际交流、文化交流、国际合作的重要方面，是历史发展的必然，也将会是高等教育的常态，这对高校辅导员工作必然产生新的挑战。

2. 新时代高校辅导员面临的国内挑战

在看到机遇的同时，也要看到新时代的一些新情况、新问题，它们也给高校思想政治工作带来了诸多挑战。随着国内形势的深刻变化，改革开放和社会主义市场经济的深入推进，移动互联网等新兴媒体的快速发展，思想文化的交流、交融、交锋，社会思潮的多元多样，以及新时代大学生的复杂情况，给新时代高校辅导员工作带来了诸多挑战。

（1）多样化社会思潮对主流意识形态的冲击

社会思潮从诱发要素的属地来看，主要包括来自西方的社会思潮和来自国内的社会思潮。就西方的社会思潮来讲，是伴随着中国改革开放的深入，在经济领域重点开放合作的同时，文化领域的开放也随之展开。西方许多社会思潮和学术流派蜂拥而至，东西方不同文化的交流、交融、碰撞集中展开，这在一定程度上对中国的主流意识形态产生了冲击。当然，蜂拥而至的西方思潮既有精华也有糟粕，在此重点阐述的是来自西方世界思想渗透的反马克思主义、反社会主义的错误思潮。"西方发达国家利用自身的文化霸权和发达传媒,无孔不入地向中国民众传送他们的价值观念、生活方式和行为方式,影响和改变着民众的价值观念和行为选择。"[①] 其主要目的就是颠覆马克思主义在我国意识形态领域的指导地位。通过梳理西方社会思潮的研究成果可以发现,当前反马克思主义思潮有多种形式。在经济领域,主要是新自由主义思潮,它提倡个人主义,鼓吹资本主义的经济模式,主张经济绝对自由化、彻底私有化和完全市场化,反对国家对经济的过多干预,容易导致大学生对社会主义基本经济制度的不认同和不自信。在政治思想领域,主要是民主社会主义思潮、宪政民主思潮。民主社会主义思潮鼓吹超阶级的国家观点,宣扬西方资产阶级的自由民主平等,反对暴力革命,主张以渐进的改良措施来达到社会主义,倡导所谓"第三条道路"。宪政民主思潮宣扬西方的三权分立、多党制、普选制、司法独立等内容的国家理念、政治模式和制度设计。这都容易导致大学生对社会基本政治制度的不认同和不自信。在价值观领域,主要是"普世价值",它极力推崇西方所谓的自由、平等、民主、人权等价值观,容易导致大学生对社会主义核心价值观的否定和反对。在历史领域,主要是历史虚无主义,它借歪曲、诋毁党的历史和领袖人物,否定中国革命历史和中国共产党历史,容易导致大学生对中国历史、对中国优秀传统文化、对民族英雄、对执政党、对党和国家领导人的不认同和不自信。在社会管理领域,主要是公民社会思潮,主张在社会领域个人权力至上,国家不得干预,企图瓦解党执政的社会基础,这就容易导致大学生崇尚个人主义,忽视集体主义,消解大学生的爱国主义意识。

当然,除了西方的反马克思社会思潮外,在国内也有许多错误的社会思潮,任何社会思潮都有其依存的社会现实根基。在经济生活领域,国内的错误社会思潮主要还是受市场经济发展的影响。市场经济最为鲜明的特点就是追求利润和效益的最大化,这样的经济行为和商业原则,在一定程度上造成社会生活领域的拜金主义、消费主义、极端个人主义、精致的利己主义、享乐主义、攀比主义等。可以说,市场经济在一定程度上为这些世俗价值观念的滋生、蔓延提供了土壤。在政治生活领域,主要表现为民粹主义、极端民族主义。社会各阶层、各群体之间的利益分化,容易引起阶层和群体之间的利益对立和心理疏远,不同利益群众在公共空间理性协商的精神在流失。例如,在农民群体中,由于土地收益分配问题引发的激进民粹思想,容易造成仇富、仇官的心理不断积聚。在工人阶层中,不同行业、不同群体之间的收入差距拉大,都成为引发群体对

---

① 冯刚. 新形势下意识形态相关问题研究 [M]. 北京:光明日报出版社,2014:107.

立的矛盾点。随着中国日益走近世界中心，中国在国际关系中的情况更为复杂，很容易因为国际关系的恶化导致极端民族主义的产生，例如，盲目而狂热地仇日、仇美、仇印、仇澳等，而极端民主主义又容易诱发聚众破坏和打砸抢等非法的现象。大学生正处在价值观形成的关键时期，很容易受到市场、家庭、国际关系等因素的影响，由于他们并不能很好地认清事情的本质，所以，很容易被各种错误的社会思潮所影响。

（2）新媒体的全面运用使思想意识更加复杂

当今的时代是全媒体时代，媒体技术的飞速发展和媒体终端的迅速普及，让新时代的意识形态工作面临更加复杂的局势。从宏观方面来讲，信息网络化在严峻考验着我国意识形态控制力。网络意识形态具有非对称性和强大的渗透性，西方发达的网络技术手段和强势的文化输出对我国意识形态的传播和防御能力构成了很大的挑战，最严重的挑战就是"党管媒体"的底线，因为新媒体环境中时常充斥着大量的非马克思主义甚至反马克思主义的信息，而当下时代的大众接收信息的主渠道恰恰是网络媒体，所以这就容易导致以党报党刊党台通讯社为主题的传统媒体舆论场和以互联网为基础的新兴媒体舆论场处于对立状态，致使政府的公信力严重受损，特别是网络上充斥的各种非马克思主义和反马克思主义的言论和思想，严重影响人们正确判断价值观。从微观方面来讲，当今的时代，人人都是自媒体，人人都可以在网络上发布信息和接收信息，所以，在一定程度上容易因信息"大爆炸"而使人们的思想混乱，不同社会阶层在网络上发表的观点和思想时常处于冲突状态，这也容易使当今的大学生思想复杂化、多元化。总的来讲，互联网的发展确实给人们的生活带来了极大的便利，这也是时代发展大势，但是对于处于价值观形成关键期的大学生，很容易受网络上非主流思想的影响而对价值观的形成产生误导。

（3）当今大学生的复杂情况

习近平总书记在纪念五四运动100周年大会上的讲话中讲道："当代青年思想活跃、思维敏捷、观念新颖、兴趣广泛，探索未知劲头足，接受新生事物快，主体意识、参与意识强……同时，青年人阅历不广，容易从自身角度、从理想状态的角度来认识和理解世界，难免给他们带来局限性。"[①] 辅导员的工作对象是当代大学生，他们都是"00后"，有很明显的群体特征和个性特征。从群体特征方面来讲，新时代大学生群体特征比较明显，他们善于思考但想法较多、落实较少，他们乐于学习但冲劲很足、韧性不够，他们思想活跃、善于表达但

---

① 习近平：在纪念五四运动100周年大会上的讲话[EB/OL]. 中国政府网，2019-04-30.

是考虑后果不足，他们追求新潮、崇尚个性但集体意识不够，他们乐于交往、参与意识强但受挫抗压能力较弱，等等。当然，大学生群体是由单个个体构成的，每个个体的生活环境、学习环境、成长环境都不同，也必然导致大学生个体特征不同。特别是伴随高等教育规模的扩大化，大学生录取的门槛相对降低，导致大学生的素质参差不齐，这也直接通过他们的个性表现出来。有的大学生注重物质享受而思想贫乏，有的大学生过于注重个人感受而忽视了集体利益，有的大学生功利性太强而导致人际关系欠佳，有的大学生缺乏主见而乐于从众，有的大学生缺乏自信而产生心理畏惧，有的大学生沉迷网络而疏远现实，等等。特别是全媒体时代的到来，网络的虚幻性、匿名性、交互性、及时性、丰富性等特点让大学生成为受社会思潮影响最为直接的一个群体，他们乐于在网络上通过文字、图片、视频等形式表达自己的情感，特别是对于一些社会热点问题令他们感到气愤，或者涉及自身利益的问题无法得到令其满意的答复和解决时，他们往往会选择在网络上进行错误性、误导性、攻击性的表达，很容易酿成舆论事件。网络舆情事件传播性强、影响力大，管控难度也相对较大。青年大学生的群体特征和个性特征与媒体网络的结合，大大提升了舆论事件的爆发率，加上多样化的特征产生多样化、复杂化的需求，这都给新时代高校思想政治工作带来了极大挑战。

二、新时代对高校辅导员的新要求

习近平总书记在全国高校思想政治工作会议上指出，传道者自己首先要明道、信道，教育者要先受教育。① 高校辅导员要扮演好大学生人格形塑者的职业角色，必须明道和信道。在明道方面，高校辅导员要不断加强党性修养和提高自身职业素养，要练好本领，努力成为先进思想文化的传播者，要坚定理想信念成为党执政的可靠支持者。在信道方面，习近平总书记在学校思想政治理论课教师座谈会上对思政课教师提出了"人格要正"的要求，这不仅是对思政课教师要求，也是对全体教师的要求，更是对高校辅导员的要求。为此，辅导员"人格要正"，要身正、德高，用自己的人格魅力、身体力行和言谈举止去感染大学生，做大学生的"明镜"。新时代高校辅导员要按照习近平总书记的指示和要求，做一名"人格正"的合格辅导员。要达到这个目的，就需要加强辅导员自身的人格塑造，如果辅导员自身的人格都不正，何以形塑学生的人格。如果

---

① 张烁.习近平在全国高校思想政治工作会议上强调：把思想政治工作贯穿教育教学全过程开创我国高等教育事业发展新局面［N］.人民日报，2016-12-09（1）.

辅导员自身的人格都不正，对大学生的人格形塑教育也就成了"无源之水、无本之木"。所谓"无源之水"是指辅导员都不清楚大学生人格形塑的"应然"，不明白新时代大学生应具备何种人格，人格形塑将无从谈起，对大学生的人格形塑也将漫无目的。所谓"无本之木"是指辅导员自身的人格都不正，在实践和育人过程中无法成为学生做人的"镜子"，"上梁不正下梁歪"说的就是这个道理。新时代的辅导员究竟应该具备何种职业人格，其中包含的要求很多，但主要的依据是新时代的新要求。那么，新时代应赋予高校辅导员职业人格具体会有哪些要求，其主要判断依据有二。依据一是新时代对大学生的新要求。新时代大学生是高校辅导员的工作对象，鉴于辅导员职业人格的作用发挥机理和立德树人的根本要求，要想学生成为什么样的人，首先辅导员自身要成为什么样的人。依据二是新时代"全国高校辅导员年度人物"的人格"实然"。"全国高校辅导员年度人物"是高校辅导员队伍中推荐选拔出来的优秀代表，他们身上折射出的优秀人格在很大程度上代表着新时代对高校辅导员职业人格的新要求，通过挖掘他们的优秀职业人格，可以为新时代对高校辅导员职业人格新要求的研究提供实践依据和更透彻的说服力。

（一）新时代对大学生精神面貌的新要求

新时代大学生是高校辅导员的教育对象，高校辅导员的工作只有紧紧围绕大学生才有存在的价值，塑造新时代高校辅导员职业人格的目的在于更好地服务于新时代大学生的人格形塑，这是高校辅导员职业人格塑造的价值所在，前提在于清晰了解新时代对大学生的新要求，只有这样，新时代高校辅导员的职业人格塑造才能更具针对性和价值性。以新时代对大学生的新要求为基准，有针对性地塑造新时代高校辅导员的职业人格，使其真正扮演好"人格形塑者"的职业角色，在现实中成为大学生的表率与楷模。社会主义建设者和接班人既要有高尚道德，又要有真才实学。新时代对社会主义建设者和接班人必然会有新的更高要求，既包括政治思想、扎实学识、创新意识、实践能力，也包括身体素质、艺术修养、人文气质、劳动技能。新时代的新要求是形塑大学生人格的重要依据。

1. 新时代大学生既要追求多元又不能丧失坚定的理想信念

新时代大学生的追求呈现多元化态势，例如，对于自由、公平、民主、时尚、娱乐、潮流等方面的追求，追求多元化是无可厚非的，是人类社会多样性的展现，但是多样化并非意味着主流的缺位，多样化恰恰是在主流基础上的多样化。历史告诉我们，不论什么年代，青年大学生都是时代中最具有活力的力量，他们是时代前行的生力军、先遣队，新时代只有大学生主动、自觉认同时代主题，与时代同呼吸，才能更好地肩负起民族复兴的使命和重任。理想信念是行动的"发动机"和"指南针"，它既为行动提供了源源不断的动力，又是行动的方向指引。新时代，中国越是走向世界舞台中心，就越是遭到以美国为首的西方敌对势力国家的千般阻挠。之所以他们会有如此强烈的举动，其背后的本质就是意识形态之争，是中国特色社会主义制度和西方国家的资本主义社会制度之争。社会制度恰恰是理想信念的根基所在，有什么样的社会制度也就决定着有什么样的理想信念。习近平新时代中国特色社会主义思想，其根本是社会主义性质，与此相对应的理想信念就是共产主义远大理想和中国特色社会主义共同理想。没有理想信念，必然导致习近平新时代中国特色社会主义思想根基不稳，这直接牵涉党之执政问题、国之生存问题，理想信念上的问题来不得半点马虎，因为它是所有问题中的根本性问题。新时代大学生是中国特色社会主义事业建设发展的骨干力量，他们必须有坚定的共产主义理想信念，这既是发展中国特色社会主义事业的要求，也是在国际竞争中凝聚中华力量的要求，只有理想信念坚定，才能"心往一处想，劲往一处使"，才能将强大的精神动力转化为物质力量。

2. 新时代大学生既要胸怀人类命运共同体又不能缺乏爱国主义情怀

当今世界是人类命运互联互通的命运共同体，建构全人类、全世界"大家庭"是历史发展的必由之路。作为新时代大学生，需要有建设人类命运共同体的大志向、大格局。但是，建设人类命运共同体并非意味着摒弃民族、文化、信仰、边界。相反，要建设好人类命运共同体，前提和基础是建设好自己的国家，要热爱自己的祖国。爱国，是中华民族的优良传统美德，是凝聚中华民族精神的核心。爱国，是人们内心最深层、最持久的情感，是一个人的立身之本、立德之源。新时代，在中国共产党的带领下，中华民族实现了从站起来、富起来到强起来的巨大飞跃，中国的综合国力跃居世界前列，中国不再是那个积贫积弱、任人宰割的国家，而是朝气蓬勃、奋发有为的新时代中国。作为新时代的大学生，享受着中国快速发展带来的巨大红利，但是在享受的同时，最不能忘记的就是爱国。当今经济全球化和逆全球化的形势并存，国与国之间的竞争无处不在，越是竞争激烈，人民就越要保持爱国热情。没有国哪有家，没有国哪有新时代的幸福生活。爱国是最深沉的大义，马克思主义哲学告诉我们，任何人都不可能脱离社会而孤立地存在，不能置身事外，世间万物是普遍联系共同发展的，新时代大学生应将自己的个人成长和发展和国家的命运发展联系在一起，才能更好地实现人生价值，才能将小利转化为大义。大学生正处于价值观形成的"拔节孕穗期"，西方敌对势力凭借其媒体优势，在各方面无孔不入，不断用自己的"普世价值"、新自由主义思潮、历史虚无主义、公民社会思潮等思想腐化、同化我们的青年大学生,极力弱化国家概念、集体概念,企图代替我国社会主义主流意识形态和优良传统文化,这对新时代大学生爱国主义情怀的培育带来了一定的负面影响。无论以往、现在还是将来,爱国是中华民族最持久的情感,是深入骨髓的坚定。新时代,要实现中华民族伟大复兴,需要强烈的爱国主义情怀,爱国情怀不是在民族危亡时刻才有,爱国是落实、落小、落细的情怀,贯穿新时代中国特色社会主义发展的全过程,也贯穿每个人成长的全过程,只不过爱国的表达方式有所区别,但爱国的精神实质是一样的。新时代大学生要在时代浪潮中建功立业,必须厚植爱国主义情怀,增强爱国意识和爱国情感,增强民族自豪感和文化自信,学好本领和知识,树立个人高尚品德和情操,使爱国主义精神之魂扎根心中。

3. 新时代大学生既要参与市场经济建设又不能唯利无德

社会主义市场经济是推动我国国力发展的重要途径,新时代大学生也将通过参与市场经济活动来建设祖国,为祖国做贡献。但是,参与市场经济活动,要做一个道德高尚的人,不能被市场经济的自私自利、唯利是图、拜金奢靡等价值观所腐蚀。习近平同志早在浙江工作期间就曾提出:"人而无德,行之不远。没有良好的道德品质和思想修养,即使有丰富的知识、高深的学问,也难成大器。"[①] 新时代,国与国的竞争主要在于科技的竞争,科技竞争的关键在于人才的竞争。站在新时代的历史方位上,我们从未感受到离中华民族伟大复兴如此之近,但同时,中华民族伟大复兴需要更多能够担当民族复兴大任的人才。不过,衡量人才的第一标准是德而非才,只有德才兼备才能称之为人才。习近平总书记告诉我们,我们培养的是社会主义建设者和接班人,而不是反对派和掘墓人,其关键衡量标准就是德。德包含了大德、公德和私德。大德就是要报效祖国、热爱人民,公德就是社会公共层面的道德要求,私德是公民自身的品德。优秀品德就是要求公民要加强自身的德性修养,要做忠实的社会主义核心价值观践行者。新时代大学生是社会文明的代言人,他们要主动劳动、勤俭节约、心怀感恩、乐于助人、谦让有礼、宽容自得、自律自强。优秀的品德是个人修养的展现,是社会文明的展现。新时代是社会文明高度发展的时代,大学生的素质只有与时代发展相一致才能促进社会的发展,它们是相辅相成的,否则就会成为阻碍社会发展的"绊脚石"。新时代大学生作为中国特色社会主义事

---

① 习近平. 干在实处 走在前列:推进浙江新发展的思考与实践[M]. 北京:中共中央党校出版社,2006:304.

业的建设者和接班人，必须加强自身的品德素养，使自己成为德才兼备之人。

4. 新时代大学生既要是专业人才又不能知识视野狭隘

习近平总书记在全国高校思想政治工作会议上强调："我们对高等教育的需要比以往任何时候都更加迫切，对科学知识和卓越人才的渴求比以往任何时候都更加强烈。"① 新时代国与国之间的竞争日趋激烈，多极化成为世界格局发展的主流，要想在国际竞争中站稳脚跟，靠的就是人才资源的实力。时代发展靠科技，科技发展靠人才。人才一定是要有真才实学的，要有广博知识见识的。首先，从知识层面来讲，知识积淀是人才专业性的基石，要想成为人才，首先要有过硬的专业技术知识和能力；其次，从见识层面来讲，新时代的国际交流日趋密切，中国对世界的正面影响越来越大，正在不断为人类做出更大的贡献。这就要求新时代大学生不仅要立足国内，更要放眼世界；不仅要有中国情怀，更要有世界眼光和国际视野。在《国家中长期教育改革和发展规划纲要（2010—2020年）》中就明确指出要培养大批具有国际视野、通晓国际规则、能够参与国际事务和国际竞争的国际化人才。当今世界是开放的世界，经济全球化、"一带一路"、人类命运共同体、中国担当、全球伙伴关系、共商共建共享的全球治理观等，都要求中国的时代新人必须有国际视野和国际胸怀，要放眼全球，不断增长见识。

5. 新时代大学生既要积极享受生活又不能贪图享乐

新时代的大学生大多是"00后"，他们出生在幸福的时代，大多数人从小就生活在衣食无忧的环境中，他们是积极的生活者，他们热爱生活，善于在生活中实现自身价值，但积极享受生活并非西方自由主义意义上的个人主义，并非肆无忌惮的放纵，并非我行我素的执着，并非贪图享乐的痴迷，而是要有顽强拼搏的奋斗精神。习近平总书记曾告诉我们，社会主义是干出来的，新时代也是干出来的。我们的国家，我们的民族，从积贫积弱一步一步走到今天的发展繁荣，靠的就是中华民族自强不息的奋斗精神。顽强拼搏、艰苦奋斗、自强不息历来就是中华民族的传统美德。习近平总书记在党的十九大报告中指出："中华民族伟大复兴，绝不是轻轻松松、敲锣打鼓就能实现的。全党必须准备付出更为艰巨、更为艰苦的努力。"② 一分耕耘一分收获，站在新时代的历史方位，想要实现中华民族伟大复兴并非易事。大学生作为社会主义事业的接班人

---

① 张烁. 习近平在全国高校思想政治工作会议上强调 把思想政治工作贯穿教育教学全过程 开创我国高等教育事业发展新局面 [N]. 人民日报，2016-12-09 (1).
② 习近平：决胜全面建成小康社会 夺取新时代中国特色社会主义伟大胜利——在中国共产党第十九次全国代表大会上的报告 [EB/OL]. 中国政府网，2017-10-27.

必须早早认清局势和情况，做好心理准备，只有奋发向上增强本领，才能面对未来要面对的各种困难和挑战，才能有能力肩负使命。只有他们充分发挥党的优良传统，发扬顽强拼搏、艰苦奋斗的精神，树立志存高远、积极向上的抱负，真正做到知行合一、自强不息，国家的未来才有前途，实现中华民族伟大复兴的中国梦才有期待。

6. 新时代大学生既要突出特长又不能忽视全面综合素质

新时代大学生要想发展得好，需要有自己的特长，但是特长并非意味着对其他素质的抛弃，而是在全面综合素质发展的基础上展现自身特长。物竞天择是自古以来的规律，新时代的竞争更是愈演愈烈，面对日趋激烈的国际竞争，一个国家能否抢占先机、赢得主动，将越来越取决于国家的个体单元，也就是广大的民众，当中青年大学生素质品格又是竞争的核心。提高大学生的综合素质，是民族发展的长远大计，是一个国家发展的战略布局。新时代的竞争是人才的竞争，人才的竞争实质上是素质的竞争。习近平总书记明确告诉我们，新时代的社会主义建设者和接班人是德智体美劳全面发展的，即要拥有高尚的品德、创新的思维、健康的体魄、良好的审美、劳动的习惯。创新是发展的动力，创新是推动科技进步的基石，唯有具备创新思维和创新能力的人才，才能推动国家的创新性发展。"身体是革命的本钱""健康是第一位的"，要实现伟大斗争、伟大工程就必须有强健的体魄做支撑。同时，通过体育锻炼不仅可以强健体魄，还可以磨炼意志、健全人格，形成正确的竞争观、协作观、集体观、价值观等。美是纯洁道德、丰富精神的重要源泉，缺乏美的生活是单调的、干涸的。美可以营造积极向上的正能量，使人对生活充满希望，充满正能量。新时代的大学生应是朝气蓬勃的，应有良好的审美情趣，应有一定的人文素养，应在新时代的生活中充满正能量，传播正能量。劳动是人类特有的本质活动，劳动也是最光荣的，人类的文明都是靠劳动创造的，伟大的新时代建设也需要靠劳动来创造。劳动可以培养优秀的品德，可以增加智慧，可以强健体魄，可以培养审美。新时代大学生要弘扬劳动精神，在劳动中磨炼意志，锻造坚忍不拔的意志品质和顽强拼搏的奋斗精神。

（二）新时代对高校辅导员职业角色的新要求

面对新时代、新使命，辅导员肩负着培养勇担使命、引领未来、造福新时代大学生的职责使命，最为重要的任务就是对新时代大学生进行思想引领和价值塑造，要做好该工作首先要增强意识的自觉。

1. 增强勇于担当使命的自觉

历史发展的必然性要求新时代中国特色社会主义要担负起中华民族伟大复

兴的职责使命。实现中华民族伟大复兴不是喊喊口号、轻轻松松就能实现的。面对日趋复杂的国际国内局势，目标的达成必定不是一帆风顺的。习近平总书记在同各界优秀青年代表座谈时指出："中国梦是我们的，更是你们青年一代的。中华民族伟大复兴终将在广大青年的接力奋斗中变为现实。"[①] 青年大学生是青年群体中的佼佼者，他们接受了教育层次最高的高等教育，享受了中国最优秀的教育资源，无论是在理想信念、知识素养还是技术能力等方面都与其他的青年群体有非常明显的区别，他们将是建设祖国的栋梁之材，是新时代人才的重要力量构成，是实现中国梦的强大生力军，中国梦必将在青年大学生为核心力量的青年手中变为现实。新时代高校辅导员作为新时代大学生成长成才的"人生导师"和"知心朋友"，需要从实现中华民族伟大复兴的历史性高度来看待新时代大学生的培养，这是历史赋予新时代高校辅导员的职责使命。在国家和民族需要之际，高校辅导员要引领青年大学生责无旁贷地勇担历史重任，把自身的成长成才和中华民族伟大复兴融为一体，为实现中国梦奉献自己的智慧和力量。

2. 增强坚定理想信念的自觉

教育绝不是超越政治的。邓小平同志曾明确指出，"毫无疑问，学校应该永远把坚定正确的政治方向放在第一位"。高校辅导员制度自产生之初就深深烙上政治属性，他们的核心任务就是为党的政治稳定服务。进入新时代，伴随着中国日益走近世界中心，各方敌对势力对中国发展的"围追堵截"达到了史无前例的程度，意识形态领域的交锋越发激烈。新时代大学生作为建设社会主义现代化强国的重要生力军，必须确保他们坚决拥护党的领导，一旦他们的思想状况出了问题，脱离了党的管控，那么高校培养出来的大学生则很有可能成为党的路线、方针、政策的反对者甚至是中国特色社会主义事业的"掘墓人"，后果不堪设想。所以，必须高度重视和正确认识新时代大学生的思想政治教育工作。辅导员作为高校思想政治工作队伍的重要组成部分，作为大学生政治上的把关者、引路人，要以更加鲜明的政治自觉，自觉主动地学习好、贯彻好、宣传好党的各项方针政策，要用学生乐于接受的方式方法把党的理论和方针政策讲深、讲透、讲明白，真正讲到学生的心坎上，引导广大青年大学生把自身的发展和党的需要、国家的需要、人民的需要紧密结合，有效提升新时代青年大学生的爱国情和兴国志。

---

① 中共中央文献研究室. 十八大以来重要文献选编（上）[M]. 北京：中央文献出版社，2014：277.

3. 增强持久职业动力的自觉

职业动力系统包括其职业价值观、职业理想、职业动机等，它决定了从业者从事职业行为的内在动力和方向，是其工作积极性的源泉。高校辅导员由于其职业内容的繁杂性、职业边界的模糊性、职业对象的复杂性、职业成效的滞后性等，容易产生职业倦怠，特别是在市场经济的冲击和多元文化的浸润下，部分辅导员的职业动力逐渐下降，工作的事业心和进取心不足，获取成就的动机和欲望日渐下跌，功利、浮躁、追求个人利己的思想日渐增多，转岗、离职的情况也呈普遍趋势。辅导员理应成为高校大学生的人生导师和健康成长的知心朋友，但是一些辅导员却在工作中失衡而迷失了自我，丧失了初心，有的沦为处理日常事务的"机器"，有的在职业倦怠中疲于应付，有的在安于现状中渐渐沉沦，更有甚者在育人道路的反方向渐行渐远，以至于辅导员对大学生进行思想政治教育的实效性产生了一定程度的消解。新时代，党和国家对高校思想政治工作的重视程度又达到了新的高度，对于高校辅导员队伍的发展在职称评定、职务晋升、学历提升等方面也给予了充足的保障，这就需要高校辅导员要有更加持久的职业动力，要对职业使命感有更为深刻的认知，对职业目标有更加明确的定位，对职业自豪感有更加丰富的体验，对职业情感有更为热情的积淀。

4. 增强主动做到终身学习的自觉

习近平总书记在纪念五四运动 100 周年大会上的讲话中讲道："当代青年思想活跃、思维敏捷、观念新颖、兴趣广泛，探索未知劲头足，接受新生事物快，主体意识、参与意识强……同时，青年人阅历不广，容易从自身角度、从理想状态的角度来认识和理解世界，难免给他们带来局限性。"[1] 高校辅导员理应作为大学生成长成才的人生导师，要能够及时地为学生解疑释惑。但是，当今时代正处于知识和信息大爆炸的时代，特别是互联网信息技术的飞速发展和新媒体工具的快速普及，让知识和信息的获取更加便捷，这无疑对辅导员的师者权威地位产生了冲击。高校辅导员要扮演好自身的职业角色，就要有更加主动的学习观念。既要主动地学习马克思主义理论、思想政治教育学、法律学、管理学、心理学等方面的专业知识，还要主动学习学生所关心的生活、娱乐、情感等方面的知识，以便能够更好地融入学生，更好地应对工作中随时出现的新问题、新难题。新时代的辅导员要有强烈的主动学习意识和终身学习意识，本着会育人、育好人的原则，主动掌握科学的学习方法，不断丰富和完善自身的知

---

[1] 习近平：在纪念五四运动 100 周年大会上的讲话［EB/OL］. 中国政府网，2019-04-30.

识结构,用所学知识及时为学生释惑,增强职业自信,不断适应职业发展的新需要和新要求。

5. 增强专业素质能力的自觉

高校辅导员工作是一项对从业者综合素质能力要求非常高的职业,既要求辅导员具有广博的知识结构,还要求辅导员在日常的思想政治工作中具备相应的谈心谈话能力、公文写作能力、组织协调能力、调查研究能力、教育引导能力、突发事件处置能力等素质能力。新时代,教育对象对高校辅导员的职业期待更高,学生的强期待与辅导员的弱表现矛盾越发凸显。学生对于辅导员的认可,更多的是通过辅导员专业化的素质能力快速地帮助学生解决日常学习生活中的实际困难而逐步积淀。素质能力不强容易导致学生对辅导员的信任危机,进而诱发师生矛盾的产生和师生关系的冷淡。随着高校辅导员职业化、专业化、专家化建设的进一步发展,社会、高校、家庭和学生对高校辅导员的素质能力提出了更高的要求。高要求的核心点在于职业的专业化能力,辅导员素质能力水平反映专业化程度,素质能力层次越高,专业化程度相应也就越高。新时代要求高校辅导员向专家化发展,要求其具备深厚、广博的理论水平和经验丰富、熟练老道的实践经验,要成为职业中某个领域的专家,并在对学生实际问题的解决中充分发挥专家的实际功效,最为关键的是要能够用专业的素质能力解决学生渴望解决的实际问题。

6. 增强健康身心素质的自觉

新时代给高校学生工作带来了诸多挑战,对高校辅导员的身心素质也带来了极大影响。一是要求高校辅导员要有更为健康的体魄。辅导员工作是集脑力劳动和体力劳动于一体的,高强度、长时间、重压力的工作往往会导致辅导员的身体处于亚健康状态,致使辅导员无法将健康、阳光、自信的正能量有效传递给学生。二是要求高校辅导员要有高尚的情操。辅导员工作是绝对的"良心活",需要更为强烈的责任感、奉献意识、吃苦耐劳精神、爱岗敬业精神,要求辅导员在工作中民主公平公正、自尊自爱自律、言行一致、以身作则。三是要求辅导员要有成熟的心理素质。新时代高校学生工作的复杂性和严要求高于以往,这对高校辅导员的心理来讲是更为严峻的挑战,特别是学生的心理健康问题、安全稳定问题时刻紧绷着高校辅导员的神经,脆弱的心理素质难以适应新时代高校学生工作的新要求。四是要求高校辅导员要有良好的性格特质。稳定良好的性格特质是高校辅导员成熟的重要表现。高校辅导员工作任务量大、压力大,时常导致脾气暴躁、情绪波动大,这难免会影响到学生的情感体验。新时代教育的根本任务是立德树人,这就意味着高校辅导员要将品德、道德、德行、美德放在首位，时刻注意自身的言谈举止，要学会把控自己的脾气和情绪，将良好稳定成熟的性格特质展现给学生。

三、新时代高校辅导员职业人格结构的建构与验证

(一) 新时代高校辅导员职业人格结构的研究成果

理论研究需要借鉴前人的研究成果，需要以其为研究基础。要建构新时代高校辅导员职业人格结构，首先就要梳理当前学界对新时代高校辅导员职业人格结构的研究成果。当前关于新时代高校辅导员职业人格结构的研究成果主要体现在如下方面。

1. 三结构说

学者曹威威认为，新时代高校辅导员职业人格结构由健康的心理素质、积极的道德品质、鲜明的个性特质构成，其中，心理素质的强化是基础，道德品质的养成是关键，个性特质的彰显是境界。[1] 余芝云、连榕通过对112份高校辅导员年度人物事迹文本的质性分析发现，辅导员职业人格的结构由道德取向人格（政治忠诚性、师范自律性、仁爱利他性）、业务取向人格（聪敏性、笃实性、树人有恒性、丛角色尽责性、乐业感）、人格取向人格（真诚性、乐群性、激励性）等构成。[2]

2. 四结构说

许磊、陈九如从职业守则内化的角度解析了新时代高校辅导员职业人格由"高尚的品德，卓越的才能，扎实的专业知识，良好的身心素质"[3] 构成。张丽娜认为，辅导员职业人格由职业道德、职业能力、职业意志、职业情感等方面构成。[4] 郑烨、付蓉芬认为新时代辅导员职业人格由"工作技能素质、专业知识素质、政治素养和人格特质素质"构成。[5] 庞跃辉、廖清胜、王戎、王延伟认为新时代辅导员职业人格由品格素质、自我身心素质、知识文化、创新能力

---

[1] 曹威威. 高校辅导员职业生涯发展研究 [D]. 长春：东北师范大学，2017：42.
[2] 余芝云，连榕. 辅导员职业人格的结构模型及其有人逻辑：基于对112份高校辅导员年度人物事迹文本的质性分析 [J]. 集美大学学报（教育科学版），2021（1）：16.
[3] 许磊，陈九如. 从规约到自律：高校辅导员职业守则内化与职业人格的完善 [J]. 学校党建与思想教育，2017（3）：88.
[4] 张丽娜. 辅导员人格魅力对大学生成长的影响探究 [J]. 辽宁工业大学学报（社会科学版），2018，20（3）：106.
[5] 郑烨，付蓉芬. 高校辅导员能力素质模型建构：以长沙大学城的实证调研为基础 [J]. 西南交通大学学报（社会科学版），2013，14（2）：63.

素质等方面构成。①

3. 五结构说

程海云、朱平认为新时代高校辅导员职业人格由职业认知、职业情感、职业态度、职业价值观、职业行为等五方面构成。② 程海云、葛贤平认为新时代辅导员职业人格由理想信念、职业情感和行为特征构成。③ 李艮认为新时代辅导员职业人格由"职业道德、为人、知识结构、能力结构和心理素质"④ 等方面构成。韩冬、毕新华认为新时代辅导员职业人格由政治道德素质、职业情感、审美情趣、知识积累和工作技能等构成。⑤ 谢小芬认为新时代辅导员职业人格由思想政治素质、道德品质、知识结构、职业本领和健康素质构成。⑥ 张家玮认为新时代辅导员职业人格由政治、情怀、思维、视野、自律等方面构成。⑦

4. 七结构说

魏莉莉、王志华认为新时代高校辅导员职业人格由"高度的思想政治觉悟、坚定的理想信念、强烈的事业心和责任感、深厚的家国情怀、较高的人文素养、积极健康的心理品质、良好的道德品行"⑧ 等七部分构成。

纵观当前学界的研究成果可以发现，当前关于新时代高校辅导员职业人格结构的成果大多集中在四结构说和五结构说。四结构说的内容研究侧重点集中在职业道德、职业能力、知识认知、身心素质、职业意志、职业情感等方面；五结构说的研究侧重点集中在职业认知、职业情感、职业态度、职业价值观、职业能力、心理素质、审美情趣、身心素质等方面。它们的研究侧重点既有重合的地方也有相异的地方，但总的来讲重合的地方较多，主要集中在职业认知、

---

① 庞跃辉，廖清胜，王戎，等．为人师表的人格范式：教师人格优化系统研究 [M]．重庆：西南师范大学出版社，2017：32-33.

② 程海云，朱平．高校辅导员职业人格形成机理与培育策略研究 [J]．高教探索，2021 (9)：35.

③ 程海云，葛贤平．沈浩精神及其对高校辅导员职业人格建构的启示 [J]．铜陵学院学报，2021，20 (3)：63.

④ 李艮．辅导员"个性化发展"在大学生"个性化教育"中的作用 [J]．中国成人教育，2015 (6)：63.

⑤ 韩冬，毕新华．高校辅导员职业能力的形成与提升 [J]．思想理论教育导刊，2011 (11)：123.

⑥ 谢小芬．解析高校优秀辅导员的核心特质：基于全国高校辅导员年度人物的实证分析 [J]．思想理论教育，2016 (5)：104-107.

⑦ 张家玮．立德树人：给学生心灵埋下真善美的种子 [J]．高校辅导员，2019 (2)：17-19.

⑧ 魏莉莉，王志华．高校辅导员人格涵养的价值与路径 [J]．中国高等教育，2021 (Z1)：39.

职业情感、职业意志、职业理想、职业能力等方面；差异的地方集中在审美情趣、身心素质、职业态度、职业价值观等方面。但是，鉴于不同的学者使用的词语表达方式不同，可以将相异的侧重点进行归类分析，审美情趣可以划归为职业认知类，身心素质可以划归为职业意志，职业态度可以划归为职业情感，职业价值观可以划归为职业理想。所以，总的来讲，当前学界关于新时代高校辅导员职业人格结构可以划分为五方面：职业认知、职业情感、职业意志、职业理想、职业能力。

（二）新时代高校辅导员职业人格特征词提取及模型初构

为了准确探究新时代对高校辅导员职业人格的新要求，首先要科学合理地确定新时代高校辅导员职业人格结构，在本节研究中，使用的研究方法是内容分析法，使用的原始数据源于2013年至2023年连续10年的"全国高校辅导员年度人物"先进典型事迹。

1. 内容分析法概述

内容分析法是一种以文献为参考，以文献内容为研究对象的研究方法，其具体操作是对文献内容客观性地、系统全面地、定量地进行描述，通过对文献内容的字面表征意义词句进行深入的分析、判断和逻辑推理，推断出准确意义。其实质就是通过对现象的分析推理得出实质的过程。

2. 选择内容分析法作为研究方法的缘由

缘由一：基于内容分析法的广泛适用性。内容分析法从被提出至今已有近80年的历史，被广泛地运用于经济、军事、政治、教育等领域，该方法的可靠性和合理性已经被实践所证明，同理，用于研究教育领域的辅导员职业人格有一定的可靠性和合理性。[①]

缘由二：基于内容分析法的经济性。由于该方法的操作相对简单，其原始成本主要是搜集文献资料和逻辑推理分析，相对而言，可以耗费较小的经济成本来达到预期目的。

缘由三：基于内容分析法的综合性。内容分析法在一定程度上来讲是质性分析法，主要还是对质性的把握。但是，在得到质的结果的过程中却要依靠量化分析方法，也就是把质性研究和量化研究相结合，是定性研究方法和定量研究方法有机结合的具体运用。通过二者的结合，更能保证分析结果的准确性。

缘由四：基于内容分析法的数据差异性。运用内容分析法可以对提取内容

---

① 向伟. 新时代高校辅导员素质及提升策略研究 [D]. 长沙：湖南师范大学，2020：61-62.

进行差异性分析，通过特征词汇出现的频次来决定特征的重要性，研究更具针对性。

3. 内容分析法的实施程序

内容分析法作为一种新的综合性研究方法，它有3个关键特征：系统性、客观性和定量性。通过对内容分析法的特性分析，可以得知在使用内容分析法时要着重注意标准统一、程序明确、数据展现。程序明确并不意味着程序固定，针对不同的研究对象、研究条件和研究环境可采取不同的研究程序。一般而言，内容分析法的研究程序主要包括确立研究主题、收集研究资料、确立编码方案、进行正式编码、进行数据分析等步骤。在本书中的具体实施程序如下：

一是确立研究主题。本书的主题是辅导员职业人格特征，也就是需要通过对文献资料的分析，从资料中对高校辅导员的职业人格显性特征和隐性特征进行提取，为后面的研究奠定基础。

二是收集研究资料。本书的研究资料主要取自2013年至2023年的"全国高校辅导员年度人物"的先进事迹，这些文献资料均是文字类的资料，便于分析整理。

三是确立编码方案。本书的编码主要以文献资料为根本，通过对文献资料的反复阅读和斟酌，主要围绕辅导员的心理、职业行为、职业要求来进行编码。

四是进行正式编码。正式编码就是对提取出来的职业人格相关特征进行分类编码，将相同或者非常相近的特征归为一类编制相同的号码，并对该编码标准下的职业人格特征词汇出现的频次进行准确记录。

五是进行数据分析。既要分析与辅导员职业人格最为密切的特征，也要分析出与辅导员职业人格相关度不大的特征；既要对辅导员职业人格相关的显性特征进行分析，也要对辅导员职业人格的隐性特征进行分析。

4. 以"全国高校辅导员年度人物"先进事迹作为分析的蓝本

本项目的研究对象是高校辅导员，这也就决定着文献资料的来源必须与辅导员职业正相关，关联度要非常紧密，并且在文献资料中要能够体现出辅导员职业人格。通过对相关资料的整理发现，"全国高校辅导员年度人物"先进事迹非常适合作为分析的蓝本，之所以选择该群体的事迹作为分析蓝本，具体缘由如下：

一是"全国高校辅导员年度人物"评选活动是由教育部思想政治工作司主办的，属于官方行为，是通过层层推荐、层层选拔最终评选出来的，也就是说这些荣誉获得者以及他们的先进事迹都是经过官方肯定的，其先进事迹的材料质量非常优异，可以为本书的精准性奠定基础。

二是"全国高校辅导员年度人物"先进事迹展现的都是全国辅导员职业领域最优秀辅导员的先进典型事迹，他们的事迹非常具有代表性和榜样性，彰显着优秀辅导员群体的特质，是经过实践考验，在实际工作中磨砺出人格非常正直的辅导员，其事迹中包含的人格特征较为全面，为本书的全面性提供了保障。

三是"全国高校辅导员年度人物"评选活动，每年都举办，从2013年的第六届至2023年的第十五届，共评选了142名，第七届、第八届每年评选11人，第六届、第九届、第十届、第十一届每年评选10人，第十二届、第十三届、第十四届、第十五届则评选了20名，为文献资料的收集提供了数量保障。并且，连年的评选并未中断，从中也能分析出优秀辅导员职业人格特征的发展变化，为本书的差异性提供了保障。

四是评选出来的"全国高校辅导员年度人物"，既有清华大学、复旦大学、上海交通大学等"双一流"高校的辅导员，也有哈尔滨师范大学、陕西科技大学等普通本科院校的辅导员，还有广东轻工职业技术学院、南宁职业技术学院等高职高专院校的辅导员；既有浙江大学等东部发达地区高校的辅导员，也有贵州师范学院等西部欠发达地区的辅导员。这些来自不同地区、不同层次高校的优秀辅导员先进事迹为本书的丰富性提供了非常好的抽样资料。

五是本书的核心是新时代高校辅导员职业人格，也就是说对于文献资料的选取最好是能够在新时代范围之内的。"全国高校辅导员年度人物"自从2006年首届评选，截至2023年已经开展了15届，但是在本书的样本选取中，并未将15届的获奖者全部选取，而是选取了党的十八大以来，也就是2013年以来获奖者的资料，这些资料更具时代性，更能体现新时代高校辅导员的魅力人格。

2013年至2023年的全国高校优秀辅导员年度人物共计142名，这142名"全国高校辅导员年度人物"的先进事迹真实可靠、内容丰富、情节感人，在仔细研究了他们的先进事迹后，笔者被他们优秀的人格所折服，他们每个人身上都散发着新时代优秀辅导员应有的人格魅力。纵然他们的事迹不一样，但是他们先进事迹所折射的道德高尚、一心为生、乐于奉献、善于创新等人格魅力是一样的。通过对他们基本信息的梳理，具体情况如表3-1所示：

表 3-1　142 名"全国高校辅导员年度人物"基本情况

项目	类别	人数	比例	项目	类别	人数	比例
性别	男	48	33.80%	行政级别	正处	2	1.41%
	女	94	66.20%		副处	52	36.62%
出生年代	20世纪60年代	13	9.15%		正科	49	34.51%
	20世纪70年代	26	18.31%		副科	10	7.04%
	20世纪80年代	91	64.08%		无	29	20.42%
	20世纪90年代	12	8.45%	职称	高级	7	4.93%
民族	汉族	115	80.99%		副高级	45	31.69%
	少数民族	27	19.01%		中级	85	59.86%
学校层次	重点大学	80	56.34%		初级	3	2.11%
	普通本科	55	38.73%		无	2	1.41%
	高职专科	7	4.93%	辅导员岗位年限	1~3年	3	2.11%
学历	本科	16	11.27%		4~8年	29	20.42%
	硕士	84	59.15%		9~12年	37	26.06%
	博士在读	27	19.01%		13~17年	45	31.69%
	博士	15	10.56%		18年及以上	28	19.72%

5. 内容分析资料的获取过程

（1）编码标准的确定

通过对142名"全国高校辅导员年度人物"的先进事迹文本资料中辅导员职业人格特征关键词进行梳理，得出新的高校辅导员职业人格要素及其维度分析表，其中包含5个维度和44项关键要素，这44项关键要素将作为下一步编码标准，如表3-2所示：

表 3-2　高校辅导员职业人格要素及其维度分类

维度	要素
职业认知	终身学习、明察、聪慧、学识渊博、兴趣爱好广泛、审美情趣
职业情感	温和、宽容、同情、仁慈、廉洁、尽责、善良、诚信、职业认同
职业意志	自律、乐观、坚定、严谨、耐心、冷静、思维敏捷、激情、精准、坚守、自尊、自爱、自强、自省、积极进取、及时出现、乐于奉献、走近学生、身体力行

第三章 新时代对高校辅导员职业人格的新要求

续表

维度	要素
职业理想	理想信念坚定、崇高信仰、家国情怀
职业能力	价值引领能力、谈心谈话能力、创新能力、写作能力、授课能力、人际交往能力、网络思想政治教育能力

（2）进行正式编码。具体操作如下：一是以142份先进事迹文本为原始资料，结合44项人格特征相关词汇，对每个文本进行针对性分析（见表3-3所示的2个分析单元的片段节选）；二是将每个辅导员的先进事迹文本作为一个分析单位，共计142个分析单元；三是从每个分析单元中依据同一主题和同一标准提取出相应的关键人格特征词汇，并进行登记和编码；四是对编码标准下的人格特征词汇出现的频次进行准确记录（见表3-4所示）。

表3-3 内容分析法分析资料示例

文本编号22：哈尔滨工业大学辅导员马云香
困难面前，她总是与学生"黏"在一起。无论何时，只要学生有困难，一个电话、一个短信，她都会在第一时间出现。家在新疆的小刘寒假期间留校高烧不退，父母无法赶来。马云香带着小刘奔走于各大医院确诊并悉心照料……每个寒暑假她都闲不住，对不及格学生坚持"深谈定计划、学霸线上帮、考前多鼓劲"的"假期三部曲"。就是这股"一个也不放弃"的韧劲，让学生彻底"佩服"和"蜕变"了。她用3500余个日日夜夜不离不弃的陪伴与守护，换来1329名学生零降级、零试读、零警示，毕业率100%的丰厚回报

人格特征词：1. 及时出现；2. 同情；3. 乐于奉献；4. 坚守；5. 尽责

文本编号25：中国石油大学（华东）辅导员石国卿
2014级高体新生刚入校时，大部分学生还没有从运动员的身份转换到大学生的身份，常常出现旷课、在网吧刷夜的现象。为了引导他们适应大学生活，养成良好的学风和生活习惯，石国卿邀请他们同饮"老石下午茶"，与他们促膝长谈，给他们推荐阅读书目，手把手教他们写"青春蜕变"学业规划书，早晨深入宿舍提供"叫醒"服务，亲自动手带领学生打扫出卫生样板宿舍

人格特征词：1. 谈心谈话能力；2. 价值引领能力；3. 走近学生；4. 身体力行；5. 尽责

表3-4 44项辅导员职业人格特征词的频数分布（N=44）

关键素质特征	累计频次	百分比（%）	排序
价值引领能力	142	100.0%	1
仁慈	140	98.6%	2
聪慧	138	97.2%	3
职业认同	138	97.2%	4
诚信	137	96.5%	5
积极进取	135	95.1%	6
尽责	133	93.7%	7
温和	132	93.0%	8
同情	131	92.3%	9
自尊	124	87.3%	10
坚定	124	87.3%	11
善良	123	86.6%	12
创新能力	121	85.2%	13
耐心	109	76.8%	14
崇高信仰	102	71.8%	15
思维敏捷	100	70.4%	16
家国情怀	97	68.3%	17
理想信念坚定	95	66.9%	18
走近学生	88	62.0%	19
乐观	88	62.0%	20
人际交往能力	86	60.6%	21
激情	85	59.9%	22
乐于奉献	83	58.5%	23
自强	81	57.0%	24
身体力行	78	54.9%	25
自省	74	52.1%	26

续表

关键素质特征	累计频次	百分比（%）	排序
谈心谈话能力	73	51.4%	27
坚守	71	50.0%	28
终身学习	62	43.7%	29
学识渊博	57	40.1%	30
写作能力	57	40.1%	31
授课能力	57	40.1%	32
宽容	52	36.6%	33
冷静	48	33.8%	34
网络思想政治教育能力	48	33.8%	35
明察	48	33.8%	36
严谨	40	28.2%	37
精准	33	23.2%	38
及时出现	19	13.4%	39
兴趣爱好广泛	14	9.9%	40
廉洁	5	3.5%	41
自爱	5	3.5%	42
审美情趣	5	3.5%	43
自律	3	2.1%	44

6. 研究结果分析

（1）出现频次高的特征词值得关注

通过对142名全国高校优秀辅导员年度人物的先进事迹文本分析，以及对辅导员职业人格相关特征词的出现频次分析，可以发现累计频次以百分比计算超过90%的共计有9项，分别是价值引领能力、仁慈、聪慧、职业认同、诚信、积极进取、尽责、温和、同情。这9项特征词排在前列，足以证明它们是构成辅导员职业人格结构的关键要素。所以，在塑造辅导员职业人格时，需要对这些关键要素高度重视。

(2) 出现频次较低的素质特征词

通过 44 项辅导员职业人格特征词的频数分布表可以发现，有 4 项人格特征词出现的频次低于 10 次，分别是廉洁、自爱、审美情趣、自律。这些词汇出现的频次较低，并不能直接证明它们跟辅导员职业人格的关系不够密切，需要从两方面来加以分析。一是直接相关度不够紧密但并非不重要。从直接相关度方面来讲，以上 4 个特征词确实与辅导员职业人格有一定直接关系。廉洁而公平公正在辅导员工作中非常重要，毕竟每个辅导员至少都是面对 200 人，一旦在工作中有失公正，对辅导员的职业人格影响较大。自爱也是辅导员品质的一种，当下的诱惑太多，辅导员要牢记职业准则，规范自身言行，是人格修养的表现，对学生可以起到典型示范的作用。审美情趣是个人修养的展现，要培育学生具备美的素养，首先教育者要有审美情趣，具备审美情趣的辅导员更能发现学生身上的优点，能够为工作的顺利开展增添力量，也更能释放辅导员的人格魅力。自律是辅导员工作中非常重要的方面，辅导员要先律己才能律人。总的来讲，这 4 项特征词汇对于辅导员职业人格来讲也非常重要，只是重要的程度不同，更多的是锦上添花的作用。之所以出现的频次较低，是因为在辅导员的职业人格展现方面，教育对象对辅导员职业人格的其他要素要求更高或者需要更为强烈。二是特定的场景导致特定词汇的出现频次降低。在本书中，研究对象是"全国高校辅导员年度人物"，他们都是万里挑一的优秀者，有些人格素质特征对普通辅导员来讲比较重要，但是对这些"全国高校辅导员年度人物"来讲，已经是低标准的要求，是其必备的素质。同时，由于"全国高校辅导员年度人物"的先进事迹材料对字数也有一定要求，他们在撰写事迹材料的过程中需要用精练的笔墨将自身更为核心、更为重要、更具竞争力的内容在有限的篇幅内呈现出来，所以对于自爱、审美情趣等非核心的内容进行省略，在一定程度上也降低了这些特征词汇出现的频次，但并不能说明这些特征词汇与辅导员职业人格不相关、不重要。

总的来讲，通过内容分析法整理出了与新时代高校辅导员职业人格特征相关的 44 项素质特征词汇，这 44 项与辅导员职业人格相关的素质特征词汇共同构成了新时代高校辅导员职业人格的结构要素。

本书假定新时代高校辅导员职业人格是一个二阶五因子结构，即一阶为"新时代高校辅导员职业人格结构"，二阶五因子为"职业认知、职业情感、职业意志、职业理想、职业能力"。具体结构模型图详见图 3-1[①]。

---

① 刘世勇. 高校辅导员职业认同研究 [D]. 武汉：中国地质大学，2014：27.

```
         新时代高校辅导员职业人格结构
   ┌──────┬──────┬──────┬──────┬──────┐
 职业认知 职业情感 职业意志 职业理想 职业能力
```

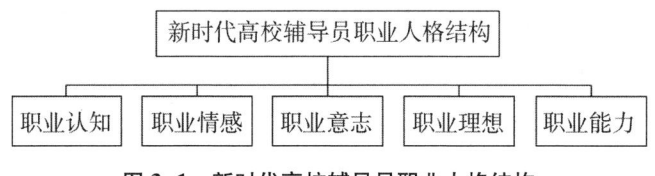

图 3-1　新时代高校辅导员职业人格结构

（三）新时代高校辅导员职业人格结构的实证探索与验证

1. 新时代高校辅导员职业人格预调查量表的编制

通过对 142 名"全国高校辅导员年度人物"的事迹分析，提取出了 44 项辅导员职业人格特征词汇，并从 5 个维度对 44 项特征词汇进行了分类，依据 44 项辅导员职业人格特征词汇形成了"新时代高校辅导员职业人格测评问卷（征求意见稿）"。为确保问卷的科学性和准确性，将该问卷向统计学、心理学和思想政治教育学领域的专家进行了咨询并征求了相关意见，并向 30 名辅导员发放问卷进行施测并征求意见。在整理相关专家意见和施测辅导员意见的基础上，最终形成了"新时代高校辅导员职业人格调查初始问卷"（详见附件一）。

2. 研究目的

通过问卷调查的方式进行预调研，探索新时代高校辅导员职业人格的实证结构，特别是对构成辅导员职业人格的 44 项人格结构要素进行检验，根据预调研的结果检验并修正新时代高校辅导员职业人格的初步构想结构，并最终确定新时代高校辅导员职业人格结构维度和职业人格结构构成要素，并以此为根据建立新时代高校辅导员职业人格状况调研问卷。

3. 研究方法

（1）研究对象

采取整群分层抽样的方法选取了广西、湖南、上海、河南、湖北等省份高校的辅导员作为预调研对象。

（2）研究工具

自编《新时代高校辅导员职业人格调查初始问卷》（详见附件一），问卷对量表中（问卷第二大题）每个题目均采用李克特量表 5 点计分法，重要程度为评判量尺，其中"1"代表完全不重要，"5"代表特别重要，从 1 到 5 由弱到强依次上升。最后通过使用统计分析软件 SPSS24.0 对所收集的数据进行分析。

（3）研究程序

施测：选取广西、湖南、上海、河南、湖北等省份高校的 240 名辅导员作为施测对象进行问卷调研，回收问卷 235 份，回收率约为 97.9%，其中有效问卷225份,有效率约为95.7%。

数据分析:将最终有效问卷的数据进行项目分析、效度分析、探索性因素分析、信度与结构效度分析,最终确定新时代高校辅导员职业人格结构模型和结构构成要素。

4. 研究结果

(1) 高校辅导员职业人格测评初始问卷的具体条目(见表3-5)

表3-5 预调研高校辅导员基本信息频数分析结果

名称	选项	频数	百分比(%)
性别	①男	115	51.11
	②女	110	48.89
合计		225	100
学历	①专科	0	0.00
	①本科	37	16.44
	②硕士	179	79.56
	③博士	9	4.00
合计		225	100
职称	①初级	108	48.00
	②中级	101	44.89
	③副高级	15	6.67
	④正高级	1	0.44
合计		225	100
行政级别	①科员级	119	52.89
	②科长级	68	30.22
	③副处级	35	15.56
	④正处级及以上	3	1.33
合计		225	100
婚姻状况	①已婚	123	54.67
	②未婚	102	45.33
合计		225	100

续表

名称	选项	频数	百分比（%）
从事辅导员工作时间	①1~3 年	113	50.22
	②4~8 年	57	25.33
	③9~12 年	35	15.56
	④13~17 年	17	7.56
	⑤18 年及以上	3	1.33
合计		225	100.00

初始问卷的 44 个初始项目均来自 142 名"全国高校辅导员年度人物"先进事迹的内容分析。这 44 个项目分别是善良、理想信念坚定、家国情怀、崇高信仰、诚信、尽责、终身学习、兴趣爱好广泛、审美情趣、廉洁、宽容、积极进取、及时出现、乐于奉献、走近学生、身体力行、坚守、精准、聪慧、学识渊博、仁慈、职业认同、自律、自爱、冷静、自尊、温和、自强、同情、思维敏捷、激情、价值引领能力、自省、谈心谈话能力、坚定、乐观、人际交往能力、耐心、创新能力、明察、严谨、写作能力、授课能力、网络思想政治教育能力。

（2）项目分析

在进行信效度检验之前，一般要先对问卷信息进行项目分析，项目分析（区分度分析）目的在于确定问卷量表研究项目是否有效和合适。项目分析的原理在于，首先对分析项求和，然后将求和数据分成三部分（通常是按照百分位数，27% 和 73%），分为低分组、中分组和高分组。低于 27% 分位数的数据则为低分组，27%~73% 之间称为中分组；高于 73% 则称为高分组，然后使用 T 检验去对比高分和低分组别的差异情况，如果具有明显的差异，则说明具有良好的区分性。反之则说明数据区分性差。如果区分性差，则很可能需要将对应的研究项进行删除处理。本书对所收集的问卷量表数据进行统分处理，完成之后，进行独立样本 T 检验，具体结果如下（表 3-6）：

表 3-6 项目分析（区分度）分析结果

	组别（平均值±标准差）		t（决断值）	p（显著性）	是否应保留
	低分组（$n=62$）	高分组（$n=65$）			
善良	3.82±0.80	4.98±0.13	-11.287	0.000 **	保留
理想信念坚定	3.27±0.98	5.00±0.00	-13.896	0.000 **	保留

续表

| | 组别（平均值±标准差） | | t | p | 是否 |
	低分组（$n=62$）	高分组（$n=65$）	（决断值）	（显著性）	应保留
家国情怀	3.63±0.77	5.00±0.00	−13.962	0.000**	保留
崇高信仰	3.97±0.72	5.00±0.00	−11.233	0.000**	保留
诚信	3.65±0.81	5.00±0.00	−13.142	0.000**	保留
尽责	3.94±0.79	5.00±0.00	−10.656	0.000**	保留
终身学习	2.98±1.15	5.00±0.00	−13.778	0.000**	保留
兴趣爱好广泛	2.29±0.88	4.84±0.41	−20.729	0.000**	保留
审美情趣	2.18±1.02	4.84±0.41	−19.099	0.000**	保留
廉洁	3.32±0.70	5.00±0.00	−18.977	0.000**	保留
宽容	3.32±0.72	5.00±0.00	−18.366	0.000**	保留
积极进取	3.53±0.82	5.00±0.00	−14.022	0.000**	保留
及时出现	3.35±0.68	5.00±0.00	−19.054	0.000**	保留
乐于奉献	2.98±0.78	5.00±0.00	−20.388	0.000**	保留
走近学生	3.73±0.68	5.00±0.00	−14.720	0.000**	保留
身体力行	2.95±0.69	5.00±0.00	−23.451	0.000**	保留
坚守	2.63±0.75	5.00±0.00	−24.836	0.000**	保留
精准	3.02±0.64	5.00±0.00	−24.409	0.000**	保留
聪慧	3.68±0.62	5.00±0.00	−16.761	0.000**	保留
学识渊博	2.50±0.90	4.97±0.25	−20.761	0.000**	保留
仁慈	3.81±0.62	5.00±0.00	−15.085	0.000**	保留
职业认同	3.35±0.66	4.97±0.25	−18.071	0.000**	保留
自律	2.92±0.80	5.00±0.00	−20.596	0.000**	保留
自爱	3.63±0.63	5.00±0.00	−17.045	0.000**	保留

续表

	组别（平均值±标准差）		t（决断值）	p（显著性）	是否应保留
	低分组（$n=62$）	高分组（$n=65$）			
冷静	3.48±1.00	5.00±0.00	-11.891	0.000**	保留
自尊	3.53±0.69	5.00±0.00	-16.637	0.000**	保留
温和	3.03±0.87	5.00±0.00	-17.855	0.000**	保留
自强	3.10±0.88	5.00±0.00	-16.997	0.000**	保留
同情	3.35±0.93	5.00±0.00	-14.004	0.000**	保留
思维敏捷	3.18±0.74	5.00±0.00	-19.497	0.000**	保留
激情	2.89±0.89	5.00±0.00	-18.714	0.000**	保留
价值引领能力	3.90±0.67	5.00±0.00	-12.881	0.000**	保留
自省	2.65±0.89	5.00±0.00	-20.861	0.000**	保留
谈心谈话能力	3.65±0.60	5.00±0.00	-17.686	0.000**	保留
坚定	3.40±0.53	5.00±0.00	-23.873	0.000**	保留
乐观	3.34±0.60	5.00±0.00	-21.838	0.000**	保留
人际交往能力	3.58±0.59	5.00±0.00	-19.004	0.000**	保留
耐心	3.08±0.77	5.00±0.00	-19.512	0.000**	保留
创新能力	2.76±0.74	5.00±0.00	-23.867	0.000**	保留
明察	3.60±0.69	5.00±0.00	-16.047	0.000**	保留
严谨	2.65±0.94	5.00±0.00	-19.672	0.000**	保留
写作能力	3.00±0.83	4.98±0.13	-18.609	0.000**	保留
授课能力	3.15±0.81	5.00±0.00	-18.105	0.000**	保留
网络思想政治教育能力	3.34±0.87	5.00±0.00	-15.082	0.000**	保留

注：*$p<0.05$ **$p<0.01$

表3-7为初始问卷的44个题目的项目分析结果,根据统计学规定,若显著性那一栏的值小于0.05,则为显著,表示两个组之间存在差异,即有鉴别度。通过项目分析可以发现本书的44个题目都具有鉴别度,因此应全部予以保留。

(3) 效度分析

在测量方面,效度指一种测量手段能够测得预期结果的程度。从统计学角度可把效度(r_{XY})定义为潜在真分数方差与实得分数方差的比率,公式为:

$$r_{XY}=\frac{\sigma_r^2}{\sigma_x^2}$$

量表效度是对量表真实性的衡量,量表效度检验就是测量量表创造者从多方面收集的相关理论和实证依据,从而证明该量表可以对真实情况做出有效分析。

分析KMO值:如果此值高于0.8,则说明效度高;如果此值介于0.7~0.8,则说明效度较好;如果此值介于0.6~0.7,则说明效度可接受;如果此值小于0.6,则说明效度不佳。如果效度不佳,或者因子与题项对应关系与预期严重不符,则考虑对题项进行删除。

本书使用KMO检验和Bartlett球形检验对量表效度进行检验(见表3-7)。其中,Bartlett球形检验判断依据为是否为单位矩阵,如果是,说明检验变量之间相互独立,不适合做因子分析。大多研究者使用SPSS数据统计软件进行检验,当$p<0.05$时,证明变量之间相关,可以进行因子分析,说明具有良好效度。

表3-7 KMO和Bartlett的检验

KMO值		0.966
Bartlett球形度检验	近似卡方	14170.290
	df	946
	p 值	0.000

使用KMO和Bartlett检验进行效度验证,从表3-7可以看出KMO值为0.966,KMO值大于0.8,研究数据效度非常好。

(4) 探索性因素分析

探索性因素分析法是一项用来找出多元观测变量的本质结构并进行处理降维的技术。因而,探索性因素分析能够将具有错综复杂关系的变量综合为少数几个核心因子。就探索性因素分析而言,就是在检验问卷量表的建构效度。探索性因素分析的"探索"表示研究者在因素分析程序中可能要经由多次的因素分析程序,才能求出问卷的最佳因素结构。本书通过SPSS24.0进行因子分析,具体结果如下(见表3-8):

表3-8 第一次探索性因素分析结果

名称	因子载荷系数					共同度
	因子1	因子2	因子3	因子4	因子5	(公因子方差)
善良	0.259	0.777	0.204	0.132	0.076	0.735
理想信念坚定	0.280	0.798	0.251	0.318	0.118	0.894
家国情怀	0.231	0.826	0.236	0.178	0.182	0.856
崇高信仰	0.293	0.791	0.034	0.072	0.248	0.779
诚信	0.247	0.724	0.362	0.269	0.179	0.820
尽责	0.188	0.742	0.348	0.174	0.222	0.787
终身学习	0.272	0.572	0.410	0.506	0.181	0.857
兴趣爱好广泛	0.404	0.335	0.255	0.671	0.204	0.833
审美情趣	0.401	0.396	0.198	0.702	0.167	0.878
廉洁	0.293	0.588	0.332	0.420	0.273	0.792
宽容	0.345	0.474	0.287	0.423	0.389	0.756
积极进取	0.436	0.505	0.183	0.292	0.441	0.758
及时出现	0.463	0.328	0.258	0.354	0.433	0.701
乐于奉献	0.444	0.441	0.363	0.372	0.402	0.824
走近学生	0.314	0.271	0.321	0.228	0.624	0.717
身体力行	0.444	0.339	0.359	0.375	0.519	0.850
坚守	0.422	0.387	0.426	0.441	0.428	0.887
精准	0.456	0.326	0.337	0.368	0.533	0.847

123

续表

名称	因子载荷系数					共同度（公因子方差）
	因子1	因子2	因子3	因子4	因子5	
聪慧	0.351	0.183	0.206	0.195	0.730	0.770
学识渊博	0.505	0.320	0.355	0.530	0.266	0.835
仁慈	0.518	0.200	0.290	−0.003	0.638	0.800
职业认同	0.464	0.432	0.417	0.154	0.361	0.730
自律	0.377	0.424	0.619	0.361	0.214	0.881
自爱	0.318	0.382	0.684	0.114	0.332	0.838
冷静	0.239	0.361	0.735	0.230	0.207	0.823
自尊	0.395	0.210	0.666	0.131	0.310	0.758
温和	0.384	0.298	0.684	0.334	0.217	0.863
自强	0.346	0.415	0.647	0.343	0.224	0.879
同情	0.174	0.664	0.427	0.385	0.191	0.839
思维敏捷	0.595	0.280	0.390	0.356	0.196	0.750
激情	0.518	0.276	0.490	0.469	0.210	0.849
价值引领能力	0.638	0.375	0.200	−0.064	0.394	0.746
自省	0.675	0.321	0.327	0.438	0.144	0.878
谈心谈话能力	0.667	0.288	0.421	0.057	0.270	0.781
坚定	0.713	0.289	0.299	0.232	0.250	0.798
乐观	0.678	0.306	0.386	0.238	0.200	0.800
人际交往能力	0.787	0.242	0.182	0.177	0.279	0.820
耐心	0.693	0.299	0.245	0.367	0.262	0.833
创新能力	0.677	0.279	0.338	0.427	0.230	0.886
明察	0.657	0.367	0.287	0.158	0.287	0.756
严谨	0.582	0.367	0.389	0.491	0.141	0.885

续表

名称	因子载荷系数					共同度（公因子方差）
	因子1	因子2	因子3	因子4	因子5	
写作能力	0.680	0.286	0.233	0.424	0.163	0.804
授课能力	0.727	0.163	0.198	0.379	0.230	0.790
网络思想政治教育能力	0.723	0.149	0.114	0.279	0.385	0.783
特征根值（旋转前）	30.031	2.401	1.291	1.222	0.805	—
方差解释率（旋转前）	68.251%	5.456%	2.934%	2.776%	1.829%	—
累积方差解释率（旋转前）	68.251%	73.708%	76.642%	79.419%	81.247%	—
特征根值（旋转后）	10.620	8.641	6.471	5.290	4.727	—
方差解释率（旋转后）	24.137%	19.639%	14.707%	12.022%	10.742%	—
累积方差解释率（旋转后）	24.137%	43.776%	58.483%	70.505%	81.247%	—

本书为了涵盖原始数据更多的信息，以累积贡献率大于80%为划分标准，共划分出5个因子，逐个剔除因子载荷数小于0.6的条目以及双重或多重载荷非常接近的条目，经过5次探索性因素分析，共剔除了精准、学识渊博、职业认同、谈心谈话能力等15项因素，最终留下温和、宽容、同情、仁慈等29项因素，该29项因素划分结果如下表（见表3-9）：

表3-9 最后一次探索性因素分析结果

名称	因子载荷系数					共同度（公因子方差）
	因子1	因子2	因子3	因子4	因子5	
温和	0.177	0.792	0.021	-0.020	-0.040	0.661

续表

名称	因子载荷系数					共同度（公因子方差）
	因子1	因子2	因子3	因子4	因子5	
宽容	0.159	0.875	0.045	-0.051	0.079	0.801
同情	0.188	0.872	0.182	0.147	0.015	0.851
仁慈	0.114	0.858	0.072	0.164	0.017	0.782
廉洁	0.166	0.890	0.141	0.125	-0.010	0.856
尽责	0.170	0.870	0.169	0.149	0.044	0.838
善良	0.160	0.876	0.174	0.099	-0.037	0.834
诚信	0.144	0.881	-0.002	-0.050	0.069	0.805
终身学习	0.092	-0.033	-0.105	0.098	0.857	0.765
明察	-0.004	-0.008	-0.055	-0.142	0.892	0.819
聪慧	0.149	0.141	0.268	0.219	0.672	0.614
自律	0.904	0.171	0.252	0.188	0.006	0.945
乐观	0.907	0.189	0.242	0.207	-0.009	0.960
坚定	0.917	0.186	0.275	0.137	-0.026	0.970
严谨	0.909	0.178	0.237	0.145	0.020	0.935
耐心	0.910	0.179	0.273	0.134	-0.002	0.953
冷静	0.892	0.193	0.204	0.219	0.044	0.925
自尊	0.907	0.181	0.244	0.194	0.005	0.952
自爱	0.907	0.206	0.251	0.188	0.018	0.964
自强	0.861	0.160	0.191	0.110	0.228	0.868
自省	0.839	0.161	0.180	0.085	0.256	0.835
理想信念坚定	0.416	0.179	0.308	0.770	0.035	0.894
崇高信仰	0.264	0.067	0.280	0.791	0.058	0.783

续表

名称	因子载荷系数					共同度（公因子方差）
	因子1	因子2	因子3	因子4	因子5	
家国情怀	0.358	0.148	0.247	0.837	0.076	0.917
创新能力	0.448	0.186	0.743	0.259	0.011	0.854
写作能力	0.380	0.145	0.784	0.263	0.018	0.849
授课能力	0.352	0.114	0.851	0.118	0.031	0.877
人际交往能力	0.337	0.136	0.764	0.217	0.003	0.763
网络育人能力	0.284	0.130	0.845	0.133	-0.010	0.830
特征根值（旋转前）	14.545	4.632	2.267	2.015	1.238	-
方差解释率（旋转前）	50.154%	15.974%	7.818%	6.948%	4.270%	-
累积方差解释率（旋转前）	50.154%	66.128%	73.945%	80.893%	85.163%	-
特征根值（旋转后）	9.294	6.493	4.190	2.589	2.132	-
方差解释率（旋转后）	32.047%	22.389%	14.448%	8.928%	7.351%	-
累积方差解释率（旋转后）	32.047%	54.435%	68.884%	77.812%	85.163%	-

根据最后一次探索性因素分析的结果可知：5个因子的方差解释率分别是32.047%、22.389%、14.448%、8.928%、7.351%，累积方差解释率为85.163%＞50%，且所有研究项对应的共同度值均高于0.6，意味着研究项的信息量可以被有效地提取出来。因子载荷系数绝对值大于0.6时即说明选项和因子有对应关系。

根据前面的探索性因素分析，最终得出了新时代高校辅导员职业人格结构模型，它是由29项职业人格特征与5个因子组成，这与之前理论建构所划分的

5个因子数相同。根据每一个条目的实际内涵，发现之前理论建构的职业认知、职业情感、职业意志、职业理想、职业能力都不尽相同。各个因子包含的题目具体如下：

因子1命名为"职业认知"，共3个条目：终身学习、明察、聪慧。

因子2命名为"职业情感"，共8个条目：温和、宽容、同情、仁慈、廉洁、尽责、善良、诚信。

因子3命名为"职业意志"，共10个条目：自律、乐观、坚定、严谨、耐心、冷静、自尊、自爱、自强、自省。

因子4命名为"职业理想"，共3个条目：理想信念坚定、崇高信仰、家国情怀。

因子5命名为"职业能力"，共5个条目：创新能力、写作能力、授课能力、人际交往能力、网络思想政治教育能力。

（5）信度与结构效度分析

在此次调查中，本书对问卷量表使用的信度分析方法为α信度系数法，即克隆巴赫系数，用于评价问卷的内部一致性。α取值范围为0<α<1，α系数越高，信度越高，问卷的内部一致性越好，Cronbach'α系数不仅适用于两级计分的问卷，还适用于多级计分的问卷，其计算公式如下：

$$\alpha = \left(\frac{k}{k-1}\right)\left(1 - \frac{\Sigma s_i^2}{s_x^2}\right)$$

其中，α为信度系数，k为测验题目总分，s_i^2是某一题目得分的方差，s_x^2是整个测验分数的方差。

在基础研究中，信度至少应达到0.80才可接受；在探索性研究中，信度只要达到0.70就可接受。介于0.70~0.98均属可接受信度，即表明这些题项具有良好的内部一致性和稳定性，从而反映出该量表具有较高的可靠性。而低于0.35则为低信度，必须重新设计。

本书运用统计软件SPSS24.0对量表进行内部一致性检验，用Cronbach α系数来表示。各量表校正的项总计相关性，也称CITC值，通常CITC值大于0.3时，说明该题项与另外的题项之间具有较高的相关性，该项可予以保留（详见表3-10）。

表 3-10 新时代高校辅导员职业人格测评量表的 Cronbach 信度分析结果

维度	名称	分维度 Cronbach α 系数	校正项总计相关性（CITC）	项已删除的 α 系数	Cronbach α 系数
职业情感	温和	0.962	0.387	0.885	0.887
	宽容		0.407	0.884	
	同情		0.529	0.882	
	仁慈		0.437	0.884	
	尽责		0.368	0.889	
	善良		0.381	0.894	
	诚信		0.309	0.893	
	廉洁		0.380	0.888	
职业认知	终身学习	0.870	0.338	0.889	
	明察		0.312	0.892	
	聪慧		0.387	0.885	
职业意志	自尊	0.958	0.302	0.890	
	自爱		0.330	0.891	
	自强		0.387	0.888	
	自省		0.307	0.893	
	自律		0.748	0.877	
	乐观		0.759	0.877	
	坚定		0.746	0.878	
	严谨		0.720	0.878	
	耐心		0.734	0.878	
	冷静		0.743	0.878	
职业理想	理想信念坚定	0.912	0.665	0.879	
	崇高信仰		0.550	0.883	
	家国情怀		0.626	0.881	
职业能力	创新能力	0.946	0.725	0.877	
	写作能力		0.682	0.878	
	授课能力		0.657	0.879	
	人际交往能力		0.658	0.880	
	网络思想政治教育能力		0.628	0.880	

注：标准化 Cronbach α 系数：0.897

从表 3-10 可知总体信度系数值为 0.887，大于 0.8，且分维度的信度系数值均大于 0.7，因而说明研究数据信度质量很高。针对"相关性项已删除的 α 系数"，任意题项被删除后，信度系数并不会有明显的上升，因此说明题项不应该被删除处理。

针对CITC值而言，分析项的CITC值均大于0.3，说明分析项之间具有良好的相关关系，也可说明该量表信度水平良好。综上所述，研究数据信度系数值高于0.8，综合说明数据信度质量高，可用于进一步分析。

（5）结构效度分析。

结构效度是指测验能够测量到假设性的理论结构的程度。各因子与总分之间的相关系数均明显高于各因子之间的相关系数，表明问卷结构效度良好（见表3-11）。

表3-11 新时代高校辅导员职业人格测评各因子与总分之间的相关矩阵

	职业情感	职业认知	职业意志	职业理想	职业能力	总问卷
职业情感	1					
职业认知	0.232*	1				
职业意志	0.394**	0.184**	1			
职业理想	0.320**	0.178**	0.603**	1		
职业能力	0.345**	0.228**	0.653**	0.626**	1	
总问卷	0.630**	0.391**	0.836**	0.788**	0.814**	1

注：* $p<0.05$ ** $p<0.01$

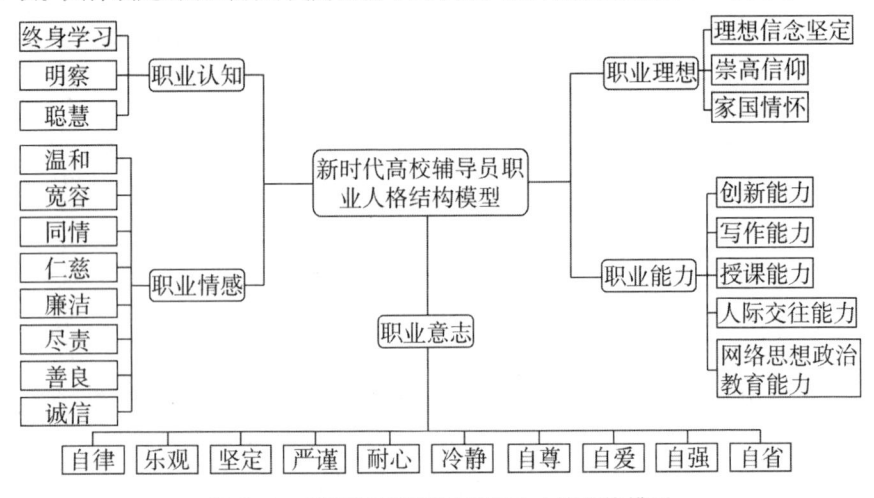

（四）新时代高校辅导员职业人格结构模型的确立

根据上述探索性因素分析，最终得出新时代高校辅导员职业人格结构，它是由5个维度和29项人格素质构成，相比于预调研之前的新时代高校辅导员职业人格结构预想，宏观性的5个维度没有变化，但是在微观性的具体构成要素上由44项修正为29项。具体确定的最终新时代高校辅导员职业人格结构模型如图3-2所示：

图3-2 新时代高校辅导员职业人格结构模型

基于 2013 年至 2023 年连续 10 年的"全国高校辅导员年度人物"先进典型事迹文本，采用内容分析法对其进行质性分析，并通过问卷进行实证探索与验证，构建出的新时代高校辅导员职业人格结构包含了职业认知、职业情感、职业意志、职业理想、职业能力等五方面。通过实证调研得出的新时代高校辅导员职业人格结构恰恰与当前学界从理论层面划分的结果高度契合、相互印证，可以证明在本书中通过实证探索与验证得出的新时代高校辅导员职业人格结构具有充分的说服力。

四、新时代高校辅导员的职业人格结构规范

新时代对高校辅导员工作提出了新要求，相应地，高校辅导员的职业人格须与新时代的要求相匹配，依据新时代高校辅导员职业人格结构模型和要素构成，新时代高校辅导员职业人格结构规范具体体现在如下五方面。

（一）新时代高校辅导员要有理性透彻的职业认知

习近平总书记在学校思想政治理论课教师座谈会上要求思政课教师"视野要广，有知识视野、国际视野、历史视野，通过生动、深入、具体的纵横比较，把一些道理讲明白、讲清楚"[①]。习近平总书记的指示既是对思政课教师的要求，也是对新时代辅导员的要求。新时代要求辅导员要对辅导员职业有透彻清晰的认知，要具备专业广博的知识素养，最主要还是解决来自学生的需求。新时代的大学生思维活跃，关注面广，具有刨根问底的精神，这对辅导员的知识素养产生了极大的挑战。特别是在信息技术高度发展的媒体时代，辅导员要做好"传道""授业""解惑"的工作，必须具备理性透彻的职业认知。在新时代大学生的发展过程中，他们会遇到形形色色的问题，会产生各种各样的困惑，当辅导员能够利用自身的知识素养帮助学生解决困惑时，学生会更加"亲其师而信其道"，这样不仅能展示辅导员的人格魅力，更能方便学生工作的开展。相反，当辅导员对于学生提出的困惑一问三不知时，学生便会对辅导员的职业素质能力产生怀疑，辅导员在学生心目中的人格形象就会受损甚至崩塌。新时代高校辅导员理性透彻的职业认知主要体现在三方面：聪慧、明察、终身学习。

聪慧是指辅导员学识渊博、视野开阔，充满智慧，"能够得心应手地以自己的思维能力和知识储备解决工作中的各种难题，并将其总结升华为较为系统的

---

① 张烁. 习近平主持召开学校思想政治理论课教师座谈会强调：用新时代中国特色社会主义思想铸魂育人 贯彻党的教育方针落实立德树人根本任务[N]. 人民日报, 2019-03-19 (1).

经验和思想"①。大学生希望自己的辅导员是聪慧的辅导员，当遇到困惑时，辅导员能够通过自身的聪明才智为自己答疑释惑。特别是信息时代，学生接触的事物多了，疑惑也相应增多。教育者给人一碗水，就需要自己有一桶水。为了避免面临无法为学生解惑的问题，高校辅导员必须日常积累和不断学习，提升自己的从教素质和职业能力，要有专业对口的知识，还要有广博的通用知识和宽阔的胸怀和视野。当然，聪慧型辅导员还需要具备的是学习、处世、生活、育人等方面的智慧，既授人以鱼，又授人以渔，在除指导学生学习之外，还能在各方面给予学生指导和帮助。

明察是指能够准确洞察出问题的能力和本领。辅导员在工作中面对的学生群体有着多元的个性和特点，学生们会遇到各种各样的问题，但并不是所有问题都可以直接反馈给辅导员，恰恰很多问题是需要辅导员自己去察觉。明察需要以深厚的知识素养和丰富的工作经验为基础。辅导员的工作是要确保学生的健康发展，学生在学习与生活过程中遇到各种问题、困难和困惑是难免的，有的学生遇到问题时会直接反馈给辅导员，而有的学生由于性格内向、不方便他人知道等，并不会告知辅导员，这时就需要辅导员的明察。当辅导员通过明察很好地帮助学生解决问题后，学生会从心底里敬佩辅导员，在一定程度上为辅导员人格加分。

在终身学习方面，时代在不断发展，知识在不断迭代更新，也就决定了辅导员必须树立终身学习的理念，只有在终身学习中才能不断完善自身的知识素养，才能使自己不被时代所淘汰、不被学生所嫌弃。终身学习是一种良好的人格品质，不仅外显为辅导员的知识素养，还可以内化为辅导员的品质涵养。终身学习是时代新人的必备素养，作为育人者的辅导员有责任和义务在终身学习方面为学生树立榜样。作为辅导员，非常重要的一点就是和学生"打成一片"，要了解学生的所想、所思、所求，学生的关注点就应该是辅导员的关注点，如学生日常使用的语言、学生关注的热点事件、学生热衷的娱乐项目等，这都需要辅导员去关注、了解和学习。只有当辅导员真正了解学生，才能更有针对性地教育学生，不至于给学生造成"代际差""无法沟通"的负面印象，才能让学生更加自愿地接纳辅导员的教育。

(二) 新时代高校辅导员要有仁爱无私的职业情感

加强大学生品德修养，要求辅导员体现深爱教育、深爱学生的崇高而深厚

---

① 魏则胜，李敏. 高校辅导员道德素养概论 [M]. 广州：广东高等教育出版社，2018：141.

的师德，以无私的爱心感动学生、帮助学生，还要体现辅导员自身深厚的人文素养和良好的人文精神，以其良好道德教育学生。所谓职业情感，就是指从业者在职业活动过程中培养出的对职业的深厚感情。辅导员的职业情感指辅导员在教育学生和指导学生的工作过程中所具有的情感，主要表现为温和、宽容、同情、仁慈、廉洁、尽责、善良、诚信。

温和是一种性情，主要体现为辅导员在教育和指导学生的过程中不粗暴、讲礼数，是态度上的谦和、行为举止上的文明。中国自古以来就讲究中庸之道，温和恰恰是中庸之道的表现。辅导员工作要做到围绕学生，首先要做到的就是让学生愿意亲近辅导员。太过粗暴的性情只会让学生心生畏惧而对辅导员敬而远之，太过高冷的性情则会让学生望而却步。温和的性情会让学生从心底里愿意和辅导员交往，从而有利于学生工作的开展。

宽容是一种格局，是一种胸怀，是一种至高道德境界的外在表现。每个个体都是独一无二的，所以辅导员面对的新时代大学生之间是千差万别，故需要辅导员能够发现学生间的区别、差异性和多样性，应一视同仁、一碗水端平地尊重学生。新时代大学生虽然已经是成人，但是毕竟尚未走入社会，心智仍在发展。对于大学生出现的问题、犯下的错误，辅导员要抱着宽容的心态来处置，本着为了学生发展的目的，在指出学生不足的同时要有针对性地给予指导和帮助，切忌揪住学生的问题得理不饶人，这样只会适得其反。

同情是对他人的遭遇或行动在感情上发生的共鸣。育人工作是注入情感的工作，缺乏情感只会让工作丧失温度。在辅导员的日常工作中，时常遇到发生在学生身上的各种问题，如学生的感情问题、心理问题、学业问题、发展问题等，当遇到这些问题时，学生是烦恼的，甚至是痛苦的，这时就需要辅导员的同情。辅导员要在同情的作用下感受学生的感受，进而引发和学生情感的共鸣，才能对学生出现的问题进行更具针对性和实效性的教育指导。

仁慈是仁爱与慈善。同情是仁慈的前提和基础，辅导员的仁慈主要表现在工作实践中基于同情的心理意识，是一种期望学生快乐和幸福的道德情感，在此基础上对学生给予慷慨善意和无私关怀的行动才会拥有仁慈的德性。同情更多的是侧重情感上的理解和支持，但是毕竟只是情感层面和道义层面的，也可以不付诸行动。但是，"问题在于改变世界"[1]，同情和仁慈之间差的就是改变的行动。辅导员的工作最终是要落实在行动上的，唯有将希望学生快乐和幸福的情感实现为教育指导学生的行动，辅导员的内心才是仁慈的。

---

[1] 马克思恩格斯选集：第1卷[M].北京：人民出版社，2012：140.

廉洁，通俗地讲就是不贪污，是取之有道的自我节制，是清白做人的重要衡量指标。辅导员拥有干部身份，廉洁自律是对辅导员的职业要求。辅导员的廉洁，主要表现在两方面：一是面向集体，不能做出损公肥私的事情；二是面向学生，不能做出主动或被动从学生身上获取利益的事情。虽然辅导员不像行政管理人员那样手握权力，掌握着很多资源，但是辅导员在职业过程中，往往也掌握着一些影响学生发展的权利，如家庭经济困难学生资格的认定、入党资格、评优评先资格、奖励加分等，一旦辅导员在工作中不能做到廉洁自律，很有可能致使学生对教师的评价、对高等教育的评价，甚至对整个社会公平的评价都产生误解，进而会影响学生一生的发展。

尽责，主要体现为对职业的忠诚和责任担当。在职业忠诚方面，主要是辅导员要热爱自己的职业，抱着"干一行、爱一行、精一行"的信念，朝着专业化、专家化的方向发展，而不是把辅导员岗位当作自己转岗、升职的跳板。特别是当大学生走入社会成为职业人后，一些大学生缺乏职业忠诚，在职业活动中稍有不如意就出现跳槽、转岗的情况，对于大学生的职业长远发展是极为不利的。在职业责任担当方面，在其位谋其职，尽全力完成职业赋予的责任和义务，尽心尽力将工作做好。辅导员工作是良心活，很多职业内容是无法用具体的指标进行衡量的，需要辅导员自身的责任约束。职业尽责是个体责任心的重要展现，辅导员正是在与学生交往的点点滴滴中默默地体现着尽责，也在潜移默化地影响着大学生对于职业的尽责认知。

善良，主要指心地善良，是一种善和美的心理品质。教育者要教育受教育者向善、向美。我们的社会虽然存在一些假、丑、恶的现象，但总体来讲真、善、美是主流。我们的教育是教人向真、向善和向美的，这是育人的真谛。辅导员工作的善良主要体现在充分实现工作的职责和义务，在工作过程中，做到充分敬畏生命、尊重个体人格、与人为善、心怀责任，使人的内心充满对生活的美好期望。通过辅导员的善良，培育大学生养成善良的心理品质，做一个充满善心、与人为善的时代新人。

诚信，即诚实守信，乃立身之本，是为人处世的基本准则。诚信，是一种优秀的心理品质，该心理品质有助于对主体行为进行约束，进而促使主体的言行一致。新时代辅导员的诚信，从宏观层面来讲，有助于营造良好的学风和校风，教导大学生诚信做人；从微观层面来讲，辅导员的诚信，一言九鼎、言出必行，有助于密切师生关系，增强学生对辅导员的信赖，提升辅导员的人格魅力，有利于学生工作的顺利开展。

（三）新时代高校辅导员要有坚韧自律的职业意志

新时代的大学生，生活条件和外部环境的相对优越，抗挫、受挫折能力相对较差，出现心理问题的概率在一定程度上有所提高，诱发心理问题的因素也相对较多，这就要求新时代辅导员要有坚韧自律的职业意志。辅导员职业意志，即在教育管理服务学生的过程中应该具备的心理素质，诸如自律、乐观、坚定、严谨、耐心、冷静、自尊、自爱、自强、自省等。高校辅导员在职业发展过程中因岗位的特殊性承受着来自多方的压力，既有来自学生的安全、学业、健康发展方面的压力，也有来自领导要求、工作考核、同级竞争等方面的压力，不过，辅导员的职业压力主要来自学生的健康成长和发展。拥有严格的自律、乐观的心境、坚定的意志、严谨的作风、平和的耐心、冷静的思考等职业意志才能更好地引导和教育学生。

自律，就是自己约束自己，是自己对自己的一种强烈心理暗示。辅导员人格发生作用，主要是通过潜移默化的途径，通过自身的言谈举止为学生树立榜样。而言谈举止、习惯养成的规范主要依靠自律，只有自律，才能让辅导员以身作则、立德树人。在辅导员的职业发展过程中，有志得意满，也有惆怅若失；有喧嚣热闹，也有孤寂无助。纵然得得失失、起起落落，唯有自律方可洗尽铅华、澄澈本心、回归自我。辅导员的自律，是对职业初心的坚守，是在无人监管状态下基于职业道德的自我行为和思想约束。

乐观，是一种积极向上的心理状态。新时代大学生应是充满活力、积极向上的，辅导员的乐观恰恰为大学生的健康成长做了示范。生活，不如意之事十有八九，亦即在生活中出现困境和逆境是非常正常的事情，但是面对困境和逆境，不应该逃避，不应该消极面对，而是要积极乐观地面对，这是一种积极的心理暗示，也是一种乐观的生活态度。

坚定，既是对完成工作目标充满信心，亦是对克服困难的一种心理支撑。中华民族伟大复兴中国梦的实现不是轻而易举就能实现的，但是我们有坚定的信心能够实现。新时代大学生作为时代新人的主力军，他们必须做到意志坚定、信念坚定、目标坚定，这就要求辅导员在坚定方面做表率。辅导员在工作中遇到困难是常态，但是当辅导员面对困难时，需要有坚定的意志、坚定的决心、坚定的信念，相信在自己的用心付出之下可以克服困难，走出逆境。

严谨，是心思缜密的表现，是一种规范的心理状态，是一种合格的工作状态。辅导员的工作千头万绪，纷繁复杂，唯有严谨方能理顺思路、避免错误。辅导员的工作和新时代大学生的成长密切相关，严谨的工作作风不仅可以使辅导员通过工作保障大学生的健康成长，而且可以使新时代大学生在与辅导员的交往中深受影响，促进大学生在未来的职业发展中也养成严谨的工作作风。

耐心是一种不急躁、不厌烦的优秀心理品质。辅导员工作模块多、对象多、任务急、要求高，特别是面对学生的诉求时，耐心地处理会让学生有强烈的被重视感，会隐性地激发学生对辅导员的好感和认可，辅导员耐心的工作风格也在一定程度上会影响着学生未来的职业发展。

冷静是一种遇事不慌、理性思考的心理品质，是成熟的重要心理表现。辅导员职业发展过程中会遇到各种各样的突发情况，塑造冷静的心理品格至关重要。冷静有助于辅导员客观分析事情的来龙去脉，帮助辅导员在此基础上制订科学的决策。作为时代新人的大学生，在其职业发展过程中同样也会遇到各种突发事件，而辅导员的冷静处理给他们提供了样板示范，会暗暗地对学生的成熟进步产生影响。

自尊是做人的基本，是获得别人尊重的前提。工作没有高低贵贱之分，大学生步入社会之后会从事形形色色的工作，在工作中首先要做到自尊，才能为日后做出成就奠定基础。辅导员在工作中应该在自尊方面为学生树立榜样，辅导员职业在一些人看来是较为尴尬的职业，既不像专业课教师那样体面地教书育人，也不像行政管理干部那样手握权力，但是作为辅导员首先自己要尊重自己的职业，尊重自己的职业选择。事实证明，辅导员的职业价值是非常值得认可和肯定的，正是由于辅导员的存在，才能保障校园的安全稳定，才能保障学生的健康发展。辅导员的自尊主要表现为职业认同和职业自信。

自爱，就是对自己的关爱。教育工作是充满爱的工作，只有自爱才能爱人，如果连自己都不爱，则很难保证会去爱别人。辅导员要做到爱学生，首先要自爱，这将在潜移默化中影响学生对自己的认可和评价。辅导员工作是既耗体力又耗脑力的工作，用"连轴转"来形容他们的工作一点不为过，"白加黑""5+2""时刻待命"是辅导员工作的形象描述，他们工作量大，精神紧绷，各种突发事件时有发生，这对辅导员的身体和精神造成了极大的挑战。辅导员虽然在工作中要保持奉献、冲锋在前的姿态，但是他们毕竟也是凡人，也有自己的家庭，有自己的父母，有自己的生活责任，辅导员要关注自己的身体及心理，为学生做好榜样。辅导员的自爱主要表现：在对自己的评价上客观公正，在身体的使用上劳逸结合，在精神上珍惜自身名誉。

自强是顽强拼搏推动自身发展的优秀人格品质。人生在世，不如意的事情常有，在坎坷和困难面前，要保持自强的精神，顽强拼搏使自己走出困境。辅导员要教育学生自强，首先自己要在职业中自强，要成为学生努力拼搏的榜样。辅导员在职业发展过程中，自身也会遇到各种问题，如本领不足、发展受挫、职业倦怠等，当遇到这些问题时，辅导员要做的不是随遇而安、就此沉沦，而是以不服输的坚强意志积极面对，探寻突破点，通过自身的顽强拼搏和不懈努力，不断地克服困难，在与困难和挫折的较量中不断地提升自己、完善自己。

自省，是一种侧重自我反思的心理状态。"每日三省吾身"强调的就是自省，自省是辅导员人格魅力的有效展现，也是影响学生发展的重要手段。大学生健康成长发展需要自省，自省是推动进步的重要方式，通过自省，既可以总结经验，又可以通过对不足的反思避免重复犯错，进而促进人的成长发展。大学生的健康成长发展是内外因综合作用的结果，但是外因终究是由内因决定的，即大学生的健康成长发展关键在于自身，而自省则是促使自身健康发展的有效方式。

（四）新时代高校辅导员要有坚定崇高的职业理想

在全国宣传思想工作会议上，习近平总书记指出，培养担当民族复兴大任的时代新人，重中之重是要以坚定的理想信念筑牢精神之基。要教育引导学生树立共产主义远大理想和中国特色社会主义共同理想。而这恰恰是高校辅导员凝聚人心职责的重要体现。作为高校辅导员首先要牢记自己的身份属性，那就是政治性，要始终牢记为党育人的初心。高校辅导员的首要职责是价值引领，要引领好学生的人生观、世界观和价值观的发展方向，要确保教育者自身的理想信仰是坚定且正确的，要明确育人使命，还要做到不忘初心跟党走。在新时代，西方敌对势力的渗透从未停止，意识形态领域的斗争在公开和隐蔽2条战线中激烈进行。高校辅导员要担当起培育社会主义建设者和接班人的重任，坚定崇高的职业理想是必备的核心素养。

有理想信念是好老师的首要标准。习近平总书记曾在北京师范大学师生座谈会上指出，正确理想信念是教书育人、播种未来的指路明灯。作为新时代的辅导员，不仅要能够解学生的"生活之惑""学习之惑"，更要能帮助学生解"思想之惑"。梦想要以梦想去点燃，理想要用理想去唤醒。要唤醒学生的理想，点燃学生的梦想，辅导员责无旁贷。政治性是辅导员职业的根本属性，政治素养是辅导员育人核心素养的"根"和"魂"。"辅导员的人格价值就首先体现在思想政治领域，即对青年大学生的政治态度、价值取向和道德品质的导向作用。"[1] 如果一个辅导员自身都缺乏理想信仰，在教育过程中却要求学生爱党、爱国、爱人民，那就是天方夜谭。所以，从人格塑造的角度讲，新时代辅导员职业人格首先应体现在理想信仰，具体表现在三方面。

---

[1] 陈士福，曹红卫. 论高校辅导员人格的教育价值 [J]. 中国市场，2007（39）：140.

一是崇高的政治信仰。政治信仰是在政治认知、政治心理、政治思想和政治认同的基础上所具有的对马克思主义的信仰和价值取向。历史和人民选择了马克思主义,马克思主义的科学性和真理性在中国的革命和建设过程中得到了充分的验证,毋庸置疑,"马克思主义始终是我们党和国家的指导思想,是我们认识世界、把握规律、追求真理、改造世界的强大思想武器"[①]。马克思主义是我们立党立国的根本指导思想,也是我国大学最鲜亮的底色。辅导员是高校思想政治教育的骨干力量,理应将马克思主义作为理想的信仰。新时代的高校辅导员一定要做共产主义远大理想、中国特色社会主义共同理想的坚定信仰者和忠实践行者,要从心底里、从根本上认同马克思主义,不断地用马克思主义指导自己的学生工作,用马克思主义思想教育和引导大学生,做好马克思主义的传播、宣传和教育工作。

二是理想信念坚定。作为新时代辅导员要坚定对社会主义和共产主义的信念,突出表现为政治担当。政治担当是辅导员在育人的工作实践中所形成的育人价值标准、思维方式和行为表现。政治担当主要表现为政治忠诚、政治担当、政治引领、政治定力、政治能力和政治自律等要素。政治忠诚表现为增强"四个意识"和做到"两个维护";政治定力表现为坚定"四个自信";政治能力表现为新时代辅导员要做到"坚决贯彻执行党的基本路线和各项方针政策,有较强的政治敏锐性和政治辨别力",在学生工作过程中善于从政治方面观察和处理问题;政治自律表现为辅导员要从自身做起,严格遵守党的政治纪律和政治规矩,做到令行禁止。

三是家国情怀。家国情怀是辅导员政治素养的重要组成部分。辅导员要牢记初心使命,在为国家塑造和输送人才的过程中,永远把为人民谋幸福、为民族谋复兴作为教育和引导大学生世界观、人生观、价值观的宗旨传递下去。新时代辅导员应把为党育人、为国育才、为民造福作为远大的职业理想,永远将党、国家和人民的利益放在首位,始终将家国情怀融入教育过程,用自身的实际行动培育学生的家国情怀。

(五)新时代高校辅导员要有专业扎实的职业能力

辅导员的职业人格展现主要体现在日常的学生工作过程中,特别是通过解决学生实际困难所展现出来的职业能力。面对新时代的要求,辅导员专业的职业能力主要包括创新能力、写作能力、授课能力、人际交往能力、网络思想政

[①] 习近平. 在纪念马克思诞辰 200 周年大会上的讲话 [N]. 人民日报, 2018 - 05 - 05 (2).

治教育能力等。

从创新能力来讲，在党的十九大报告中超过50次提及"创新"一词。创新驱动是引领发展的第一动力，创新是永恒的话题，是党在面临和解决各种问题中的法宝，创新性人才更是新时代国家、社会、高校竞争的重要战略性资源。为此，新时代高校辅导员就要具备创新能力，只有具备了创新意识、创新思维、创新素质和创新举措，才能培养出创新人才。

从写作能力来讲，主要体现在三方面：一是从学术科研的角度，辅导员从事理论和实践研究需要具备撰写学术论文和课题申报材料的能力；二是从日常工作的角度，辅导员要具备撰写各种报告、总结、请示、项目申报等材料的能力；三是从教育、管理、服务学生的角度来讲，辅导员要具备能够撰写工作计划、事迹案例等与学生发展相关材料的能力。

从授课能力来讲，辅导员具有教师身份，需要具备为学生上党课、团课、班会、形势与政策课、就业指导与创业课、心理健康教育课、安全教育课等课程的能力。

从人际交往能力来讲，一方面，面对学生，学生往往是"亲其师而信其道"，所以辅导员要具备处理好教育者和受教育者的师生关系的能力，做到亦师亦友，使学生认同和接受辅导员，愿意主动和辅导员交流沟通，从而使辅导员掌握学生工作的"主动权"；另一方面，面对不同的领导和同事，辅导员在日常工作中需要与学校诸多管理部门的领导、学院的领导、其他部门和学院的同事打交道，具备较强的人际交往能力和亲和力，能够达到事半功倍的效果，有利于更好地帮助学生解决问题，更能获得学生的信任和支持。

从网络思想政治教育能力来讲，当今时代是网络信息时代，大学生是网络"原住民"。学生在哪里，辅导员的工作"阵地"就在哪里，这就意味着新时代辅导员要把更多的精力放在网络课堂，要成为新媒体时代思想政治教育的主导者，要具备网络思想政治教育的能力，特别是网文撰写的能力，以及网络舆情的发现和处置能力，以及媒体软件的使用能力，对网络信息的选择、辨析和开发能力，发挥"新媒体技术弘扬主流旋律和宣传先进思想的能力"[1]。

---

[1] 孟东方. 高校辅导员学[M]. 北京：人民出版社，2019：306.

第四章

高校辅导员职业人格现状调查

高校辅导员职业人格是辅导员个体和辅导员职业（环境）综合作用的结果。在辅导员职业（环境）中，辅导员性别、所在高校层次、学历、职称、行政级别、婚姻状况、工作年限、所学专业等因素都会对辅导员职业人格产生一定的影响。为了全面客观把握高校辅导员职业人格实际，本章节主要采用自编的高校辅导员职业人格测评问卷，从高校辅导员的视角和大学生的视角两方面对新时代高校辅导员的职业人格进行了实证考量与综合分析。探讨高校辅导员职业人格现状，可以准确把握当前高校辅导员职业人格中积极方面和消极方面，以新时代高校辅导员职业人格的"应然"为标准，辨析高校辅导员职业人格"实然"和新时代高校辅导员职业人格"应然"之间的差距，以便为更有针对性地提出新时代高校辅导员职业人格塑造对策、举措提供现实依据。

一、辅导员群体对高校辅导员职业人格的自我认知

（一）职业人格测评问卷与调查对象的基本情况

在设计与发放调查问卷过程中，预先设计好高校辅导员的人口学变量，主要包括高校辅导员的性别、学校所处地域、学校层次、学历、职称、行政级别、婚姻状况、工作年限以及所学专业状况等。根据前文中已经设计好的调查问卷，对当前高校辅导员职业人格的现实状况进行实测，主要包括高校辅导员的总体状况、职业认知、职业情感、职业意志、职业理想、职业能力等六方面。问卷共包括9个人口学变量，5个维度以及29道题目，对于每个题目的答案采取的是李克特量表等级记分。其中"很不符合"记1分；"较不符合"记2分；"不清楚"记3分；"较符合"记4分；"非常符合"记5分。例如，被调查辅导员认为自己比较温和，应在此题目的后面勾"4"；认为自己非常宽容，应在此题目的后面勾"5"。得分越高，表明被调查的辅导员人格状况就越好。

本次调查样本范围涉及全国的浙江、广西、湖南、北京、上海、吉林、四

川、安徽、河北、贵州、河南、江苏、新疆、重庆14个省市的38所高校。高校分布地区具有代表性,东部沿海、中部地区以及西部地区均有涉及。所选取的高校既有综合类高校,如浙江师范大学、南宁师范大学,也有专业院校,如广西中医药大学、上海电力大学;既有"双一流"高校,如上海交通大学,也有高职高专院校,如河北建材职业技术学院、广西幼儿师范高等专科学校;既有公办学校,如上海大学、湖南师范大学,又有民办高校,如桂林理工大学博文管理学院、广西师范大学漓江学院。本书的调查组主要于2020年10月至2020年12月期间进行问卷发放。获取问卷调查数据的途径主要有以下4种:一是通过教育部或教育厅主办的高校辅导员专题培训班,面向参会辅导员发放纸质的调查问卷;二是通过邮寄纸质问卷给相关高校的辅导员;三是通过网络在线问卷填写;四是调研组成员直接登门拜访通过纸质版问卷进行现场填写。总的来讲,本次调研选取的样本涉及的范围较广、层级较为分明、代表性也比较强。本次调研共回收问卷534份,其中有效问卷525份,问卷有效率为98.3%,具体情况见表4-1:

表4-1 调查对象基本情况一览表

名称	选项	频数	百分比(%)
性别	男	234	44.57
	女	291	55.43
合计		525	100.0
学校地处	东部	189	36.00
	中部	182	34.67
	西部	154	29.33
合计		525	100.0
学校层次	专科	83	15.81
	本科	345	65.71
	重点	97	18.48
合计		525	100.0
学历	本科	123	23.43
	硕士	351	66.86
	博士	51	9.71
合计		525	100.0

续表

名称	选项	频数	百分比（%）
职称	初级	259	49.33
	中级	196	37.33
	副高级	58	11.05
	正高级	12	2.29
合计		525	100.0
行政级别	科员级	306	58.29
	科长级	153	29.14
	副处级	50	9.52
	正处级及以上	16	3.05
合计		525	100.0
婚姻状况	已婚	261	49.71
	未婚	264	50.29
合计		525	100.0
工作年限	1~3年	222	42.29
	4~8年	156	29.71
	9~12年	108	20.57
	13~17年	33	6.29
	18年及以上	6	1.14
合计		525	100.0
所学专业	思想政治教育学	44	8.38
	教育学	43	8.19
	文史哲法	69	13.14
	理工类	140	26.67
	管理学	49	9.33
	其他	180	34.29
合计		525	100.0

（二）辅导员视角下高校辅导员职业人格的总体状况

通过对525名高校辅导员的现实调查结果分析来看，根据表4-2，被调查的高校辅导员职业人格测评总体得分为4.386±0.571，处于偏上水平。而5个维度的平均得分也均高于"4"，它们的职业人格测评分值分别为职业能力（4.261±0.699）、职业认知（4.352±0.625）、职业情感（4.386±0.636）、职业意志（4.342±0.609）、职业理想（4.507±0.706）。

表4-2　高校辅导员职业人格测评总体情况及各因子描述统计结果

名称	平均值	标准差	排序
职业情感	4.386	0.636	2
职业认知	4.352	0.625	3
职业意志	4.342	0.609	4
职业理想	4.507	0.706	1
职业能力	4.261	0.699	5
总体情况	4.386	0.571	

高校辅导员职业人格测评各因子平均值排序：职业理想>职业情感>职业认知>职业意志>职业能力。

被调查的29项职业人格素质具体情况如表4-3。

表4-3　高校辅导员职业人格素质排序表

名称	平均值	标准差	排序
温和	4.145	0.968	29
宽容	4.571	0.702	1
同情	4.410	0.832	12
仁慈	4.417	0.759	11
终身学习	4.375	0.797	14
明察	4.305	0.816	21
聪慧	4.375	0.758	14
自尊	4.503	0.761	6
自爱	4.459	0.775	9
自强	4.240	0.869	25
廉洁	4.545	0.739	5
尽责	4.564	0.743	3

续表

名称	平均值	标准差	排序
善良	4.429	0.813	10
诚信	4.570	0.719	2
自省	4.170	0.867	27
自律	4.379	0.766	13
乐观	4.312	0.806	20
坚定	4.349	0.758	18
严谨	4.341	0.786	19
耐心	4.305	0.776	21
冷静	4.366	0.776	17
理想信念坚定	4.501	0.773	7
崇高信仰	4.472	0.737	8
家国情怀	4.547	0.762	4
创新能力	4.158	0.874	28
写作能力	4.240	0.826	25
授课能力	4.250	0.845	24
人际交往能力	4.371	0.770	16
网络思想政治教育能力	4.288	0.774	23

29项职业人格素质的具体排序如下：宽容>诚信>尽责>家国情怀>廉洁>自尊>理想信念坚定>崇高信仰>自爱>善良>仁慈>同情>自律>聪慧=终身学习>人际交往能力>冷静>坚定>严谨>乐观>耐心=明察>网络思想政治教育能力>授课能力>写作能力=自强>自省>创新能力>温和。

总体来讲，从辅导员群体的视角来看，辅导员职业人格状况整体是相对较好的，但是在个别方面仍需进一步提升。

职业认知方面，辅导员乐于学习但是明察能力有待提高。通过调研结果可知，大多数辅导员都是善于学习的，都能够保持乐学的态度，特别是工作中所学的专业知识，他们基本上都能够持续学习；大多数辅导员也都很聪慧，通过不断的学习，逐步扎实自身的专业知识，对于职业的认知也逐渐全面和深刻。但是理论和实践总是存在一定差距，相对而言，辅导员的明察能力距离要求还有一定差距，如不能够及时发现有异常情况的学生、不能够针对学生的突发事件作出准确快速的反应等。当然，这些能力的具备并非通过理论学习、培训就能立刻获得，而是需要通过长期的工作实践，在不断总结反思中收获成熟。

职业情感方面，辅导员关心关爱学生但是精力稍显不足。通过调研可知，大多数辅导员都能够做到抱着同情之心关心关爱学生，特别是当学生遇到困难时，辅导员能够急学生之所急，能够及时帮助学生解决困难；能够宽容地对待学生，平等待人；能够结合学生的所学专业，想尽办法引导学生乐学，帮助学生提高学习成绩。基本上能够做到职业忠诚，诚信对待学生，在工作中认真负责、踏实勤奋。但是，面对辅导员纷繁复杂的工作事务和众多的学生，辅导员们无法做到对待所有学生都精力充沛、和蔼可亲，在工作态度上也存在不够温和的情况。在自省方面做得还不足，对于工作中出现的问题在一定程度上缺乏及时性的反思、规律性的把握、总结性的提升。

职业意志方面，辅导员自律、坚定、严谨、冷静，但是耐心稍显不足。通过调研可知，绝大多数辅导员比较乐观，善于通过自己来进行团队激励，进而推动班级和相关学生组织的发展；善于通过组织各种活动推动学生发展，并且很多辅导员在遇到压力时能够及时自我化解，在工作和生活中比较自律。大多数辅导员也都能够在学生评奖评优等方面做到清正廉洁、自尊自爱，珍惜个人名誉，遵守职业准则，严守职业道德底线，不做违法乱纪之事。但是，总体来讲，辅导员在工作中存在耐心不是很足的现象，特别是遇到学生的问题较多时，不能够有效地做到因材施教，给学生造成耐心不足的负面印象。在自强自信方面稍显不足，特别是有的辅导员不够自信，当然原因也是多方面的。

职业理想方面，辅导员家国情怀浓厚但是政治素养仍需强化。通过调研可知，绝大多数辅导员理想信念坚定，能够坚定共产主义远大理想和社会主义理想，有较为浓郁的家国情怀，能够热爱祖国，胸怀家国。他们身为中共党员，理想信念方面总体上非常好。但是具体到政治素养方面，却与要求还有一定的差距，虽然辅导员们基本上能做到政治坚定，但是由于学科背景、个人经历、社会环境等因素的影响，他们也存在对一些政治现象把握不够准确、了解不够透彻，也会存在迷茫的情况。

职业能力方面，辅导员人际交往能力较好但是授课、写作、创新能力不足。通过调研可知，大多数辅导员的人际交往能力是相对不错的，乐于和学生"打成一片"，辅导员们也能够通过微信、QQ、抖音等网络媒体对学生进行网络思想政治教育。但是总体而言，他们在授课能力、写作能力和创新能力方面还有待加强。在授课能力方面，很多辅导员并非师范类，虽然拿到了高校教师资格证，但在授课实操能力方面确实还存在不足。在写作能力方面，一些辅导员虽然也能写出材料,但是在材料的系统性、逻辑性、总结性、优美性等方面显得不足。在创新性方面,一些辅导员乐于"因循守旧",忽视了环境的变化、要求的变化和对象的变化,时常是"去年怎么做今年还怎么做",一方面是缺乏创新意识,另一方面是创新的方式方法不足。

(三) 高校辅导员职业人格在人口学变量上的特征

1. 不同性别的高校辅导员职业人格差异探究

从表4-4可知,利用t检验去研究不同性别高校辅导员的职业人格结构,总体情况共6项差异性。从表4-4可以看出:不同性别辅导员的职业情感、职业认知、职业理想、职业能力、总体情况共5项不会表现出显著性（p>0.05）,意味着不同性别辅导员的职业情感、职业认知、职业理想、职业能力、总体情况均表现出一致性,并没有明显差异性。另外,不同性别的职业意志呈现出显著性（p<0.05）,意味着不同性别辅导员的职业意志有着差异性。

性别的职业意志呈现出0.05水平显著性（$t=2.139, p=0.033$）,具体对比差异可知,女性辅导员的工作意志平均值（4.29）,会明显低于男辅导员的平均值（4.40）。说明性别因素对于辅导员职业人格状况有一定影响。

表4-4 高校辅导员职业人格在性别上的特征

	性别（平均值±标准差）		t	p
	男（$n=234$）	女（$n=291$）		
职业情感	4.42±0.56	4.36±0.69	1.174	0.241
职业认知	4.39±0.52	4.32±0.70	1.163	0.245
职业意志	4.40±0.50	4.29±0.68	2.139	0.033*
职业理想	4.53±0.69	4.49±0.72	0.552	0.581
职业能力	4.32±0.67	4.21±0.72	1.869	0.062
总体情况	4.42±0.48	4.36±0.63	1.322	0.187

注:* $p<0.05$ ** $p<0.01$

2. 不同地域的高校辅导员职业人格差异探究

从表4-5可以看出:不同地域高校辅导员的职业情感、职业认知、职业意志、职业理想、总体情况共5项不会表现出显著性（p>0.05）,意味着不同地域高校辅导员的职业情感、职业认知、职业意志、职业理想、总体情况均表现出一致性,并没有显著差异性。另外,不同地域高校辅导员的工作能力呈现出显著性（p<0.05），意味着不同地域高校的辅导员的工作能力有着差异性。说明地域对于辅导员职业人格有影响但是影响并不是很大，只是在辅导员职业能力方面的影响较为显著。

表 4-5 高校辅导员职业人格在不同地域高校上的特征

	高校地域（平均值±标准差）			F	p
	东部（n=189）	中部（n=182）	西部（n=154）		
职业情感	4.43±0.65	4.34±0.67	4.39±0.58	0.924	0.398
职业认知	4.38±0.64	4.35±0.66	4.32±0.56	0.334	0.717
职业意志	4.39±0.59	4.34±0.66	4.29±0.57	1.018	0.362
职业理想	4.54±0.73	4.42±0.75	4.57±0.61	1.956	0.142
职业能力	4.34±0.65	4.28±0.78	4.14±0.64	3.733	0.025*
总体情况	4.43±0.56	4.35±0.62	4.37±0.51	0.972	0.379

注：* $p<0.05$ ** $p<0.01$

上述方差分析可以发现，不同地域高校辅导员的职业能力呈现出差异性，具体进行 LSD 方法可知：

不同地域高校辅导员的工作能力呈现出 0.05 水平显著性（F=3.733，p=0.025），有着较为明显差异的组别平均值得分对比结果为"东部>中部>西部"，即学校地处东部地区的高校辅导员工作能力相对最强，中部地区高校辅导员的职业能力次之，西部地区高校辅导员的职业能力相对较弱。

3. 不同学校层次的高校辅导员职业人格差异探究

从表 4-6 可知，利用方差分析去研究不同学校层次的辅导员职业人格结构，总体情况共 6 项差异性，可以看出：不同学校层次的辅导员的职业意志不会表现出显著性（p>0.05），意味着不同学校层次的辅导员的职业意志均表现出一致性，并没有差异性。另外，不同学校层次的辅导员的职业情感、职业认知、职业能力、职业理想、总体情况共 5 项呈现出显著性（p<0.05），意味着不同学校层次的辅导员的职业情感、职业认知、职业能力、职业理想、总体情况有着差异性。

表4-6 高校辅导员职业人格在学校层次上的特征

	学校层次（平均值±标准差）			F	p
	专科院校 ($n=83$)	重点院校 ($n=97$)	本科院校 ($n=345$)		
职业情感	4.16±0.78	4.48±0.52	4.23±0.77	12.830	0.000**
职业认知	4.21±0.71	4.42±0.54	4.24±0.77	5.877	0.003**
职业能力	4.14±0.79	4.40±0.51	4.30±0.71	6.744	0.001**
职业理想	4.26±0.73	4.62±0.58	4.33±0.96	13.174	0.000**
职业意志	4.12±0.81	4.29±0.64	4.28±0.80	2.150	0.118
总体情况	4.18±0.68	4.46±0.47	4.28±0.73	10.599	0.000**

注：*$p<0.05$ **$p<0.01$

上述方差分析发现，不同学校层次的辅导员职业人格在职业情感、职业认知、职业能力、职业理想、总体情况呈现出差异性，具体进行LSD方法可知：

不同学校层次的辅导员的职业情感呈现出0.01水平显著性（F=12.830，p=0.000），职业认知呈现出0.01水平显著性（F=5.877，p=0.003），职业能力呈现出0.01水平显著性（F=6.744，p=0.001），职业理想呈现出0.01水平显著性（F=13.174，p=0.000），总体情况呈现出0.01水平显著性（F=10.599，p=0.000），同时通过对各组别平均值得分进行对比，各个维度的差异度排序均为"重点院校>本科院校>专科院校"。

通过表4-6的数据对比可知，在职业意志方面，三类高校的区别并不明显，总体来看，重点高校的辅导员人格状况相比普通本科高校的辅导员要有所优势，而专科院校辅导员的人格状况相对较弱。说明高校层次对于辅导员人格状况的影响还是比较显著的。

4. 不同学历的高校辅导员职业人格差异探究

从表4-7可知，不同学历的辅导员的职业认知、职业意志、职业能力共3项不会表现出显著性（p>0.05），意味着不同学历的辅导员的职业认知、职业意志、职业能力均表现出一致性，并没有明显差异性。另外，不同学历的辅导员的职业情感、职业理想、总体情况共3项呈现出显著性（p<0.05），意味着不同学历的辅导员的职业情感、职业理想、总体情况有着差异性。

表4-7 高校辅导员职业人格在学历上的特征

	学历（平均值±标准差）			F	p
	本科（$n=123$）	硕士（$n=351$）	博士（$n=51$）		
职业情感	4.16±0.77	4.29±0.77	4.45±0.55	6.668	0.001**
职业认知	4.22±0.87	4.34±0.65	4.38±0.57	1.475	0.230
职业意志	4.25±0.70	4.30±0.70	4.37±0.56	1.193	0.304
职业理想	4.16±1.11	4.50±0.72	4.56±0.61	7.504	0.001**
职业能力	4.22±0.88	4.35±0.79	4.39±0.63	1.915	0.148
总体情况	4.21±0.76	4.34±0.65	4.43±0.50	3.803	0.023*

注：*$p<0.05$ **$p<0.01$

上述方差分析发现，不同学历的辅导员的职业情感、职业理想、总体情况呈现出差异性，具体进行LSD方法可知：

不同学历的辅导员的职业情感呈现出0.01水平显著性（F=6.668，p=0.001），职业理想呈现出0.01水平显著性（F=7.504，p=0.001），总体情况呈现出0.05水平显著性（F=3.803，p=0.023），通过对各组别平均值得分进行对比，各个维度的差异度排序为"博士>硕士>本科"。

通过表4-7可以得知，博士学历的辅导员人格状况相对比硕士学历和本科学历的辅导员人格状况要好。总的来讲，学历对于辅导员人格的影响程度还是相对较大的。

5. 不同职称的高校辅导员职业人格差异探究

从表4-8可以看出，不同职称的辅导员的职业能力不会表现出显著性（p>0.05），意味着不同职称的辅导员的职业能力均表现出一致性，并没有明显差异性。另外，不同职称的辅导员的职业情感、职业认知、职业意志、职业理想、总体情况共5项呈现出显著性（p<0.05），意味着辅导员在以上5个维度存在差异性。

表4-8 高校辅导员职业人格在职称上的特征

	职称（平均值±标准差）				F	p
	初级（$n=259$）	中级（$n=196$）	副高级（$n=58$）	正高级（$n=12$）		
职业情感	4.46±0.55	4.42±0.57	4.03±0.87	3.92±1.15	10.185	0.000**
职业认知	4.38±0.55	4.41±0.53	4.11±0.88	3.86±1.39	6.235	0.000**

续表

	职称（平均值±标准差）				F	p
	初级 ($n=259$)	中级 ($n=196$)	副高级 ($n=58$)	正高级 ($n=12$)		
职业意志	4.38±0.52	4.39±0.55	4.09±0.84	3.94±1.31	5.872	0.001**
职业理想	4.59±0.60	4.60±0.53	4.00±1.02	3.75±1.63	18.393	0.000**
职业能力	4.28±0.63	4.29±0.68	4.12±0.91	4.08±1.16	1.161	0.324
总体情况	4.44±0.48	4.44±0.48	4.06±0.83	3.87±1.27	11.501	0.000**

注：*$p<0.05$ **$p<0.01$

上述方差分析发现，不同职称的辅导员的职业情感、职业认知、职业意志、职业理想、总体情况呈现出差异性，具体进行 LSD 方法：

不同职称的辅导员的职业情感呈现出 0.01 水平显著性（F=10.185，p=0.000），通过对各组别平均值得分进行对比，职业情感维度的差异度排序为"初级>中级>副高级>正高级"。说明随着辅导员职称的提升，辅导员的职业情感水平呈现下降趋势。

不同职称的辅导员的职业认知呈现出 0.01 水平显著性（F=6.235，p=0.000），通过对各组别平均值得分进行对比，职业认知维度的差异度排序为"中级>初级>副高级>正高级"。说明中级职称的辅导员职业认知水平较高，主要是由于他们是一线辅导员的中坚骨干力量，对于辅导员职业的所需所求和感悟理解更为直接。

不同职称的辅导员的职业意志呈现出 0.01 水平显著性（F=5.872，p=0.001），通过对各组别平均值得分进行对比，职业意志维度的差异度排序为"中级>初级>副高级>正高级"。说明中级职称辅导员的职业意志最为强烈。

不同职称的辅导员的职业理想呈现出 0.01 水平显著性（F=18.393，p=0.000），通过对各组别平均值得分进行对比，职业理想维度的差异度排序为"中级>初级>副高级>正高级"。说明中级职称辅导员的职业理想最为坚定。

不同职称的辅导员的总体情况呈现出 0.01 水平显著性（F=11.501，p=0.000），通过对各组别平均值得分进行对比，总体情况的差异度排序为"中级>初级>副高级>正高级"。

通过表 4-8 可知，职称对于辅导员职业人格状况的影响是非常大的。总的来讲，中级职称辅导员的职业人格状况最为良好，他们是辅导员队伍的中坚骨干，初级职称辅导员的人格状况也相对不错，但是对于副高级职称辅导员和正高级职称辅导员，他们的职业人格状况就相对偏弱。

6. 不同行政级别的高校辅导员职业人格差异探究

从表4-9可知：不同行政级别的辅导员的职业情感、职业认知、职业意志、职业理想、职业能力、总体情况全部呈现出显著性（p<0.05），意味着不同行政级别的辅导员的职业情感、职业认知、职业意志、职业理想、职业能力、总体情况均有着差异性。

表4-9 高校辅导员职业人格在行政级别上的特征

	行政级别（平均值±标准差）				F	p
	副处级 ($n=50$)	正处级及以 上（$n=16$）	科员级 （$n=306$）	科长级 （$n=153$）		
职业情感	4.04±0.85	3.95±1.32	4.48±0.48	4.36±0.67	10.457	0.000**
职业认知	4.23±0.80	3.96±1.36	4.41±0.49	4.32±0.66	3.817	0.010*
职业意志	4.14±0.81	3.87±1.42	4.41±0.47	4.33±0.61	6.335	0.000**
职业理想	4.24±0.88	4.02±1.30	4.64±0.52	4.38±0.82	10.742	0.000**
职业能力	4.10±0.89	3.88±1.30	4.30±0.59	4.28±0.73	2.827	0.038*
总体情况	4.15±0.77	3.90±1.30	4.47±0.41	4.34±0.61	9.833	0.000**

注：*$p<0.05$ **$p<0.01$

上述方差分析发现，不同行政级别的辅导员的职业情感、职业认知、职业意志、职业理想、职业能力、总体情况均呈现出显著性差异，具体进行LSD方法可知：

不同行政级别的辅导员的职业情感呈现出0.01水平显著性（F=10.457，p=0.000），职业认知呈现出0.05水平显著性（F=3.817，p=0.010），职业意志呈现出0.01水平显著性（F=6.335，p=0.000），职业理想呈现出0.01水平显著性（F=10.742，p=0.000），职业能力呈现出0.05水平显著性（F=2.827，p=0.038），总体情况呈现出0.01水平显著性（F=9.833，p=0.000），通过对各组别平均值得分进行对比，各个维度的差异度排序为"科员级>科长级>副处级>正处级及以上"。

通过上述数据分析可以发现，行政级别对于高校辅导员人格状况的影响非常大，是全方位的影响。总的来讲，行政级别越低的辅导员职业人格状况越好，而行政级别越高的辅导员职业人格状况越弱，辅导员的行政级别与辅导员职业人格状况成反比。

7. 不同婚姻状况高校辅导员职业人格差异探究

从表4-10可以看出：不同婚姻状况辅导员的职业情感、职业认知、职业意志、职业理想、职业能力、总体情况均不会表现出显著性（p>0.05），意味着不同婚姻状况的辅导员的职业情感、职业认知、职业意志、职业理想、职业能力、总体情况均表现出一致性，并没有差异性。说明婚姻对辅导员职业人格的影响程度不大。

表4-10　高校辅导员职业人格在婚姻状况上的特征

	婚姻状况（平均值±标准差）		t	p
	已婚（$n=261$）	未婚（$n=264$）		
职业情感	4.41±0.59	4.37±0.68	0.732	0.465
职业认知	4.35±0.60	4.35±0.65	-0.066	0.947
职业意志	4.35±0.57	4.34±0.65	0.157	0.875
职业理想	4.55±0.69	4.47±0.72	1.331	0.184
职业能力	4.25±0.69	4.27±0.71	-0.275	0.783
总体情况	4.40±0.53	4.37±0.61	0.650	0.516

*$p<0.05$　**$p<0.01$

8. 不同工作年限高校辅导员职业人格差异探究

从表4-11可知，利用方差分析去研究不同工作年限辅导员的职业人格结构状况，可以看出：不同工作年限的辅导员的职业认知、职业能力共2项不会表现出显著性（p>0.05），意味着不同工作年限的辅导员的职业认知、职业能力均表现出一致性，并没有差异性。另外，不同工作年限的辅导员的职业情感、职业意志、职业理想、总体情况共4项呈现出显著性（p<0.05），意味着不同工作年限的辅导员的职业情感、职业意志、职业理想、总体情况有差异性。

表4-11　高校辅导员职业人格在工作年限上的特征

	工作年限（平均值±标准差）					F	p
	1~3年（$n=222$）	4~8年（$n=156$）	9~12年（$n=108$）	13~17年（$n=33$）	18年及以上（$n=6$）		
职业情感	4.48±0.55	4.45±0.56	4.15±0.80	4.17±0.70	4.58±0.61	6.812	0.000**
职业认知	4.38±0.54	4.40±0.59	4.25±0.83	4.23±0.52	4.50±0.55	1.415	0.228
职业意志	4.36±0.52	4.44±0.60	4.21±0.78	4.17±0.47	4.56±0.63	3.328	0.010*

续表

	工作年限（平均值±标准差）					F	p
	1~3年 ($n=222$)	4~8年 ($n=156$)	9~12年 ($n=108$)	13~17年 ($n=33$)	18年及以上 ($n=6$)		
职业理想	4.62±0.60	4.57±0.60	4.20±0.93	4.37±0.75	4.67±0.52	7.570	0.000**
职业能力	4.25±0.60	4.35±0.69	4.21±0.90	4.12±0.62	4.13±0.59	1.269	0.281
总体情况	4.44±0.48	4.46±0.53	4.20±0.76	4.24±0.47	4.50±0.53	4.977	0.001**

注：*$p<0.05$ **$p<0.01$

上述方差分析发现，不同工作年限的辅导员的职业情感、职业意志、职业理想、总体情况呈现出差异性，具体进行LSD方法可知：

不同工作年限的辅导员的职业情感呈现出0.01水平显著性（F=6.812，p=0.000），通过对各组别平均值得分进行对比，职业情感维度的差异度排序为18年及以上>1~3年>4~8年>13~17年>9~12年。通过数据分析可知，工作年限在18年及以上辅导员的职业情感最强烈，工作年限为1~3年的辅导员职业情况也相对比较强烈，但是在工作4年至17年之间，辅导员的职业情感呈现下降趋势。

不同工作年限的辅导员的职业意志呈现出0.05水平显著性（F=3.328，p=0.010），通过对各组别平均值得分进行对比，职业意志维度的差异度排序为18年及以上>4~8年>1~3年>9~12年>13~17年。通过数据可知，各个工作年限段的辅导员的职业意志差别相对来讲还是差别较大的，其中，工作年限在18年及以上的辅导员的职业意志最强，而工作年限在13~17年的辅导员的职业意志相对是最弱的。

不同工作年限的辅导员的职业理想呈现出0.01水平显著性（F=7.570，p=0.000），通过对各组别平均值得分进行对比，职业理想维度的差异度排序为18年及以上>1~3年>4~8年>13~17年>9~12年。通过数据分析可知，工作年限为1~3年和18年及以上的辅导员的职业理想状况相对是非常好的，处于二者中间的辅导员的职业理想状况相对偏弱。

不同工作年限辅导员的总体情况呈现出0.01水平显著性（F=4.977，p=0.001），通过对各组别平均值得分进行对比，总体情况差异度排序为18年及以上>4~8年>1~3年>13~17年>9~12年。总的来讲，工作年限对于辅导员职业人格状况的影响程度还是非常大的，特别是在职业情感、职业意志、职业理想等3方面的影响是非常明显的。通过对不同工作年限段的数据分析可知，工作年限在1~3年和18年及以上的辅导员的职业人格状况是相对非常好的，工作年限在4~8年和13~17年的也相对较好，但是有所减弱，而工作年限在9~12年的辅导员职业人格状况相对而言是最弱的。

9. 不同专业的高校辅导员职业人格差异探究

从表4-12可知，利用方差分析去研究不同专业的辅导员职业人格结构状况，总体情况共6项的差异性，可以看出：不同专业的辅导员的职业情感、职业意志、职业能力、总体情况共4项不会表现出显著性（p>0.05），意味着不同专业的辅导员的职业情感、职业意志、职业能力、总体情况均表现出一致性，并没有明显差异性。另外，不同专业辅导员的职业认知、职业理想共2项呈现出显著性（p<0.05），意味着不同专业辅导员的职业认知、职业理想有差异性。

表4-12 高校辅导员职业人格在专业上的特征

	所学专业（平均值±标准差）						F	p
	教育学 (n=44)	其他 (n=180)	文史哲法 (n=69)	理工类 (n=140)	管理学 (n=49)	思想政治教育学 (n=43)		
职业情感	4.37±0.84	4.17±0.92	4.36±0.61	4.44±0.47	4.27±0.88	4.44±0.52	1.874	0.097
职业认知	4.30±0.84	4.11±0.93	4.42±0.50	4.40±0.50	4.22±0.92	4.41±0.48	2.362	0.039*
职业意志	4.37±0.74	4.18±0.95	4.35±0.53	4.41±0.46	4.18±0.93	4.36±0.47	1.641	0.147
职业理想	4.37±1.12	4.29±0.93	4.60±0.50	4.56±0.62	4.36±1.02	4.57±0.49	2.523	0.029*
职业能力	4.30±0.78	4.11±0.98	4.23±0.62	4.37±0.58	4.15±0.89	4.25±0.65	1.360	0.238
总体情况	4.35±0.80	4.18±0.90	4.41±0.47	4.45±0.41	4.25±0.88	4.42±0.41	2.223	0.051

注：*$p<0.05$ **$p<0.01$

上述方差分析发现，不同专业的辅导员的职业认知、职业理想呈现出差异性，具体进行LSD方法：

不同专业的辅导员的职业认知呈现出0.05水平显著性（F=2.362，p=0.039），通过对各组别平均值得分进行对比，职业认知维度的差异度排序为"文史哲法>

思想政治教育学>理工类>教育学>管理学>其他"。

不同专业的辅导员的职业理想呈现出 0.05 水平显著性（F=2.523，p=0.029），通过对各组别平均值得分进行对比，职业理想维度的差异度排序为"文史哲法>思想政治教育学>理工类>教育学>管理学>其他"。

通过数据分析可以发现，专业对辅导员职业人格状况有一定的影响，特别是在职业认知和职业理想方面有一定的差异展现。总的来讲，理工类辅导员的职业人格状态相对而言是最好的，学习文史哲法专业、思想政治教育专业、教育学专业的辅导员职业人格状况相对比较好，而学习管理学和其他专业的辅导员职业人格则相对偏弱。

10. 辅导员整体职业人格评价

问卷中提及对高校辅导员队伍整体职业人格的评价情况，在所有的 525 名被调查的辅导员中，126 人认为非常令人满意，占比 24.00%；266 人认为比较令人满意，占比 50.67%；82 人认为一般，占比 15.62%；38 人认为令人不够满意，占比 7.24%；13 人认为很不满意，占比 2.48%。具体如表 4-13。

表 4-13 辅导员整体职业人格评价情况

名称	选项	频数	百分比（%）	累积百分比（%）
您所在高校辅导员队伍的整体职业人格状况如何	非常令人满意	126	24.00	24.00
	比较令人满意	266	50.67	74.67
	一般	82	15.62	90.29
	令人不够满意	38	7.24	97.53
	很不满意	13	2.48	100.00
合计		525	100.00	100.00

通过数据可知，74.67%的辅导员对当前辅导员职业人格状况评价为比较满意和非常满意，15.62%的辅导员对当前辅导员职业人格状况满意度一般，还有 9.71%的辅导员对辅导员职业人格状况不够满意和不满意。总的来讲，从辅导员群体自身的角度来看，还有将近1/3的辅导员对当前辅导员群体的职业人格状况不是很满意。

二、大学生群体对高校辅导员职业人格的总体评价

对高校辅导员职业人格的现实状况进行把握，除了要对辅导员群体进行调研，同时，很重要的一方面是要对辅导员的工作对象即大学生进行调研。大学

生是辅导员的主要工作对象，辅导员的职业人格状况主要对大学生的人格状况产生影响，所以，对大学生群体进行关于辅导员职业人格的调研是非常有必要的。只有将2个调研对象群体的调研数据进行综合比较，通过自评与他评相结合的方法，才能更加客观、准确地把握高校辅导员的人格状况全貌。本部分的调研对象是在校大学生，主要针对在校大学生的性别、就读学校所处地域、就读学校层次、年级、是不是学生干部，以及所学专业等特征方面的信息，针对上述信息进行统计与分析，以此从大学生的视角获得高校辅导员职业人格的总体状况以及在各个维度上分布情况。

（一）职业人格测评问卷与调查对象的基本情况

在设计与发放调查问卷过程中，预先设计好大学生的人口学变量，主要包括大学生的性别、就读学校所处地域、就读学校层次、年级、是不是学生干部，以及所学专业等。该问卷（附录三）共包括6个人口学统计变量，5个维度以及29道题目，对于每个题目的答案均采取李克特量表等级记分。其中"很不符合"记1分；"较不符合"记2分；"不清楚"记3分；"较符合"记4分；"非常符合"记5分。例如：被调查大学生认为辅导员比较温和，应在此题目的后面勾"4"；大学生认为辅导员非常自信，应在此题目的后面勾上"5"。大学生的问卷得分越高，表明大学生对辅导员职业人格的评价越高。针对大学生的问卷，调研方式、调研学校、调研地域均与对辅导员群体的调研保持同步，即在调研辅导员的同时，同步进行在校大学生的调研。本次对大学生群体的调研，共发放1500份问卷，共计回收1494份，其中有效调查问卷1481份，问卷有效率为99.1%。具体情况见表4-14：

表4-14 大学生基本情况一览表

名称	选项	频数	百分比（%）
性别	男	807	54.49
	女	674	45.51
合计		1481	100.00
学校地处	东部	689	46.52
	中部	432	29.17
	西部	360	24.31
合计		1481	100.00

续表

名称	选项	频数	百分比（%）
学校层次	专科	279	18.84
	本科	1006	67.93
	重点	196	13.23
合计		1481	100.00
年级	大一	444	29.98
	大二	535	36.12
	大三	326	22.01
	大四	151	10.20
	大五（五年制）	25	1.69
合计		1481	100.00
是不是学生干部	是	858	57.93
	否	623	42.07
合计		1481	100.00
所学专业	农学、医学类	287	19.38
	教育、管理类	150	10.13
	文史哲类	177	11.95
	理工类	549	37.07
	经济、法学类	132	8.91
	艺术类	123	8.31
	其它类	63	4.25
合计		1481	100.00

（二）大学生视角下高校辅导员职业人格的总体状况

通过对1481名大学生的现实调查，从他们的视角了解高校辅导员人格的总体状况。根据表4-15，被调查的大学生对高校辅导员人格测评总体得分为4.528±0.629，处于偏上水平。而5个维度的平均得分也均高于"4"，它们对辅导员职业人格测评分值分别为职业能力（4.464±0.729）、职业认知（4.525±0.664）、职业情感（4.570±0.639）、职业意志（4.472±0.706）、职业理想（4.533±0.724）。

表 4-15 大学生视角下高校辅导员职业人格测评总体情况及各因子描述统计结果

名称	平均值	标准差	排序
职业情感	4.570	0.639	1
职业认知	4.525	0.664	3
职业意志	4.472	0.706	4
职业理想	4.533	0.724	2
职业能力	4.464	0.729	5
总体情况	4.528	0.629	

大学生视角下高校辅导员职业人格测评各因子平均值排序：职业情感>职业理想>职业认知>职业意志>职业能力。通过与辅导员群体调研结果在此项的数据对比可以发现，大学生对辅导员的职业情感非常认可，而辅导员群体则对职业理想非常认可。2个群体都认为在5个人格结构维度中，辅导员的职业理想和职业情感处于前列，而职业认知、职业意志、职业能力则处于尾列。之所以会产生这样的结果，主要还是由于二者思考问题的视角不同和关注点的差异。作为辅导员，首先会考虑职业特性和职业角色定位，所以辅导员更为认可的是辅导员职业人格的职业理想方面。但是从大学生的角度来看，他们更为注重的是辅导员的职业人格状况能否推动自身的发展，更为注重的是辅导员工作对于自身的情感体验，所以，大学生更加注重辅导员职业人格的职业情感和职业理想。对于职业认知、职业意志和职业能力来讲，对辅导员群体和对大学生群体的测评结果完全一致。说明辅导员职业人格状况在职业认知、职业意志和职业能力方面确实存在一些问题，需要着重加以注意和提升。

被调查的29项人格特征词，排名位于前五的是自爱、自尊、尽责、同情、自强。具体详见表4-16。

表 4-16 大学生视角下高校辅导员职业人格素质排序表

名称	平均值	标准差	排序
温和	4.567	0.738	9
宽容	4.584	0.718	7
同情	4.596	0.714	4
仁慈	4.535	0.766	15

续表

名称	平均值	标准差	排序
终身学习	4.546	0.760	14
明察	4.481	0.823	22
聪慧	4.548	0.740	13
自尊	4.604	1.497	2
自爱	4.621	1.507	1
自强	4.596	0.720	4
廉洁	4.575	0.743	8
尽责	4.603	0.706	3
善良	4.483	0.804	21
诚信	4.594	0.739	6
自省	4.512	0.759	18
自律	4.552	0.769	11
乐观	4.408	0.866	28
坚定	4.378	0.926	29
严谨	4.500	0.815	19
耐心	4.440	0.864	26
冷静	4.555	0.731	10
理想信念坚定	4.516	0.785	17
崇高信仰	4.531	0.788	16
家国情怀	4.552	0.789	11
创新能力	4.433	0.855	27
写作能力	4.490	0.805	20
授课能力	4.465	0.830	24
人际交往能力	4.459	0.855	25

续表

名称	平均值	标准差	排序
网络思想政治教育能力	4.474	0.824	23

29项人格素质的具体排序如下：自爱>自尊>尽责>自强=同情>诚信>宽容>廉洁>温和>冷静>自律=家国情怀>聪慧>终身学习>仁慈>崇高信仰>理想信念坚定>自省>严谨>写作能力>善良>明察>网络思想政治教育能力>授课能力>人际交往能力>耐心>创新能力>乐观>坚定。

总体来讲，从大学生群体的视角来看，辅导员职业人格状况整体是相对较好的，但是在个别方面仍需进一步提升。

职业认知方面，大学生认为辅导员职业认知比较清晰但是明察能力稍弱。在辅导员人格的职业认知方面，大学生对于辅导员的终身学习和专业知识的能力给予了非常高的评价，说明在他们看来，辅导员群体都是善于学习、乐于学习的，并且认为辅导员对于辅导员职业的认知清晰程度也非常高，他们都认为辅导员能够较好地明确自身的职业角色定位和岗位职责。但是大学生认为辅导员在明察和应急方面相对偏弱。明察和应急是对辅导员素质能力非常高的要求，需要辅导员有非常深厚的职业素养和职业积淀，并非一朝一夕能够具备。这说明辅导员人格在明察和应急方面需要花大力气进行提升。

职业情感方面，大学生认为辅导员关心关爱学生但是在引导学生乐学方面还有待进一步加强。从大学生的视角来看，辅导员能够经常做到关心关爱学生，特别是当学生出现困难，如出现生病、家庭经济困难、心情低落等问题时，辅导员都会及时给予关心、帮助和关怀，这一点是得到大学生一致认可的。虽然从整体上讲，大学生对辅导员的职业情感认可度非常高，但是相对而言，大学生认为辅导员在引导学生乐学方面还可以再努力一些。从具体的细节来讲，大学生对辅导员廉洁方面的公平公正评分还是相对较低，其不满意的侧重点在于有的辅导员在日常工作中不能很好地做到公平公正地对待每一位学生。从大学生的视角来看，他们更看重的是辅导员的道德品质。从数据分析结果来看，大学生对辅导员人格中善良的道德品质满意度还有待进一步提升。

职业意志方面，大学生认为辅导员自律、冷静、严谨但是坚定、乐观、耐心不足。通过对大学生群体的调研数据对比发现，他们在辅导员意志的子要素自律、严谨、冷静方面评分是一致性地相对较高，由此可见，他们对辅导员职业意志的这三方面的表现是较为认可的。但是，辅导员在乐观、坚定和耐心方面的评分相对较低。

职业理想方面，大学生认为辅导员政治素质好、家国情怀深但是理想信念仍需加强。对于辅导员的职业理想，大学生群体的评分相对较高，可以说明，辅导员群体的职业理想状况是相对不错的。通过对比发现，大学生对辅导员理想信念坚定的评分相对偏低，而对家国情怀的评分均非常高，足以说明辅导员的家国情怀状况是得到大学生认可的，而在理想信念坚定方面仍需加强。

职业能力方面，大学生认为辅导员善于写作和教育但是创新能力不足。通过调研数据可以发现，大学生群体对辅导员的职业能力评分较低，辅导员的职业能力现状在辅导员人格的5个构成部分中相对是表现最差的。可见，辅导员人格在职业能力方面确实有较大的提升空间。从大学生群体的角度来看，辅导员的写作能力、授课能力、人际交往能力和网络思想政治教育能力基本上是趋于一致的，但是对于辅导员的创新能力评分相对较低，说明辅导员的创新能力亟须加强。

（三）高校辅导员职业人格在人口学变量上的特征

1. 不同性别的大学生对高校辅导员职业人格评价差异探究

从表4-17可知：不同性别的学生对于辅导员的职业情感、职业认知、职业意志、职业理想、职业能力、总体情况的评价均不会表现出显著性（$p>0.05$），意味着不同性别的学生对于辅导员职业人格状况的评价均表现出一致性，并没有差异性。同时，也能够说明在从大学生群体的视角研究辅导员职业人格时可以忽略学生的性别差异。

表4-17 大学生视角下高校辅导员职业人格在性别上的特征

	性别（平均值±标准差）		t	p
	女（$n=674$）	男（$n=807$）		
职业情感	4.55±0.64	4.58±0.64	−0.894	0.372
职业认知	4.51±0.69	4.54±0.64	−0.698	0.485
职业意志	4.46±0.72	4.48±0.69	−0.611	0.541
职业理想	4.52±0.73	4.54±0.72	−0.532	0.595
职业能力	4.44±0.75	4.48±0.71	−0.941	0.347
总体情况	4.51±0.65	4.54±0.61	−0.994	0.321

注：*$p<0.05$ **$p<0.01$

2.不同地域高校的学生对高校辅导员职业人格评价差异探究

从表4-18可以看出：不同地域高校的学生对于辅导员的职业情感、职业认知、职业意志、职业理想、职业能力、总体情况的评价全部呈现出显著性（p<0.05），意味着不同地域高校的学生对于辅导员职业人格状况的评价均有着差异性。

表4-18 大学生视角下高校辅导员职业人格在高校地域上的特征

	学校地处（平均值±标准差）			F	p
	东部（n=689）	中部（n=432）	西部（n=360）		
职业情感	4.63±0.58	4.55±0.69	4.48±0.68	6.945	0.001**
职业认知	4.58±0.61	4.52±0.71	4.42±0.69	7.398	0.001**
职业意志	4.54±0.67	4.46±0.74	4.37±0.72	6.627	0.001**
职业理想	4.60±0.66	4.53±0.76	4.40±0.78	9.606	0.000**
职业能力	4.53±0.67	4.46±0.76	4.34±0.78	7.865	0.000**
总体情况	4.59±0.58	4.52±0.67	4.41±0.66	9.584	0.000**

注：$^*p<0.05$ $^{**}p<0.01$

不同地域高校的学生对于辅导员职业情感的评价呈现出0.01水平显著性（F=6.945，p=0.001），对于辅导员职业认知的评价呈现出0.01水平显著性（F=7.398，p=0.001），对于辅导员职业理想的评价呈现出0.01水平显著性（F=9.606，p=0.000），对于辅导员职业意志的评价呈现出0.01水平显著性（F=6.627，p=0.001），对于辅导员职业能力的评价呈现出0.01水平显著性（F=7.865，p=0.000），对于辅导员总体职业人格情况的评价呈现出0.01水平显著性（F=9.584，p=0.000），通过对各组别平均值得分进行对比，各个维度的差异度排序为"东部>中部>西部"。

通过上述数据分析可知，从辅导员职业人格5个人格结构的各项评分结果来看，结果呈现完全的一致性，就是说处于东部地区高校的大学生对辅导员职业人格状况的评价优于中部地区，中部地区高校的大学生对辅导员职业人格状况的评价低于东部地区但是优于西部地区，西部地区大学生对辅导员职业人格状况的评价总体来讲是最低的。这在一定程度上说明东部地区高校的大学生对于辅导员职业人格状况是非常满意的，中部地区高校的大学生对于辅导员职业人格状况是相对满意，而西部地区高校大学生对于辅导员职业人格的满意度相对不足。

3. 不同学校层次的大学生对高校辅导员职业人格评价差异探究

从表4-19可知：不同学校层次的大学生对于辅导员的职业情感、职业认知、职业意志、职业理想、职业能力、总体情况的评价全部呈现出显著性（p<0.05），意味着不同学校层次的大学生对于辅导员的职业情感、职业认知、职业意志、职业理想、职业能力、总体情况的评价均有着差异性。

表4-19 学生视角下高校辅导员职业人格在学校层次上的特征

	学校地处（平均值±标准差）			F	p
	专科 （$n=279$）	普通本科 （$n=1006$）	重点 （$n=196$）		
职业情感	4.33±0.81	4.69±0.53	4.70±0.69	59.226	0.000**
职业认知	4.25±0.80	4.65±0.56	4.66±0.73	63.004	0.000**
职业意志	4.20±0.82	4.61±0.61	4.63±0.77	66.392	0.000**
职业理想	4.25±0.87	4.68±0.59	4.69±0.88	66.801	0.000**
职业能力	4.16±0.83	4.61±0.63	4.62±0.81	73.687	0.000**
总体情况	4.26±0.76	4.66±0.52	4.68±0.71	75.714	0.000**

注：*$p<0.05$ **$p<0.01$

不同学校层次的学生对于辅导员的职业情感的评价呈现出0.01水平显著性（F=59.226，p=0.000），对于辅导员的职业认知的评价呈现出0.01水平显著性（F=63.004，p=0.000），对于辅导员的职业意志的评价呈现出0.01水平显著性（F=66.392，p=0.000），对于辅导员的职业理想的评价呈现出0.01水平显著性（F=66.801，p=0.000），对于辅导员的职业能力的评价呈现出0.01水平显著性（F=73.687，p=0.000），对于辅导员的总体职业人格情况的评价呈现出0.01水平显著性（F=75.714，p=0.000），通过对各组别平均值得分进行对比，各个维度的差异度排序为"重点高校>普通本科高校>专科高校"。总的来讲，重点高校的学生对辅导员职业人格的认可度最高，普通本科高校的学生对职业人格的认可度相对来讲也非常不错，而专科高校大学生对辅导员职业人格认可度偏低。

4. 不同年级的学生对高校辅导员职业人格评价差异探究

从表4-20可以看出：不同年级的学生对于辅导员职业人格的5个人格结构维度、总体情况的评价全部呈现出显著性（p<0.05），意味着不同年级的学生对

于辅导员的职业情感、职业认知、职业意志、职业理想、职业能力、总体情况的评价均有着差异性。

表 4-20　学生视角下高校辅导员职业人格在年级上的特征

	年级（平均值±标准差）					F	p
	大一 ($n=444$)	大二 ($n=535$)	大三 ($n=326$)	大四 ($n=151$)	大五 ($n=25$)		
职业情感	4.64±0.57	4.62±0.58	4.46±0.71	4.53±0.74	3.88±0.79	12.138	0.000**
职业认知	4.58±0.61	4.59±0.58	4.41±0.77	4.52±0.73	3.75±0.64	13.409	0.000**
职业意志	4.53±0.66	4.56±0.59	4.32±0.80	4.47±0.82	3.57±0.79	17.211	0.000**
职业理想	4.56±0.67	4.61±0.63	4.45±0.81	4.50±0.86	3.77±0.79	9.937	0.000**
职业能力	4.50±0.69	4.55±0.63	4.33±0.81	4.48±0.82	3.53±0.72	15.605	0.000**
总体情况	4.58±0.57	4.59±0.54	4.42±0.72	4.51±0.75	3.72±0.63	15.398	0.000**

注：*$p<0.05$　**$p<0.01$

对于辅导员的职业情感的评价，不同年级的学生呈现出 0.01 水平显著性（F=12.138，p=0.000），通过对各组别平均值得分进行对比，职业情感维度的差异度排序为"大一＞大二＞大四＞大三＞大五"。大一和大二的学生对辅导员职业情感的认可度非常高，大五的学生对辅导员职业情感的认可度相对是最低的。总体而言，随着年级的增高，大学生对辅导员职业情感的认可度逐渐呈递减的趋势。

对于辅导员的职业认知的评价，不同年级的学生呈现出 0.01 水平显著性（F=13.409，p=0.000），通过对各组别平均值得分进行对比，职业认知维度的差异度排序为"大二＞大一＞大四＞大三＞大五"。大一和大二的学生对辅导员职业认知的认可度相对是最高的，基本持平；大三和大四的学生对辅导员职业认知的认可度基本持平，但却低于大一和大二的学生；大五的学生对辅导员职业认知的认可度是最低的。总体而言，大学生对辅导员职业认知的认可度也是随着年级的增长而呈现下降的趋势。

对于辅导员的职业意志的评价，不同年级的学生呈现出 0.01 水平显著性（F=17.211，p=0.000），通过对各组别平均值得分进行对比，职业意志维度的差异度排序为"大二＞大一＞大四＞大三＞大五"。大二的评分最高，大一和大四的评分基本趋于一致，大三的次之，大五的最低。认可度在不同的年级之间存在波浪形升高和降低。

对于辅导员的职业理想的评价,不同年级的学生呈现出0.01水平显著性(F=9.937,p=0.000),通过对各组别平均值得分进行对比,职业理想维度的差异度排序为"大二>大一>大四>大三>大五"。可以看出,大学生对辅导员职业理想的评价在不同的年级之间存在波浪形升高和降低。

对于辅导员的职业能力的评价,不同年级的学生呈现出0.01水平显著性(F=15.605,p=0.000),通过对各组别平均值得分进行对比,职业能力维度的差异度排序为"大二>大一>大四>大三>大五"。总的来讲,大二的评分是最高的,大一和大四的评分趋于一致,比大一稍低,但是比大三的要高,大五的评分最低。说明大二学生对辅导员职业能力的认可度最高,大五学生对辅导员职业能力的认可度最低。

对于辅导员职业人格总体情况的评价,不同年级的学生呈现出0.01水平显著性(F=15.398,p=0.000),通过对各组别平均值得分进行对比,职业人格总体情况的差异度排序为"大二>大一>大四>大三>大五"。从整体层面讲,大一和大二对辅导员职业人格的评分总体持平,即大一和大二学生对辅导员职业人格的评分最高;大四对辅导员职业人格的评分高于大三的评分,二者对辅导员职业人格的认可程度处于中间层次;而大五对辅导员职业人格的认可度是最低的。

5. 是不是学生干部对高校辅导员职业人格评价差异探究

从表4-21可以看出:是不是学生干部对于辅导员职业人格的5个人格结构维度、总体情况的评价全部呈现出显著性($p<0.05$),意味着是不是学生干部对于辅导员的职业情感、职业认知、职业意志、职业理想、职业能力、总体情况的评价均有着差异性。

表4-21 学生视角下高校辅导员职业人格在是不是学生干部上的特征

	是不是学生干部(平均值±标准差)		t	p
	否($n=623$)	是($n=858$)		
职业情感	4.45±0.72	4.66±0.55	-6.159	0.000**
职业认知	4.40±0.73	4.62±0.60	-6.065	0.000**
职业意志	4.33±0.78	4.57±0.62	-6.439	0.000**
职业理想	4.41±0.80	4.62±0.65	-5.468	0.000**
职业能力	4.32±0.81	4.57±0.65	-6.516	0.000**
总体情况	4.40±0.70	4.62±0.55	-6.511	0.000**

注:*$p<0.05$ **$p<0.01$

通过数据分析可以发现，无论是从各个维度来讲还是从总体情况来讲，学生干部对于辅导员人格的认可度都明显高于非学生干部。

6. 不同专业的学生对高校辅导员职业人格评价差异探究

从表4-22可知：不同专业样本对于辅导员职业人格5个人格结构维度、总体情况全部呈现出显著性（p<0.05），意味着不同专业的学生样本对于职业情感、职业认知、职业意志、职业理想、职业能力、总体情况均有着差异性。

表4-22 学生视角下高校辅导员职业人格在所学专业上的特征

	农学医学类 ($n=287$)	教育管理类 ($n=150$)	文史哲类 ($n=177$)	理工类 ($n=549$)	经济法学类 ($n=132$)	艺术类 ($n=123$)	其它类 ($n=63$)	F	p
职业情感	4.64±0.65	4.47±0.58	4.55±0.64	4.66±0.56	4.41±0.65	4.48±0.76	4.30±0.88	6.841	0.000**
职业认知	4.60±0.68	4.40±0.68	4.50±0.67	4.61±0.58	4.42±0.63	4.44±0.77	4.20±0.88	6.575	0.000**
职业意志	4.52±0.74	4.32±0.77	4.42±0.71	4.61±0.58	4.31±0.71	4.36±0.78	4.13±0.94	9.495	0.000**
职业理想	4.54±0.75	4.44±0.74	4.49±0.74	4.66±0.59	4.37±0.75	4.46±0.84	4.22±1.00	6.621	0.000**
职业能力	4.52±0.73	4.28±0.81	4.42±0.76	4.58±0.61	4.31±0.69	4.43±0.84	4.10±0.97	8.243	0.000**
总体情况	4.57±0.65	4.41±0.63	4.49±0.62	4.64±0.53	4.38±0.63	4.45±0.73	4.23±0.86	8.281	0.000**

注：* $p<0.05$ ** $p<0.01$

对于辅导员职业情感的评价，不同专业的学生呈现出0.01水平显著性（F=6.841，p=0.000），通过对各组别平均值得分进行对比，职业情感的差异度排序为"理工类>农学医学类>文史哲类>艺术类>教育管理类>经济法学类>其他类"。总的来讲，理工类、农学医学类学生对辅导员职业情感的认可度很高，文史哲类次之，教育管理类、经济法学类、艺术类对辅导员职业认可度基本持平，处于相对较低的状态，而其他类的学生则是认可度最低。

对于辅导员职业认知的评价，不同专业的学生呈现出0.01水平显著性（F=6.575，p=0.000），通过对各组别平均值得分进行对比，职业认知的差异度排序为"理工类>农学医学类>文史哲类>艺术类>经济法学类>教育管理类>其他类"。通过对比可以发现,理工类和农学医学类学生对辅导员职业认知的评价最高,文史哲类学生次之,教育管理类、艺术类、经济法学类的评价处于一个水平,相比前者而言有所降低,其他类学生对辅导员职业认知的评价最低。

对于辅导员职业意志的评价,不同专业的学生呈现出0.01水平显著性($F=9.495$,$p=0.000$),通过对各组别平均值得分进行对比,职业意志的差异度排序为"理工类>农学医学类>文史哲类>艺术类>教育管理类>经济法学类>其他类"。总的来讲,理工类学生对辅导员职业意志的评价最高,农学医学类学生的评价高于文史哲类,而教育管理类、经济法学类和艺术类的评价则处于同一水平,相比于前者是相对较低的,其他类学生对辅导员职业意志的评价是最低的。

对于辅导员职业理想的评价,不同专业的学生呈现出0.01水平显著性($F=6.621$,$p=0.000$),通过对各组别平均值得分进行对比,职业理想的差异度排序为"理工类>农学医学类>文史哲类>艺术类>教育管理类>经济法学类>其他类"。通过数据对比可以发现,理工类学生对辅导员职业理想的评价最高,农学医学类次之,教育管理类、文史哲类、艺术类则处于同一水平,经济法学类相对又比前者低了一个层级,其他类学生则对辅导员职业理想的评价最低。

对辅导员职业能力的评价,不同专业的学生呈现出0.01水平显著性($F=8.243$,$p=0.000$),通过对各组别平均值得分进行对比,职业能力的差异度排序为"理工类>农学医学类>艺术类>文史哲类>经济法学类>教育管理类>其他类"。通过数据对比可以发现,理工类学生和农学医学类学生对辅导员职业能力的认可度非常高,文史哲类和艺术类学生对辅导员职业能力的认可度次之,教育管理类和经济法学类学生对辅导员职业能力的认可度比前一结构维度又有所降低,其他类学生对辅导员职业能力的认可度最低。

对于辅导员人格总体情况的评价,不同专业的学生呈现出0.01水平显著性($F=8.281$,$p=0.000$),通过对各组别平均值得分进行对比,人格总体情况的差异度排序为"理工类>农学医学类>文史哲类>艺术类>教育管理类>经济法学类>其他类"。从总评结果来看,理工类学生对辅导员人格的评价和认可度是最高的,农学医学类的学生也相对比较高,教育管理类、文史哲类、艺术类、经济法学类对辅导员人格的评价几乎处于同一个等级,其他类学生则对辅导员人格的评价认可程度最低。

三、总体情况分析与差异性分析

（一）辅导员对高校辅导员职业人格评价的总体情况分析

通过数据可以发现，高校辅导员职业人格测评结果表明当前我国高校辅导员职业人格的总体水平处于偏上，辅导员群体对自身的群体职业人格满意度相对还是比较高的。在高校辅导员职业人格构成的 5 项结构因子中，职业理想、职业情感处于中等偏上水平，而职业认知、职业意志和职业能力则处于中等偏下水平。从辅导员的具体人格素质特征评价来看，宽容、诚信、尽责、家国情怀、廉洁、自尊、理想信念坚定处于中高水平，崇高信仰、自爱、善良、仁慈、同情、自律、终身学习、聪慧、人际交往能力、冷静、坚定、严谨、乐观处于中等左右的水平，而明察、耐心、网络思想政治教育能力、授课能力、自强、写作能力、自省、创新能力、温和则处于较低的水平。

（二）辅导员对高校辅导员职业人格评价的差异性分析

1. 男性辅导员的人格状况略优于女性辅导员

性别差异方面。通过数据分析可知，男性辅导员的职业人格状况略高于女性辅导员的人格状况，但总体是持平的。在 5 项因子中，唯有职业意志方面有明显差别，女性辅导员的职业意志明显低于男性辅导员的职业意志。从性别特性方面来讲，男性辅导员在职业发展过程中对于职业会更加坚定，晋升发展的机会相比女性辅导员要多，乐观性方面要优于女性辅导员。男性辅导员的抗压性更强，在统筹协调方面要比女性辅导员占优势。

2. 东部地区辅导员职业人格状况略优于中部地区和西部地区

地域差异方面。从整体情况来讲，东部地区辅导员职业人格状况要优于中部地区和西部地区。在 5 项因子中，不同地域辅导员的职业能力存在显著差异，在职业能力方面，东部高校的辅导员职业能力最强，中部地区高校的辅导员职业能力处于中等水平，而西部地区高校的辅导员职业能力相对前两者处于较低水平。

3. 重点高校辅导员职业人格状况优于普通本科高校和专科院校

学校层次差异方面。总的来讲，学校层次对于辅导员职业人格的影响还是非常大的，通过数据对比可以发现，重点高校辅导员职业人格状况优于普通本科高校辅导员，而专科高校辅导员的人格状况则处于较低的水平。

4. 博士研究生的人格状况优于硕士研究生和本科生

学历差异方面。学历对于辅导员人格的影响程度一般。总体而言，博士学历的辅导员人格状况要比硕士学历和本科学历的辅导员人格状况要好,硕士学历辅导员的人格状况处于中间水平,而本科学历辅导员的人格状况相对而言是处于较低水平的。

5. 辅导员职业人格状况随着职称的升高而逐步降低

职称差异方面。通过数据对比可以发现,职称对于辅导员职业能力的影响不大,但对于辅导员职业人格的其他因子方面的影响还是非常大的。总体来讲,中级职称和初级职称辅导员职业人格状况最好,而副高级辅导员的职业人格状况相对前两者有所降低,正高级辅导员的职业人格状况相对较差。

6. 辅导员职业人格状况随着行政级别的升高而逐步降低

行政级别差异方面。通过数据对比可知,行政级别对辅导员职业人格的影响程度非常大。科员级辅导员的职业人格状况最好,科长级辅导员的职业人格状况相对较好,副处级辅导员的职业人格状况有所降低,而正处级及以上辅导员的职业人格状况相对偏弱。

7. 婚姻状况对于辅导员职业人格的影响程度比较微弱

婚姻状况差异方面。通过数据分析可知,婚姻状况对于辅导员职业人格的影响并不十分明显,也就是说是否结婚并不影响辅导员的职业人格状况。

8. 工作年限处于中间水平的辅导员职业人格状况较差

工作年限差异方面。不同工作年限的辅导员在职业认知和职业能力方面的差异性不大,但是却在职业情感、职业意志和职业理想方面的差别较大,也就是说工作年限对于辅导员职业人格状况的影响相对还是比较大的。工作年限在1~3年和18年及以上的辅导员的职业人格状况是相对非常好的;工作年限在4~8年和13~17年的辅导员的职业人格状况也相对较好,但是有所减弱;而工作年限在9~12年的辅导员的职业人格状况相对而言是最弱的。

9. 理工类专业背景的辅导员职业人格状况优于其他专业背景辅导员

所学专业差异方面。通过数据分析可知,所学专业对于辅导员职业人格有一定影响,特别是在职业认知和职业理想方面有一定的差异展现,但是影响的程度相对偏弱。总体来讲,理工类辅导员的职业人格状态相对而言是最好的,学习文史哲法专业、思想政治教育专业、教育学专业的辅导员职业人格状况也相对很好,而学习管理学和其他专业的辅导员职业人格则相对偏弱。

(三) 大学生对高校辅导员职业人格评价的总体情况分析

通过数据调查可以发现,大学生对于高校辅导员职业人格状况的评分普遍相对较高,对辅导员职业人格状况的认可度也相应较好。总体而言,当代大学生对辅导员的职业人格状况是比较满意的。在高校辅导员职业人格构成的5项结构因子中，大学生认为辅导员的职业情感、职业理想处于中高水平，而职业认知、职业意志和职业能力则处于中下水平。从辅导员的具体职业人格素质特征评价来看，自爱、自尊、尽责、同情、自强、诚信、宽容、廉洁、温和、冷静、自律、家国情怀、聪慧、终身学习等方面处于中高水平；仁慈、崇高信仰、理想信念坚定、自省、严谨等方面处于中等水平；而写作能力、善良、明察、网络思想政治教育能力、授课能力、人际交往能力、耐心、创新能力、乐观和坚定等方面则处于较低水平。

（四）大学生对高校辅导员职业人格评价的差异性分析

1. 大学生性别对辅导员职业人格状况评价的影响微弱

性别差异方面。男性学生和女性学生对于辅导员职业人格状况的评价情况趋于一致，并无明显差别。

2. 东部地区大学生对辅导员职业人格状况的满意度优于中部和西部地区

高校地域差异方面。通过数据可知，不同地域高校的大学生对辅导员职业人格状况评价的差异性较大，东部地区高校的大学生对于辅导员职业人格的状况是非常满意的，中部地区高校的大学生对于辅导员职业人格状况是相对满意，而西部地区高校大学生对于辅导员职业人格的满意度相对不足。

3. 重点高校大学生对辅导员职业人格状况的满意度优于普通本科高校和专科院校

学校层次差异方面。通过数据分析可以发现，学校层次很大程度上影响着大学生对高校辅导员职业人格状况的评价。重点高校大学生对辅导员职业人格状况的满意度非常高，而普通本科高校和专科高校的大学生对辅导员职业人格状况的满意度相对较低。

4. 低年级大学生对辅导员职业人格状况的满意度优于其他年级

年级差异方面。总的来看，大学生所处不同年级对于辅导员职业人格状况的评价是差异性非常大的。大一和大二学生对辅导员职业人格状况非常满意，大四学生对辅导员职业人格状况比较满意，大三学生对辅导员人格状况的满意度相对较低，而大五学生对辅导员职业人格状况的满意度最弱。

5. 学生干部对辅导员职业人格状况满意度高于非学生干部

学生干部任职差异方面。通过数据对比可以发现，是否担任学生干部对于辅导员职业人格评价的影响性是非常大的。学生干部对辅导员职业人格状况的满意度比较高，而非学生干部对辅导员职业人格状况的满意度相对比较低。

6. 理工类大学生对辅导员职业人格状况满意度优于其他专业大学生

所学专业差异方面。大学生所学专业不同，对辅导员职业人格状况的评价差异性也非常大。总体而言，理工类大学生对辅导员职业人格状况最为满意，农学医学类学生对辅导员职业人格状况满意度也非常高，教育管理类、文史哲类、艺术类学生对辅导员职业人格满意度处于中间水平，而经济法学类学生对辅导员职业人格状况满意度相对偏弱，其他类专业的大学生对辅导员职业人格状况的满意度相对而言比较低。

（五）2个群体对高校辅导员职业人格评价的差异性比较

职业认知方面，通过对辅导员群体和对大学生群体的双重调查发现，在辅导员职业人格的职业认知方面，他们对于辅导员的终身学习和专业知识的聪慧都给予了非常高的评价，说明在他们看来，辅导员群体都是善于学习、乐于学习的，并且对于辅导员职业的认知清晰程度也非常高，他们都认为辅导员能够较好地明确自身的职业角色定位和岗位职责。但是在明察和应急方面一致认为二者相对偏弱。

职业情感方面，无论是从辅导员的视角还是从大学生的视角，他们对辅导员职业人格在关心关爱学生方面都很满意。通过辅导员群体的调研数据和大学生群体在职业情感方面的调研数据对比发现，二者最大的差异在于精力充沛而温和的评分，辅导员对于本群体的精力充沛而温和评分较低，而学生在该项的评分则较高，平均评分较悬殊。

职业意志方面，通过对辅导员群体和大学生群体的调研数据对比发现，他们在辅导员意志的子要素自律、严谨、冷静方面评分是一致性相对较高，由此可见，他们对辅导员职业意志的这三方面的表现是较为认可的。在自律方面，辅导员身为教师，能够很好地注意自身言谈举止，自律性强，能够给学生以典型示范作用；在严谨方面，辅导员工作内容纷繁复杂，一旦出错容易造成严重后果，所以从辅导员群体本身来讲他们能够养成严谨的好习惯，从学生群体来讲辅导员严谨的工作风格让学生耳濡目染；在冷静方面，辅导员工作中会遇到各种突发事件，面对来自领导、同事、家长、学生等多方面的压力，所以，他们的抗压性相对较强，在遇到突发事件时能够不慌乱，能直面问题，可以较好地、冷静地处置。但是通过数据对比可以发现，辅导员在乐观、坚定和耐心方面的评分相对较低。从乐观方面来讲，辅导员群体是一个相对乐观的群体，但是由于工作的繁杂性、压力性、成果不易显现性等，他们有时也会出现悲观、职业倦怠、自我能力怀疑等负面情绪；从坚定方面来讲，主要是指对于职业选择的坚定，绝大多数辅导员选择这个职业之初是喜欢这项工作的，能够把学生

171

的成长成才作为自身的奋斗目标，能够坚定自己的初心，但是一些辅导员随着工龄的增加，特别是当面对晋升受挫、职业受挫等挫折而无法顺利调整心态时，则容易导致目标不够坚定；从耐心方面来讲，确实会出现一些辅导员对待学生不够耐心的情况，特别是当辅导员手头事务繁多或者自己的教育不被学生理解时很容易产生烦躁情绪，不能保持冷静的态度，不能做到因材施教，反而出现"一刀切""武断""态度不友好"的问题。

职业理想方面，无论是从辅导员群体自身还是从大学生群体的调研结果来看，2个群体对职业理想的评分都相对较高，可以说明，辅导员群体的职业理想状况是相对不错的。通过对比发现，辅导员群体对政治信仰的评分相对偏低，大学生对理想信念坚定的评分相对偏低，而二者对家国情怀的评分均非常高，足以说明辅导员的家国情怀状况是得到认可的。之所以大学生对辅导员的理想信念坚定项目的打分相对较低，主要还是受两方面的影响，一方面是工作内容的影响，另一方面是价值引领效果的影响。从工作内容方面来讲，辅导员的工作内容更多的是日常的琐碎事务，而对于理想信念教育的内容相对较少，在理想信念方面沟通得少就容易导致大学生对辅导员产生理想信念坚定性不足的印象。从价值引领效果来讲，对大学生进行理想信念教育是辅导员工作必不可少的内容，特别是在如建党节、入党启蒙教育、讲党课等一些关键时间节点，对学生进行理想信念教育是必备内容，但是一些辅导员由于理论素养较差、知识储备不够等，很容易把理想信念教育变成照本宣科，容易出现讲不深、讲不透的问题，以至于通过理想信念教育来对学生进行价值引领的效果偏弱。

职业能力方面，通过调研数据可以发现，辅导员群体和大学生群体对辅导员的职业能力评分均较低，辅导员的职业能力现状在辅导员人格状况的5个构成部分中相对是表现最差的，可见，辅导员职业人格在职业能力方面确实有较大的提升空间。通过数据对比可以发现，辅导员群体和大学生群体对于辅导员的创新能力一致认为亟须加强。

为了研究新时代高校辅导员职业人格如何优化塑造，分别通过对比辅导员群体视角和大学生群体视角来进行分析。在分析过程中，分别利用辅导员群体视角（4.38）、大学生群体视角（4.52）下人格测评的总体均值将29项人格划分成4个象限。第一象限（右上）表示辅导员、学生均评价高的人格特征（继续保持区），第二象限（左上）表示辅导员评价高、学生评价低的人格特征（适当提升区），第三象限（左下）表示辅导员、学生均评价低的人格特征（重点提升区），第四象限表示辅导员评价低、学生评价高的人格特征（低优先发展区）。具体结果如图4-1，根据图4-1可以了解到：

第一象限（继续保持区）的人格特征有崇高信仰、仁慈、家国情怀、自律、廉洁、宽容、诚信、尽责、自尊、同情、自爱；第二象限（适当提升区）的人格特征有理想信念坚定、善良；第三象限（重点提升区）的人格特征有坚定、乐观、耐心、人际交往能力、严谨、明察、网络思想政治教育能力、授课能力、写作能力、创新能力、自省；第四象限（低优先发展区）的人格特征有终身学习、聪慧、冷静、自强、温和。

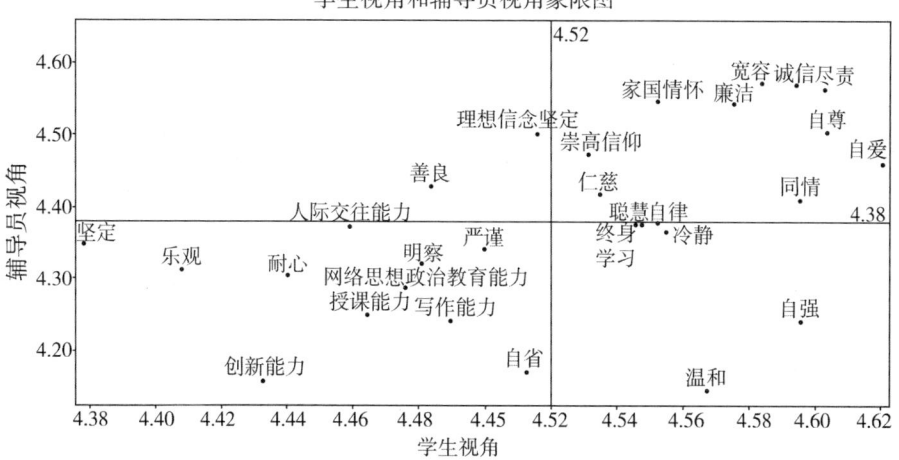

图 4-1 学生视角和辅导员视角象限图

通过数据对比可知，新时代高校辅导员职业人格塑造要重点在第三象限（重点提升区）里涉及的内容进行重点强化，高校辅导员职业人格发展存在的问题主要集中在坚定、乐观、耐心、人际交往能力、严谨、明察、网络思想政治教育能力、授课能力、写作能力、创新能力、自省等方面，那么，接下来就要重点针对这些方面进行问题分析和原因挖掘。

第五章

高校辅导员职业人格现状及存在问题的原因分析

新时代,在全国高校思想政治工作会议、学校思想政治理论课教师座谈会和《关于加强和改进新形势下高校思想政治工作的意见》等重要讲话精神和相关文件的指导下,高校辅导员相关制度体系日渐完善,职业发展的政策保障日趋全面,队伍专业化、职业化建设成果显著,在大学生成长成才过程中的作用发挥日趋明显,高校辅导员的职业人格状况总体良好,充分体现了党和国家对高校思想政治工作的高度重视。在看到成绩的同时,也要客观看待高校辅导员职业人格现状距离新时代对高校辅导员职业人格新要求之间的差距。客观辩证地看待高校辅导员职业人格建设取得的成绩、存在的问题、诱发问题产生的根本原因,以便为新时代高校辅导员职业人格塑造提供强针对性的对策建议。

一、高校辅导员职业人格表现良好的肯定性总结

新中国成立以来,高校辅导员队伍紧紧围绕中心,服务大局,坚决贯彻党中央教育精神和"立德树人"育人宗旨,牢记初心使命,为党、国家、学生成长成才做出了重要贡献,取得了显著的成绩,受到了党和国家、社会和高校、家长们和学生们的肯定。通过对高校辅导员职业人格状况的实证调查结果分析可知,无论从辅导员群体自我认知来讲,还是从教育对象即大学生群体的反馈评价来讲,高校辅导员职业人格的总体表现是非常值得肯定的,大多数辅导员都通过积极努力的工作向着新时代提出的目标要求而迈进,并且在育人成效上也取得了一定的成绩。高校辅导员的职业价值得到了社会、高校、家庭的诸多肯定,社会地位也得以有效提升。

(一)高校辅导员道德品质高尚

高校辅导员作为教师,要做到为人师表,更应体现出厚德的要求,主要体现为道德品质高尚。道德品质高尚的核心点就是充满爱。爱是教育的起点,更是教育的源动力。广大高校辅导员将爱的点点滴滴播撒在育人过程中,使得大

学生在辅导员爱的浸润下健康成长。高校辅导员的德在大德、公德和私德方面也表现得淋漓尽致。调查结果显示，从辅导员视角来看，理想信念坚定因子平均值达到4.501，宽容因子平均值达到4.571，廉洁因子平均值达到4.545，善良等因子平均值也均达到4.4以上；从大学生视角来看，理想信念坚定因子平均值达到4.516，宽容因子平均值达到4.584，廉洁因子平均值达到4.575，善良等因子平均值也均达到4.4以上。数据表明在大德方面，广大高校辅导员身为中共党员，忠于党、忠于国家，理想信念坚定，有较为浓郁的家国情怀，能够热爱祖国、胸怀家国，积极宣传和践行党的路线方针政策，不懈地为党育人、为国育才，确保培养出的大学生是为社会主义建设事业服务的；在公德方面，广大辅导员以身作则，积极组织学生参加社会实践活动，主动投身于志愿服务及公益活动，传播爱心、传播文明，弘扬社会正能量；在私德方面，广大辅导员以生为本，遵纪守法，注重言谈举止，对待学生和蔼可亲，有良好的职业道德、家庭美德和个人美德，为广大学子树立了良好的榜样。

（二）高校辅导员爱岗敬业尽责

调查结果显示，从辅导员视角来看，尽责因子平均值达到4.564；从大学生视角来看，尽责因子平均值达到4.603。结合工作实际可以发现，绝大多数辅导员能够做到爱岗敬业。他们善于通过进行团队激励，进而推动班级和相关学生组织的发展，还善于通过组织各种活动推动学生发展，并且很多辅导员在遇到压力时能够及时自我化解，在工作和生活中比较自律。大多数辅导员也能够在学生评奖评优等方面做到公平公正、清正廉洁、自尊自爱，珍惜个人名誉，遵守职业准则，严守职业道德底线，不做违法乱纪之事。大多数辅导员能做到吃苦耐劳、勇于奉献，听从组织号召，服从组织安排。虽然各高校都有少许辅导员因各种原因离职或转岗，但是从整体上讲，大部分辅导员职业认同感较强，他们在工作中爱岗敬业树榜样，在学生工作岗位上为学生的成长成才及安全稳定保驾护航。

（三）高校辅导员关心关爱学生

调查结果显示，从辅导员视角来看，温和、宽容、同情、仁慈等因子平均值均达到4.1以上；从大学生视角来看，温和、宽容、同情、仁慈等因子平均值均达到4.5以上。结合实际的工作体验可以发现，大多数辅导员能够做到以生为本，能够做到抱着同情之心关心关爱学生，能够时常通过走访宿舍、食堂、教室等场所深入掌握学生的生活及学习状况，尤其当学生面临困难时，大部分辅导员能够急学生之所急，第一时间出现帮助学生处理困难问题。例如：学生出现家庭经济问题，辅导员会想方设法通过"奖、助、勤、免、补"等方式确保学生的正常生活；当学生情绪出现较大波动时，辅导员会做学生的聆听者并积极对学生进行开导；当学生学习遇到困难时，辅导员会积极联系专任教师以及学长学姐对其进行帮扶；当学生生病时，辅导员会跑前跑后地带着学生到医院看病；等等。这些日常的困难解决，事情虽小、虽杂，却是高校辅导员普遍关心关爱学生的现实表现。

（四）高校辅导员坚定乐观严谨

高校辅导员大多对辅导员职业形成了一定的职业认同，认为辅导员职业是值得全心全意去付出和奉献的高尚职业，也坚定了他们从业的信心和毅力。高校辅导员工作内容繁杂、费心耗力，各种突发性事件时有发生，这都对辅导员的身心素质产生了极大的挑战。通过调查显示，从辅导员视角来看，乐观、坚定、严谨等因子平均值均达到 4.3 以上；从大学生视角来看，乐观、坚定、严谨等因子平均值均达到 4.3 以上。在实际工作中可以发现，大多数辅导员的身心素质是比较顽强的，纵使有重重的困难，他们也会努力想办法去克服，哪怕受了委屈、挨了批评，也会擦干泪微笑着面对，在他们身上更多展现出的是坚定和乐观，正是这份坚定和乐观给了学生极大的安慰和依靠。同时，辅导员日常工作事务千头万绪，每个辅导员都面对着几百名学生，有时真的会"一失足成千古恨"，所以，绝大多数辅导员在工作中严谨细致，一遍遍地核查、一次次地校对，这种严谨细致的工作作风是对学生成长成才的高度负责。

（五）高校辅导员保持乐学态度

调查结果显示，从辅导员视角来看，终身学习因子平均值达到 4.375；从大学生视角来看，终身学习因子平均值达到 4.546。表明大多数辅导员是善于学习的，能够保持乐学的态度。作为高校辅导员，大多数会意识到自己作为高校教师，应该比学生懂更多、学更多，只有这样才能更好地教育学生、帮助学生。高校辅导员的乐学主要体现在以下三方面。一是对工作中所需专业知识的学习。他们基本上都能积极主动地通过培训、自学等方式实现持续学习。大多数辅导员也很聪慧，通过不断的学习，逐步扎实自身的专业知识，对于职业的认知也逐渐全面和深刻。二是将理论学习和实践学习相结合。很多辅导员在日常工作中善于观察、善于反思，并结合自身的工作经验和发现的实际问题，通过课题申报和论文撰写的方式进行研究，进而更好地指导实际工作。三是还有一些辅导员积极地通过考取博士提升学历、参加比赛提升能力、锻炼挂职拓展阅历等方式进行学习。

（六）高校辅导员气质风度优雅

高校辅导员作为师者，需要在举手投足间体现为人师表的气度。气质风度优雅可以使得辅导员的人格魅力提升,从而增进师生关系,更加有利于大学生思想政治教育活动的开展。调查结果显示,从辅导员视角来看,明察、聪慧、自尊、自爱、自强等因子平均值均达到4.2以上;从大学生视角来看,明察、聪慧、自尊、自爱、自强等因子平均值均达到4.4以上。高校辅导员的气质风度优雅不仅体现在整洁的衣着和礼貌的行为举止等外在形象方面,更多的是体现在谦逊的态度、豁达的性格、办事公平公正民主、诚信友善、饱满的精神等内在的气质方面。在外在形象方面,大多数辅导员日常非常注意自身的穿着打扮,很少有浓妆艳抹、流里流气的情况,绝大多数是中规中矩的职业装,给人以干净干练的感觉。辅导员的气质风度优雅更多的是体现在内在气质方面,它是高校辅导员良好的思想道德修养和健康心理素质的展现。高校辅导员的职业特征更偏向于服务型,不仅要服务领导、老师,还要服务学生,这就对高校辅导员的服务性特质提出了高要求,很多辅导员在日常的人际交往中都表现得非常友善和蔼,对于师生的求助总是乐于帮助,对待学生公平公正、一视同仁。

二、高校辅导员职业人格存在的突出问题

高校辅导员如今的职业发展、工作平台、制度保障等建设在历史的洪流中发展进步,取得了显著成效。在看到成绩的同时,不能忽视高校辅导员职业人格存在的突出问题。目前,从总体情况来看,辅导员群体的职业人格状况是良好的,是按照新时代的新要求来发展的,形塑大学生人格的成效是值得信赖的。这是主流,是值得充分肯定的。但是随着社会巨大变化尤其是市场经济大潮和多样化社会思潮的冲击,加之辅导员队伍的日益快速扩大和当代大学生日趋多元化的需求,部分辅导员的职业人格也存在一些较为突出的问题。市场经济的冲击让一些辅导员把职业仅仅当成了赚钱的工具,谋生和乐业的分离使得这些辅导员的职业责任感不足;当今社会对高校辅导员的职业素质及工作能力提出了新的要求,但是一些辅导员沉浸于旧思想、旧理念、旧方法,其职业素质及工作能力无法满足当下的新要求;纷繁复杂的事务性工作让一些辅导员脾气暴躁,缺乏耐心和爱心;等等。一些辅导员在各种挑战中失迷、失节、失魂、失职,致使出现人格缺陷。这些人格缺陷问题的出现有的已经产生了较为恶劣的社会影响。因此,面对新时代对高校辅导员在职业人格方面提出的高要求,必须正视已经存在的高校辅导员人格缺陷问题。

(一) 职业认知懵懂,有待进一步深化

调查结果显示,从辅导员视角来看,职业认知在不同性别、不同地域高校、

不同学历、不同婚姻状况、不同工作年限方面均表现出一致性；在不同学校层次、不同职称、不同行政级别、不同专业均呈现显著性（$p<0.05$），存在差异性；从大学生视角来看，在学校地域、学校层次、年级、是不是学生干部、不同专业的评价均呈现显著性（$p<0.05$），存在差异性。主要表现在：

1. 经验积淀不足，缺乏洞察力

为了加强高校思想政治工作，大多数高校按照1：200师生比的标准进行了辅导员配备，辅导员的数量在近几年内激增，这样导致的结果是辅导员年轻化但缺乏经验积淀。优秀的辅导员往往是靠经验积累出来的，"必须拥有精准把握学生实际需求的洞察力"[1]，而面对大规模的新入职辅导员，虽然他们也经历了岗前培训，但是工作经验却很难短时间内进行有效积累，以至于较多的年轻辅导员缺乏足够的洞察力，对于一些隐藏的苗头无法及时察觉，对那些可能会发展为重大事件的征兆也无法及时捕捉，不能够在问题初现端倪的时候予以提前处置，导致辅导员与大学生之间出现了代沟，防微杜渐在这些辅导员身上无法得到有效体现，学生的诉求往往在不经意间被忽略。前段时间，某高校发生一起学生自残事件，据事后调查，学生其实早有特殊举动，该生平时积极乐观、开朗活泼，但是某天该生心情低落地去找辅导员，行为举止反常，面对辅导员没说几句便支支吾吾跑开，辅导员并未察觉学生的异常并放任处理，直到最后学生发生了自残，该辅导员才幡然明白该生反常举动所代表的意义。经验丰富且有较强洞察力的辅导员善于从学生言谈举止中发现问题，并及时进行处置，将问题扼杀于摇篮。相反，如果问题已经爆发再被动处理，就容易错失最佳处理时间。

2. 知识素养不足，缺乏应急力

"辅导员的工作要求就是在处理偶发事件和危机事件时要具有行动力"[2]。高校学生管理工作时常面临各种突发事件，有半夜失踪的、跳楼自杀的、心理抑郁的、陷入传销的、被电信诈骗的、发生严重交通事故的等等。当突发事件发生时要求辅导员第一时间赶往现场进行处理应对。然而，在实际工作过程中，一些辅导员抱着"产生这些问题的学生都是不正常的，我的学生都正常，不会

---

[1] 倪颖，王薇薇．提升高校辅导员思想政治教育亲和力探析［J］．学校党建与思想教育，2020（4）：69．

[2] 屈桃．新时代高校辅导员实践智慧：内涵、价值及生成策略［J］．思想教育研究，2018（9）：105．

发生突发事件"的侥幸思想,"不去培养自己的危机处理能力"①。当真正面对重大突发事件时,由于专业知识素养不足而缺乏应急力,出现了有的辅导员不懂得如何向领导汇报、有的辅导员不知道处置流程、有的辅导员直接脑子一片空白等等一系列状况。在某高校,一名男生由于失恋导致情绪失控,坐在宿舍楼顶的边沿号啕大哭,随时都有坠楼的危险,当辅导员赶到现场时,虽然知道学生是由于失恋才有此危险举动,却不知如何处置,只是不断要求学生尽快下来,而学生对于辅导员的要求置之不理,直至学校心理咨询中心的咨询师赶到,对学生的情绪进行安抚后才制止了悲剧的发生。在此事件中,该辅导员由于缺乏心理辅导、感情辅导、危机处置等方面的专业知识素养,应急力不足,遇到突发事件不知所措,在危机处置中处于被动地位。

3. 认识能力不足,缺乏认知力

对辅导员来说,认知力对工作的开展非常重要。但是,部分辅导员存在"确认偏误"的情况,他们乐于倾向寻找证据来支撑自己相信是对的事情,抵制不同的观点和看法。对于那些他们认为是对的事情往往是偏执的信任,而忽视事情的真相。古有"疑邻盗斧",今有"我看不见就是没有"。他们会对一些事情特别敏感,领导指出自己的错误,他便认为是领导在排挤自己;学生给自己提出意见建议,他便认为学生不尊师重教,故意为难老师。他们完全没有意识到可能领导只是在陈述一个工作事实,学生可能只是单纯提出一个疑问。部分辅导员眼里只有自己的所思所想,带着情绪思考和看待问题,然后掉进认知的"陷阱"里。面对特性各异的学生,有的辅导员正是由于缺乏认知力,为了方便快捷,喜欢给学生"贴标签"。他们与学生接触时,时常通过第一印象给学生打分,然后就轻易地给学生下结论。在随后的师生交往中,这些辅导员会根据先前的"标签",对不同的学生采取不同的对待方式:对于第一印象好的学生,辅导员会温柔以待,热心帮忙;而对于第一印象差的学生,不管这些学生所做的事情是否正确,在辅导员眼里,他们都是在制造麻烦。这些辅导员对学生没有做到正确的认识,丧失了作为辅导员所应该具备的正常的认知能力。

4. 自我认同不足,缺乏驱动力

现代素质教育中自我认同的起点是大家得到幸福感。② 辅导员的自我认同是

---

① 李余华,李黎青,丁阳喜. 高校突发事件应急处置机制研究 [M]. 成都:西南交通大学出版社,2007:20.
② 许仲举,郝万喜. 辅导员自我认同的危机及其重构:基于吉登斯的现代性自我认同理论 [J]. 延安大学学报(社会科学版),2020 (7):109.

思想政治教育工作取得效果的必要条件，同时也是内心对职业的认同与肯定，从而感受幸福和乐趣。面对迅速变化的世界格局、社会的整体转型以及大学生的社会化，部分辅导员由于无法明确建立自己的职业身份而产生怀疑和焦虑。由于他们无法准确确认自身的职业身份，无法正确识别自己，以至于职业目标模糊，工作动力匮乏，最终导致辅导员的自我认同感无法建立，也就是"本体安全性"受到挑战，自我认同被打破。在辅导员的日常工作中，当保卫处缺乏人手时，辅导员成了保安；当活动缺少观众时，辅导员成了观众；当宿舍管理出现问题时，辅导员成了宿管员；当课堂纪律不好时，辅导员成了学风督查员；当校园卫生差时，辅导员又成了卫生检查员；等等。一些辅导员对其工作内容感到迷茫和困惑，并且倾向于在职业中自我怀疑、自我否定，他们将目前职业作为过渡性工作，有机会随时准备转岗，从心底里对该职业进行了否定。根据相关调查，辅导员中有一多半不满意自身职业，"当问到'如果有其他工作可以做'……26.9%的辅导员表示会立即放弃自己的岗位，52.2%的辅导员产生了动摇"①。在这种心理状态下，辅导员的工作往往出现拖沓、应付、效率低的情况。自我认同感的降低也会影响辅导员的职业自信，限制辅导员的思维发散，降低其社会适应感。

（二）职业情感弱化，有待进一步培育

人是有情感的动物，情感是人之所以为人的根本。高校辅导员在学生成长成才中起到重要作用，在职业发展过程中要做到"以情化人、以情感人"，要把自己温暖贴心的一面展示给学生，让学生切身感受到来自辅导员的"温度"，进而使学生愿意靠近辅导员、认同辅导员、支持辅导员。所以说，职业情感是辅导员的立身之本。调查结果显示，从辅导员视角来看，职业情感在不同性别、不同地域高校、不同婚姻状况、不同专业方面均表现出一致性，在不同学校层次、不同学历、不同职称、不同行政级别、不同工作年限均呈现显著性（$p<0.05$），存在差异性；从大学生视角来看，在学校地域、学校层次、年级、是不是学生干部、不同专业的评价均呈现显著性（$p<0.05$），存在差异性。结合实际工作也会发现，一些辅导员存在职业情感缺失的情况，如对待学生态度蛮横、对于学生的诉求视而不见等，这些问题的存在只会让学生对辅导员敬而远之，让学生在对辅导员人格评价中打出"差评"。

---

① 高媛媛. 高校辅导员职业生活质量的调查与分析［J］. 湖州师范学院学报，2012，34（3）：130.

1. 重管理轻服务，缺乏亲和力

高校辅导员肩负管理和服务的职责，管理是显性教育的方式，服务是隐性教育的方式。为了使大学生的学习、工作和生活规范有序，一定程度的管理和服务是非常必要的。但是一些辅导员恰恰是把管理者的权力扩大化，而把服务者的职责进行了弱化。教育者的管理和服务，从本质上讲就是爱的体现。身为一名辅导员，对待学生要做到善爱而不偏爱、严爱而不宠爱、恒爱而不阵爱。爱的首要表现就是充满亲和，即辅导员要在管理和服务中体现亲和力。然而，部分辅导员在面对学生时，重管理轻服务，在工作态度上存在不够温和的情况，对部分学生缺乏耐心和爱心，过于严厉刻薄，缺乏亲和力。这些辅导员往往习惯于用老师的权威让学生服从，这样只会导致学生内心的抵触和抗拒。管理和服务往往是相伴而生的，管理的最高境界便是服务，服务的直接目的是管理。在与学生调研访谈时有位学生讲述了这样一个案例：一位辅导员在走访学生宿舍时看到学生桌子上摆放一个小型电饭煲，还未等学生解释辅导员便以使用违规大功率电器为由将电饭煲没收，并要求学生针对此事作出深刻书面检查。事后了解到，该生之所以在宿舍存放电饭煲是由于近期身体不适在食用中药，而加热中药需要使用电饭煲。针对此事，辅导员需要先问清事情的缘由，在得知学生生病后，要及时给予关心，并积极帮助学生在社区寻找可以熬制中药的安全场所。同样一件事，简单粗暴而冰冷的管理只会诱发师生矛盾，而亲和体贴又温暖的服务会增强学生对辅导员的好感，提升辅导员的人格魅力，让学生明白辅导员是站在学生立场思考问题。

2. 重要求轻教育，缺乏引导力

"辅导员身为大学生思想政治教育的引路人与教育者，更多的是对学生起到思想教育的作用"[1]，但是部分辅导员意识不到管理只是教育的手段，意识不到管理的终极目的是教育，他们在日常事务管理中过分注重要求，忽视教育，认为只要把学生管好，在安全稳定方面不出事就行。其实，这是典型的不负责任的行为。辅导员最重要的职责是通过教育对学生进行价值引领，而教育则体现在辅导员工作的方方面面。一些辅导员为了尽快做出工作业绩，只能教育不足管理补，导致的后果往往是"表面上风平浪静，背地里风起云涌"。一些文科专业背景的辅导员被分配到理工科学院，由于对学生的所学专业不甚了解，不能有效地结合学生实际对学生进行价值引领，只能对学生进行机械式的管理，难

---

[1] 暴占光. 影响高校辅导员与学生有效沟通的因素及应对策略 [J]. 思想理论教育导刊, 2012 (6): 110-112.

以对学生的发展给予其所期望的指导和建议。例如，在推动"青年大学习"活动时，部分辅导员由于自身缺乏足够的专业理论素养，不是本着负责任的态度将"青年大学习"活动的重要性、价值和意义讲给学生，让学生从心底里接受该活动，而是机械地、以命令的管理方式告诉学生这是学校的硬性要求，不完成任务就要接受相应的处罚。虽然从管理效果来讲，最终确实是完成了学校规定的任务，但是从教育引导的层面来讲，效果却非常糟糕。学生只是迫于辅导员的"管理压迫"即不被惩罚而进行应付式的被动学习，并未从思想进步的角度进行主动的学习，以至于一些学生将"青年大学习"当成了负担，既浪费了时间又没有达到教育的效果，还在一定程度上加剧了师生矛盾。

3. 重规约轻理解，缺乏共情力

部分辅导员存在重规约轻理解的情况，处理学生事务习惯于管理性的"一刀切"，不会对学生的诉求进行具体分析，缺乏在理解基础上的情感共鸣，往往容易导致学生情感受挫。理解是达成意见一致的基础，理解更容易使辅导员走进学生的内心，具备共情力的辅导员更容易让学生靠近，也更具人格魅力。一位大学生曾讲述了这样一件事：自己父亲由于在工地务工时不小心从高空坠落，在得知父亲出事的消息后，该生便向辅导员提出请假一个月回家照顾父亲的请求。但是辅导员的答复却是"你父亲生病又不是你生病，按照学校规定如果你生病我可以批假，但是你父亲生病你的假我不能随便乱批，否则就按旷课处理"。殊不知该生父母很早就离异，是父亲把该生抚养长大，家里再无他人可以帮忙照看。辅导员按照学校规章制度办事本无可厚非，但是既然学生提出请假一个月的请求，自然有其困难，辅导员应该及时对该生予以情感上的同情并在请假管理上给予灵活处理。但是在该案例中，辅导员过多地站在规约的角度对学生的请假请求予以驳回，并未真正了解学生的困难，并未站在学生的立场上去实现师生的情感共鸣。规约应该是人性化的，应是富有人情味的，缺乏理解的规约只会让学生对辅导员敬而远之，让学生对辅导员从内心产生抵触，难以达到育人的效果。

4. 重结果轻过程，缺乏责任力

根据高校辅导员工作内容的实际情况及其要求，辅导员应承担管理责任、服务责任和教育责任，履行好上述责任方能称之为合格的高校辅导员。通过对1481名在校大学生进行辅导员满意度的问卷调研，内容涵盖辅导员的工作态度、道德素质、管理能力、公平公正等问题。调查结果显示，770人认为非常令人满意，占比51.99%；274人认为比较令人满意，占比18.50%；260人认为一般，占比17.56%；51人认为令人不够满意，占比3.44%；125人认为很不满意，占比8.44%。由此可见，总体状况是良好的，大部分辅导员的责任心都比较强，其工作效果也都能被学生所认可。在对其进行肯定的同时也要看到部分辅导员责任意识弱化的现象。责任意识弱化的辅导员主要有2类。一类为"混日子"派。在工作上不积极上进，不负责任，对当前工作不够重视，认为工作只是谋生的工具，工作任务完成即可，至于完成的效果如何不予关心。二类为"呆傻"派，工作积极，但是不讲究方式方法，用陈旧、单一的工作方式处理问题，不会创新，缺乏沟通交流，工作效率低且容易出现错误。当下大学生思想政治教育工作有较强的时代感且变化快，这就要求高校辅导员必须具有很高的使命感和责任感。但就目前看来，有些辅导员缺乏责任意识，工作积极性不高，敬业和奉献精神薄弱，吃苦耐劳和坚持不懈的精神还远远不够，缺乏与学生的有效沟通交流，对学生的基本情况不甚了解，疲于应付领导布置的工作任务，他们关心的是任务是否完成，而对于任务的落实效果如何则鲜有关注。

（三）职业意志消减，有待进一步锤炼

辅导员的职业意志是自身成长发展的精神支柱，要求自身具有较强职业认同感及良好的工作作风，注重学生发展，一心一意且公平公正地服务学生，引导学生健康成长。同时能够自我反思、自我监督、自我提升，树立"乐业、敬业、勤业"的积极正面职业形象。调查结果显示，从辅导员视角来看，职业意志在不同地域高校、不同学历、不同婚姻状况、不同专业方面均表现出一致性，在不同性别、不同学校层次、不同学历、不同职称、不同行政级别、不同工作年限均呈现显著性（$p<0.05$），存在差异性；从大学生视角来看，在学校地域、学校层次、年级、是不是学生干部、不同专业的评价均呈现显著性（$p<0.05$），存在差异性。结合现实工作，存在部分辅导员因事务性工作繁杂、工作要求变高、工作难度增大等因素的影响，存在逃避困难、身心健康欠佳、自我反省不足、表率意识不够、职业倦怠明显等问题，严重影响着辅导员职业人格的发展。

1. 对待困难逃避消极

琐事不断、事务性工作缠身确实是当下多数辅导员的工作现状，连续而庞杂的工作容易让人产生挫败感和疲倦感，辅导员在工作过程中负能量情绪较重，表现出比较悲观、消极厌倦的态度。一些辅导员在办公室或私人场合，习惯抱怨工作任务重，对事务性工作感到厌烦，甚至形成了不断否定的思维方式。长此以往，个人很难因为工作而感到兴奋和愉悦，导致成就感不高、情绪低落、职业幸福感下降、满意度降低，同时表现为迟到早退、工作涣散、精神不振，没有多余精力去主动提升自己。辅导员在工作中遇到困难是很正常的事情，部分辅导员由于工作时间短、经验不足、专业技能不够等问题导致胜任能力存在短板，对于棘手比较难处理的事情，存在一定的畏难情绪，总想着如何逃避问题，解决矛盾问题的决心不够坚决；另外一部分辅导员依仗自身工作时间长、经验丰富、资历深，在工作过程中习惯性地把任务分配给年轻的辅导员，自己则当起了"甩手掌柜"，而当"甩手掌柜"恰恰是消极逃避的表现。

2. 身心健康欠佳

当今时代教育事业发展快、社会急剧转型，生源背景越来越复杂，大学生心理健康问题日益成为辅导员需要迫切高度关注的重点问题。相应地，促进大学生身心健康发展也成为当今高校辅导员的重点工作任务。然而现实情况是，目前一些辅导员自身的身心健康状况欠佳、精力不足，无法为大学生提供优质的心理健康教育服务。产生这种情况的原因是受辅导员岗位特性限制，在多种影响因素的综合作用下，辅导员在育人过程中承受着巨大的心理压力。相关调查结果表明，75%的疾病与工作压力密不可分。辅导员一旦在工作中压力过大，将会对自身的身体状况和精神面貌产生不利影响，会导致弥散性疾病的发生。当人处于亚健康状况时，会经常容易感到疲倦、心情沮丧、注意力难以集中、工作效率低下、易失眠且食欲不佳，进而诱发负面情绪和失落感，如果任其发展，工作质量和生活质量就会严重受损。高校辅导员身心状况欠佳主要有以下几方面表现：职业竞争压力过大而带来的烦躁不安；人际交往复杂带来的焦虑与抑郁；社会快速发展带来的情绪紧张；"爆炸"式信息带来的迷茫与无力；随时可能发生的学生突发事件所带来的紧张感；繁杂的日常事务带来的压迫感；付出与回报不成正比带来的失落感；工作前的优秀与工作后的平庸带来的落差感；职业边界模糊带来的迷茫感；高强度工作和时常熬夜带来的高血压等疾病。这些问题的存在让许多辅导员的身心时常处于亚健康状态，甚至有的辅导员自我调整能力较弱还会出现神经衰弱、严重抑郁等心理问题。身心健康欠佳使得辅导员在与学生沟通交流中过于情绪化，缺乏自制力，对学生爱搭不理，甚至出现漫骂学生的现象。

3. 自我反省不足

作为辅导员，在提升基本工作素质之余，也要花时间反省不足，在不断反省中查漏补缺，稳步提升。不具备自我反省能力的辅导员很难适应教育发展改革的要求。自我反省是提升职业素质能力的重要法宝，是快速成长进步的重要手段。调查数据显示，辅导员视角下的自省调查平均值为4.170，在29项人格素质调查排序为27；大学生视角下的自省调查平均值为4.512，在29项人格素质调查排序为18，表明一些辅导员往往出现自我反省不足的问题。一是不愿自我反省。这类不愿自我反省的辅导员表面上表现为懒，时常以工作忙、工作累为借口刻意地拒绝自我反省，实际上是这类辅导员职业目标模糊，缺乏准确的职业定位。二是不敢自我反省。一些辅导员不愿直面自身在工作中存在的问题和不足，很多情况下这些辅导员心里知道自身存在的问题和不足，但是拒绝改变，拒绝承认，往往选择性忽略，毕竟改变的成本要远远高于安于现状。三是不会自我反省。一些辅导员由于工作经验不足，尚不能意识到自身存在的问题，在自我反省中无法准确发现问题；还有的辅导员没有掌握自我反省的方式方法，时常囿于一些困惑而无法自拔。

（四）职业理想淡漠，有待进一步坚定

辅导员追求的职业理想是统一"立德树人"的岗位目标及"全面发展"的个体需求。[①] 职业理想关乎努力的方向和最终实现的高度，能够激励引导辅导员自觉提升能力和水平，进一步发展完善辅导员的人格魅力。当代社会对辅导员提出的角色期待是将职业化、专业化、专家化有机融合发展，在曲建武等专家型辅导员的身上，能够普遍感受到优秀辅导员具有的巨大的感染力、号召力、人格魅力。但与此同时，有为数不少的辅导员面临着职业可持续发展的现实困境，在职称和行政晋升上存在一定的困难。同时，辅导员群体整体偏年轻化，普遍存在着职业理想与现实岗位、职业规划与发展前景、各界支持与自身能力的矛盾感[②]，"产生了职业理想弱化、职业规划模糊和职业信仰淡化等偏差"[③]。与同在高校负责科研教学的专任教师相比，辅导员角色处于认可度较低的地位，这种现实形象感知难免与理想中的辅导员职业角色期待产生落差，进而导致辅导员职业理想动摇。调查结果显示，从辅导员视角来看，职业理想在不同学校层次、不同学历、不同职称、不同行政级别、不同工作年限均呈现显著性（$p<0.05$），存在差异性；从大学生视角来看，在学校地域、学校层次、年级、是不是学生干部、不同专业的评价均呈现显著性（$p<0.05$），存在差异性。主要表现在：

1. 理想信念引领力薄弱

理想信念引领力薄弱，是高校辅导员对岗位职责认知不清、职业价值领悟不够和职业理想淡漠的客观表现。习近平总书记强调，"高校教师要坚持教育者

---

① 王琼. 高校辅导员的职业理想及其建构 [J]. 高校辅导员学刊, 2016, 8 (5): 78.
② 佴旭. 高校辅导员职业压力与动力平衡问题探析：基于教育生态学的视角 [J]. 高校辅导员, 2020 (4): 41.
③ 郝桂艳. 新时代高校青年辅导员理想信念建设的意义、现状与策略 [J]. 思想理论教育导刊, 2020 (2): 149.

先受教育，努力成为先进思想文化的传播者、党执政的坚定支持者"①。这对辅导员提出了较高的素质要求，需要其具备过硬的思想政治素质，需要密切关注国际国内形势，仔细学习国家最新的方针政策，对中国特色社会主义事业的丰富成果做好生动诠释，对于理论的学习保持系统一贯的态度，增强政治的敏锐度和时事的鉴别力。"辅导员需要积极鼓励大学生学好党的相关理论知识、系列重要讲话精神及政策文件，使得在实践中实现思想政治教育学以致用和教学相长。"② 但在实际的思想政治教育过程中，一些辅导员身上往往存在理想信念引领力薄弱的问题，主要体现在如下方面。一是自身缺乏对理论知识的深入学习，导致领悟不够。一些辅导员时常以工作忙为由拒绝主动学习，另外一些辅导员认为理论学习过于虚空而对理论学习应付了事。二是自身缺乏政策宣讲的好办法，往往照本宣科。调查数据显示，大学生视角下的理想信念调查平均值为4.516，远低于辅导员视角的数值。所以理想信念若要深入人心，就必须结合学生实际，宣讲过程中要做到方式喜闻乐见、语言通俗易懂，但是一些辅导员由于理论素养不够、理论认知不深、教学经验欠缺等原因时常在宣讲过程中照本宣科，致使教育效果大打折扣。三是言行不一，理论宣讲和辅导员的实际行动不符。还有的辅导员嘴上说一套，行动展示又一套。在进行理论宣讲时按章办事，但是私下却在不同的场合发表不适宜或者不当的言论，对其本人职业人格形象和整个辅导员队伍的职业人格形象都造成了影响。

2. 职业发展目标模糊

辅导员岗位的专业化、职业化发展要求明显减少了将辅导员作为过渡性岗位的情况，高校辅导员的社会认可度明显提升，辅导员岗位成为发展目标明确、职业规划清晰且发展前景广阔的职业。"全国高校辅导员年度人物"陈小花曾坚定地说："让我一直坚守的，不仅是一份老黄牛式的情怀，更有一份我对这份职业光明前途的理想愿景。"③ 因此，独特的职业魅力让越来越多的人才加入这个队伍并将此作为职业目标为之奋斗终身。但在实际工作过程中，少数辅导员对自身职业发展规划模糊，发展定位不清，不能够明晰未来的职业发展方向，更乐于"做一天和尚撞一天钟"。自身职业发展规划不清晰让少数辅导员把工作仅仅视为养家糊口的手段，丧失了职业发展动力，甘于平庸，既不主动提升自身

---

① 张烁. 习近平在全国高校思想政治工作会议上强调：把思想政治工作贯穿教育教学全过程开创我国高等教育事业发展新局面 [N]. 人民日报，2016-12-09（1）.
② 方兵. 新时代高校辅导员队伍的发展愿景与建设路径：《普通高等学校辅导员队伍建设规定》的解读 [J]. 徐州工程学院学报（社会科学版），2020，35（2）：106.
③ 陈小花. 高校辅导员的大爱与担当 [J]. 高校辅导员学刊，2017，9（2）：99.

的职业素质能力，也不在乎职务晋升和职称晋升，浑浑噩噩度日，使得职业人格状况急剧直下。

3. 师德师风失范

长期以来，党和国家高度重视师德师风建设。高校辅导员作为形塑大学生人格的重要力量，服务对象是处于身体和思想双向成长阶段的大学生，从职业岗位来讲，辅导员既不能单一纳入科研型人才，也不能纳入教学型人才，职业角色定位的特殊性决定了辅导员的职业道德水平要区别于其他教师甚至要高于其他教师。通过调研可以发现，当前高校辅导员的师德师风状况总体是良好的，同时也存在一些不可忽视且亟须解决的情况，作为高校辅导员，理应以身示范，为大学生创造良好的成长环境。但部分辅导员利用职务之便，无视国家法律法规，既损害了学生权益，又影响了辅导员队伍的良好职业人格形象，对思想政治教育工作造成较深的负面影响。

（五）职业能力欠缺，有待进一步完善

调查结果显示，从辅导员视角来看，职业能力在不同性别、不同地域高校、不同学校层次、不同学历、不同职称、不同婚姻状况方面均表现出一致性，在不同行政级别呈现显著性，存在差异性；从大学生视角来看，在学校地域、学校层次、年级、是不是学生干部、不同专业的评价均呈现显著性（$p<0.05$），存在差异性。主要表现在：

1. 创新能力匮乏

创新是时代的需要，创新能力则是高校辅导员提高学生工作水准的不竭动力。"作为高校辅导员应该用自身的创新思维、创新教育方式等去影响学生、激励学生，将创新精神、创新理念、创新活力融入日常学生工作当中"[1]，将学生培养成有创新思维及能力的融合型尖端人才。调查数据显示，辅导员视角下的创新能力调查平均值为4.158，在29项人格素质调查排序为28；大学生视角下的创新能力调查平均值为4.433，在29项人格素质调查排序为27，表明辅导员创新能力较为匮乏。在实际工作中，一些高校辅导员时常迫于各种压力而去培养自身的创新能力，没有将创新要求真正内化为内心的自主追求；一些辅导员将工作繁忙不作为当作忽视创新能力培养的借口，自我创新能力培养意识薄弱。同时，大多数辅导员都是毕业后直接进入工作岗位，在面对众多学生时，缺乏创新工作经历或创新实践经验，更多的是浅尝辄止，不能及时掌握学生的成长

---

[1] 范劭兴，宣云. 新时代应用型本科高校辅导员实践育人能力培养探究 [J]. 辽宁科技学院报，2018，20（5）：102.

规律和思想政治工作规律,无法深入挖掘工作中的创新点。随着高校辅导员的年轻化趋势和当代大学生的个性化趋势越发明显,高校辅导员原有的素质能力在时代的奋进中有所滞后,他们的工作激情在事务性工作的激烈消耗中逐渐消散,在与学生的日常沟通交流和处理各项工作中创新性不足的问题日趋凸显,已无法满足大学生成长发展的时代需求,在一定程度上影响着辅导员职业人格展现。

2. 写作能力不足

写作能力是语言表达能力的另一种形式。写作能力直接关乎工作效率和工作成效。调查数据显示,辅导员视角下的写作能力调查平均值为4.240,在29项人格素质调查排序为25;大学生视角下的写作能力调查平均值为4.490,在29项人格素质调查排序为20,表明较多辅导员在日常工作中普遍存在写作能力不足的问题。首先是开展学生工作需要的材料写作能力欠缺。与辅导员工作相关的材料主要包括通知、公示、通报、总结、计划、方案等,较多的辅导员在入职之前并未接受过系统的材料撰写培训,以至于入职后出现不会写作、害怕写作的情况,甚至有的辅导员连日常的总结、新闻稿、方案策划也不会,一切都是从零开始。一些辅导员在文稿写作方面存在的问题主要集中在以下三方面:一是中心思想不突出,泛泛而谈,缺乏宗旨意识;二是文字表述不够优美,通篇大白话,缺乏规范意识;三是框架结构不合理,缺乏提炼总结意识。其次,高校辅导员的学术科研写作能力不容乐观。新时代对高校辅导员的自我反省能力、理论研究能力提出了高要求,要求辅导员通过科研的形式将工作中发现的问题上升到理论高度,再用科学的理论指导工作实践。作为新时代的辅导员非常有必要增强科研意识,提升写作能力,对学生工作的新问题和新情况保持时刻反省,领悟问题深度,反思问题根源。实际工作中,有的辅导员将自己定位为纯粹的"管理干部",一心扑在仕途上;少部分辅导员未认清自己的职业角色,只是简单的上传下达,沉溺于日常事务性工作,完全忽视了科研工作;有的辅导员以非科班出身为借口,逃避科研;还有的辅导员把科研当作负担,认为科研没有实际价值并且会浪费自己宝贵的休息时间;等等。其实,辅导员既是"实践者",也是"研究者",是"知行合一"的践行者。辅导员职业化、专业化发展的必由之路就是提升科研能力,做研究型辅导员,而不是一味地满足于处理日常的繁杂事务。最后,高校辅导员的教学方案写作能力不足。在很多高校中,辅导员需要讲授大学生安全教育、就业指导与创新创业指导、形势与政策、心理健康教育等课程,但他们大多数时间工作繁忙,对教案写作能力提升缺乏深入思考及研究,也缺乏主动查阅资料来拓宽教学知识范围和主动学习先进教学理念的意识，缺乏相应的教案设计方法和技巧，未能将学生的关注点融入教学方案的撰写中，写不出高水平、高质量的教学方案，从而无法有效达到预期的教学效果。

3. 授课水平有限

《普通高等学校辅导员队伍建设规定》（教育部令第43号）中明确指出，辅导员是开展大学生思想政治教育的骨干力量，具有教师和干部的双重身份。高校辅导员常年冲锋在思想政治教育工作第一线，教育主阵地聚焦在第二课堂，更注重在解决学生现实问题的过程中实现思想政治教育，更具有针对性和潜移默化性。调查数据显示，辅导员视角下的授课能力调查平均值为4.250，在29项人格素质调查排序为24；大学生视角下的授课能力调查平均值为4.465，在29项人格素质调查排序为24，表明较多辅导员在日常工作中普遍存在授课水平有限的问题。主要表现在一些辅导员在日常的党团课、形势与政策课、就业指导课、安全教育课等课程的讲授中由于授课水平有限而显得捉襟见肘。一方面，辅导员的授课手段过于传统，授课经验明显不足。高校辅导员队伍流动性较大，较多是入职年限比较短的新手，没有经历过系统性的教学技能培训和锻炼，时常是照本宣科，在授课技能研究上投入的精力较少，出现授课质量不高、手段传统落后等问题。另一方面，高校辅导员的理论和实践水平相对较低。绝大多数辅导员虽然有研究生学历，但普遍存在自身所学专业背景与所带学生专业不对口、自身知识面相对狭窄单一的问题，在应对学生职业生涯规划、价值观发展、心理需求、就业引导等方面的能力略显不足。课堂上虽然有明确的教学目标，但缺少深入的研究、透彻的分析和有效的引导，易出现授课内容不够丰富且深度不够的问题。

4. 网络思想政治教育能力短缺

当代大学生对网络的依赖程度越来越高，他们的主要生活方式也逐渐呈现出数字化与虚拟化的趋势。迅速发展的网络时代为高校思想政治教育工作开拓了更为广阔的空间，提供了更为便利的手段。调查数据显示，辅导员视角下的网络思想政治教育能力调查平均值为4.288，在29项人格素质调查排序为23；大学生视角下的网络思想政治教育能力调查平均值为4.474，在29项人格素质调查排序为23，表明较多辅导员在进行网络思想政治教育时的诸多不足。首先，部分高校辅导员的网络思想政治教育意识淡薄，对网络舆情的正确引导不足。大学生思想和心理在网络环境下出现新变化，爱国热情空前高涨，但又容易被负面的网络舆情所误导，容易产生对社会热点事件和政治事件的偏颇看法，如在中美关系、对台政策等问题上，部分学生只看到表象而不明真相，随即借着爱国的名义在网络上发表不当言论。面对这种情境时，一些辅导员无从下手，甚至放任事态发展而不加干预，不能及时准确掌握网络舆论的主导权。同时，在负面网络舆情事件发生时，少数高校辅导员一味地隐瞒，私下要求学生删除相关内容，不懂得与学生深入沟通，没有充分发挥好网络平台在思想政治教育中的重要作用。其次，高校辅导员网络话语的使用能力不足，与大学生网络沟通存在隔阂。一方面是一些高校辅导员在网络交流中说话比较老套，时常出现语气带有命令性、态度强硬等情况，容易引起学生的不满，致使思想政治教育越发难以开展。另一方面是一些高校辅导员对学生乐于使用的高频"网络流行语""网络热词新词""表情包"等不甚了解，以至于在和学生聊天时因不懂学生使用的网络语言而一度尴尬。最后，高校辅导员的信息优势弱化，网络辨析能力较差。高校辅导员在信息繁杂、混乱的网络环境中，无法自觉主动地进行准确把握，尤其是对一些网络负面信息存在感知滞后等问题。对部分学生平时在个人网络平台上发布的信息和言论，未能做出正确的分析和研判，也不能及时有效地在网络思想政治教育开展过程中激浊扬清。

三、高校辅导员职业人格存在突出问题的原因分析

高校辅导员制度经历了70年的建设与发展，其间随着国内外形势深刻变化历经了建立期、停滞期、恢复期、发展期等不同发展阶段。高校辅导员各阶段职业建设发展的特点都伴随着国内外格局大环境变化而改变，可以说一个时期高校辅导员职业建设发展的特点就反映这一时期的国内政治、经济、文化的格局和现状。高校辅导员职业人格的突出问题、消极问题将会造成辅导员个人身心健康问题，会对育人工作造成严重负面影响，这种影响将是延续性、扩散式、潜隐化、分层次的；会给学生心理造成消极影响，会给高校、家庭造成信任缺失，会给国家、社会造成价值扭曲。为此，面对当前高校辅导员职业人格存在的突出问题，需要在特定历史大环境中从国家、社会、高校环境以及辅导员自身、家庭、同辈、大学生等方面的因素进行全方位的诱因挖掘。一方面可以全面把握问题的产生根源，另一方面可以为塑造新时代高校辅导员职业人格提供理论和现实依据。在本书中，针对导致辅导员职业人格存在问题的原因情况面向辅导员群体和大学生群体进行了问卷调研（详见表5-1）。在辅导员群体看来，高校的组织、管理、培养等环境的影响占比为66.10%，社会环境的影响占比为65.52%，辅导员自身的原因占比为62.48%，国家政策的影响占比为44.19%，教育对象的影响占比为39.62%，同辈群体的影响占比为32.95%，家庭的影响占比为26.48%。在大学生群体看来，社会环境的影响占比为56.65%，

辅导员自身的原因占比50.95%，高校的组织、管理、培养等环境的影响占比47.13%，国家政策的影响占比为39.37%，教育对象的影响占比为33.29%，同辈群体的影响占比29.49%，家庭的影响占比25.93%。通过数据对比可知，在辅导员看来，高校环境的影响最大，社会环境的影响次之，辅导员自身的影响是第三位；而在大学生看来，社会环境的影响是最大的，辅导员自身的影响为第二位，高校环境影响是第三位。二者都认为国家政策的影响排位第四、教育对象影响排位第五、同辈群体影响排位第六、家庭影响排位第七。

表5-1 辅导员视角下和大学生视角下导致辅导员职业人格存在问题的原因

辅导员视角			大学生视角		
项	占比	排序	项	占比	排序
国家政策影响	44.19%	4	国家政策影响	39.37%	4
社会环境影响	65.52%	2	社会环境影响	56.65%	1
高校环境影响	66.10%	1	高校环境影响	47.13%	3
辅导员自身影响	62.48%	3	辅导员自身影响	50.95%	2
同辈影响	32.95%	6	同辈影响	29.49%	6
教育对象影响	39.62%	5	教育对象影响	33.29%	5
家庭影响	26.48%	7	家庭影响	25.93%	7

（一）国家层面的部分特殊情况

1. 高校辅导员制度的历史性遗留问题尚未有效解决

1956年党的第八次全国代表大会召开，这一时期正是高校辅导员制度的建立初探期，国家、社会、高校的风气良好和失范行为较少，高校辅导员的职业人格矛盾问题也相对较少。到了1969年党的第九次全国代表大会召开和1973年党的第十次全国代表大会召开，这一时期高校辅导员建设处于曲折、受挫期，高校辅导员职业人格、身份和理想信念迷失、矛盾。直到1978年党的十一届三中全会召开，将工作重心转移到"四个现代化"建设，高校辅导员的职业人格问题才逐渐缩小。但是随着改革开放的逐渐深入，辅导员职业人格问题又逐渐被扩大。党和国家不同时期的社会矛盾、发展战略、主导思想和奋斗目标将会直接影响高校辅导员的职业人格形成和发展。一直以来，党和国家对于辅导员队伍建设都格外重视，在1965年下发了《关于政治辅导员工作条例》，这是与辅导员相关的第一个正式文件，随后国家相关部门先后下发了10余项关于高校辅导员的相关文件。正向看表明从国家层面来讲对于辅导员队伍建设越来越重视,反向看间接说明高校辅导员队伍发展过程存在的问题亟待整改和解决。虽然相关政策出台了,但是在"思想认识提升、体制机制保障、对策举措等方面仍不能提供较好的平台与保障用于辅导员队伍建设,导致部分辅导员角色定位模糊、工作职责泛化、队伍流动性大"[1]等现实问题得不到有效解决。这些尚未有效解决的历史性遗留问题,一定程度上影响着高校辅导员的人格状况。

2. 富有中国特色的国情特征使高校辅导员在比对中产生人格异化

在国内外对比方面,早在20世纪上半叶,美、英等西方国家就已经设置"学生事务工作"专业硕士学位,开始培养高层次的学生管理队伍。同时,成立了学生事务协会,为从事学生事务的相关工作人员提供交流平台、学习机会、技能培训等,还可以评估能力、维权保护和推荐就业单位,大大增强了职业地位,促进了职业能力,完善了职业保障。而我国极具社会主义特色的高校辅导员制度建设推进相对较晚,相比之下,国内高校辅导员职业发展和建设要相对滞后,辅导员的地位、保障和职业发展体系不完善造成了高校辅导员的安全感缺乏和频繁的职业流动,也就造成了高校辅导员职业归属感的缺失和职业动摇。欧美、日本等发达国家在辅导员聘用时注重从不同领域且经验丰富的专家型、专业化人才中挑选,他们选聘、待遇和地位在高校与教师岗一样,他们非常重视和尊重职业的平等,而我国有的高校辅导员在一些传统思想的深远影响下,通过与专任教师、管理岗教师在职业的付出、回报和社会认同等方面进行对比后会产生强烈的不公感,容易诱发职业人格异化。

3. "年纪尚轻"的思想政治教育学科支撑让辅导员职业人格塑造底气不足

"理论在一个国家的实现程度,决定于理论满足这个国家的需要的程度"[2]。一个国家的教育需要理论知识的指导,因为教育是人类有目的的理性活动,特别是在社会分工日趋精细化的今天,专业化意味着发展和实力,意味着社会认可和社会地位。之所以在此时提出要构建专门的辅导员学科,完全是顺应历史和时代发展的需要。步入新时代,"高校辅导员工作环境、对象及内容发生天翻地覆的变化,在机遇到来的同时面临了矛盾和风险叠加的严峻挑战"[3]。落实立德树人根本任务、培育好"时代新人"、成为"四有"好老师、遵守好新时代职业规范等时代新要求给高校辅导员职业人格提出了更高的要求。而高校辅导员职业人格的塑造是一个系统性工程,需要科学的理论指导。之所以高校辅导

---

[1] 柏杨. 改革开放以来高校辅导员队伍建设研究[M]. 成都:西南交通大学出版社,2018:111.

[2] 马克思恩格斯选集:第1卷[M]. 北京:人民出版社,2012:10.

[3] 孟东方. 高校辅导员学[M]. 北京:人民出版社,2019:19.

员职业人格状况跟不上新时代需求，很大程度上是由于支撑学科的支撑力不足让辅导员职业根基不稳。虽然思想政治教育学科自1984年诞生且发展态势迅猛，但是相对很多学科来讲"尚显年轻"，思想政治教育学科仍然存在"学科体系尚不完备、学科理论稍显滞后、学科创新缺乏时代性、基础研究较强，应用研究较弱；主干学科建设较强，分支学科建设较弱"①的问题。而走职业化、专业化道路是辅导员职业的必然发展之路，唯有专业而强有力的学科才能催生专业的理论，唯有专业的理论才能指导专业的实践。不专业的辅导员无法支撑学科不足，容易让高校辅导员产生迷茫和困惑，辅导员在"支撑不足""四处找庇护"的情形下塑造职业人格自然是底气不足。

（二）社会层面的负面环境影响

据统计，全国高校辅导员总人数为20多万人，已然成了一个规模较大的社会群体。高校辅导员拥有多重属性，包括政治、教育、文化及社会属性，其中社会属性是高校辅导员与生俱来的，更是人的根本属性。社会属性影响人的成长成才及发展，是辅导员获得社会认同感的重要精神来源。高校辅导员职业化专业化发展之路困难重重，"其职业认同感及社会认同感不足主要受到社会环境中的消极因素的影响，包括社会政治环境、经济环境、文化环境等"②。

1. 经济利益最大化导致人格价值的忽视

伴随社会巨大变化尤其是市场经济大潮的冲击，人们的价值追求聚焦点也悄然发生变化。当前，中国特色社会主义市场经济的快速发展极大地丰富了人们的物质世界，但是对于利益最大化的片面追逐消解了人的追求的丰富性。在市场经济条件下，货币被当作最具有自由价值的东西，使得人们异化为"金钱的奴隶"，把追求经济利益最大化作为自己行为的价值标准和行为准则。在经济利益追逐的驱动下，人们把能给自己带来经济利益作为衡量善的标准，而其他重要的人格价值，诸如诚信、公平、良心等由于不能立即带来物质利益而被人们轻视或忽视。这样的社会经济状态塑造了相当多的功利型人格，功利型人格的实质是物化人格，它把物质经济利益作为衡量自己或者他人价值的标准。而有些人为了获得物质利益，不惜牺牲人格，做出坑蒙拐骗、违法乱纪之事。人对经济的需求是心理、生理多重的需求，从事辅导员工作获得物质报酬理所应当，因为只有通过劳动才能获得生存资本。但是有的辅导员为了追求经济利益，

---

① 孟东方．高校辅导员学［M］．北京：人民出版社，2019：44-45．
② 周绍宝．社会承认视域下高校辅导员职业化专业化发展论略［J］．贵阳学院学报（社会科学版），2020，15（2）：86．

不惜铤而走险打学生奖助学金的主意，不惜声名狼藉也要骗取学生的钱财，这些辅导员正是在对物质经济利益的追逐中丧失了人格。

2. 官本位思想的残存诱发人格缺陷的产生

社会是文明的产物，政治也是，两者紧密相连割裂不开，社会的政治环境深刻影响人的成长和发展。我国的政治属性是人民民主专政的社会主义现代化国家，社会主义民主政治建设的最终目的就是保证人民可以通过多样化的途径与方式管理国家事务、经济文化建设及社会相关事情，其关键环节是法治而不是人治。但是，我国民主政治现阶段较为棘手的问题就是官僚主义频繁涌现①，在延续千年的封建官本位思想影响下，往往出现人治大于法治的现象，以至于官本位思想至今还在阻碍着我国的民主政治建设。高校辅导员之所以在学生管理工作中出现人格缺陷问题，一定程度上也是受官本位思想的影响。一些辅导员认为自己是老师，是管理者，掌握一定的权力，从某种程度上讲类似于辅导员是"官"，学生是"民"，所以辅导员对学生吹毛求疵、横加指责是理所应当，正是在这种错误思想的引领下，部分辅导员才出现了对待学生缺乏耐心、态度蛮横、缺乏公平公正、重管理轻教育和服务等问题。

3. 多重角色冲突和多元文化选择引发人格障碍

社会角色的塑造与呈现本身就是一种文化。高校辅导员多重的社会角色、社会属性，必然会出现角色冲突、现实和虚拟的冲突等问题。高校辅导员现有的工作强度、工作目标、角色定位使得高校辅导员在生理及心理出现不同程度的不适应及不协调等不良反应，根本问题在于其扮演的不同角色的合法性基础来源不一致：政治属性的合法性基础为政治论，目的是培养社会主义合格建设者和可靠接班人；教育属性的合法性基础是教育人类学，其根本目标是促进学生成长与发展；文化属性的合法性基础是文化学，其目标是传承中华民族优秀文化。因此，高校辅导员不同角色的根源属性使得他们在角色扮演上出现冲突。从操作实践角度来看，辅导员角色冲突的根本原因是角色行为方式及立场差异性。"高校辅导员在实践中扮演的教师、管理干部、人生导师及知心朋友等不同角色导致角色内外形成冲突。"② 角色扮演的冲突会直接影响高校辅导员人格的塑造。同时，在社会文化大背景中，伴随着中国的崛起、强大和繁荣，中国已经成为西方资本主义国家和敌对势力的"头号威胁"，使得意识形态领域斗争变

---

① 陈琼珍. 现代人格及其塑造 [M]. 广州：中山大学出版社，2019：171.
② 周绍宝. 社会承认视域下高校辅导员职业化专业化发展论略 [J]. 贵阳学院学报（社会科学版），2020，15（2）：85.

得越发复杂，意识形态斗争的主要手段是多样化社会思潮对主流意识形态的冲击，其主要目的就是颠覆马克思主义在我国意识形态领域的指导地位。比较典型的社会思潮主要有经济领域的新自由主义思潮、政治思想领域的民主社会主义思潮和宪政民主思潮、价值观领域的"普世价值"、社会管理领域的公民社会思潮。除了西方的错误社会思潮外，在国内也有一些错误的社会思潮，主要表现为社会生活领域的拜金主义、消费主义、极端个人主义、精致的利己主义、攀比主义，政治生活领域的民粹主义、极端民族主义。高校辅导员作为社会人，处在一定的社会关系中，不可避免地受多样化社会思潮的影响。特别是新媒体环境中时常充斥着非马克思主义甚至反马克思主义的信息，严重地影响着辅导员的正确价值观判断。信息"大爆炸"容易导致人们的思想混乱，不同社会阶层在网络上发表的观点和思想时常处于冲突状态，这也容易致使辅导员的思想复杂化、多元化。高校辅导员在选择的过程中会受到不同社会思潮的影响和干扰，导致认识偏差、陷入误区，发生阶段性的人格异化、扭曲，人格容易出现障碍，从而出现"双重人格"或"多重人格"。

（三）高校层面的管理培养失衡

高校是辅导员开展思想政治教育工作的主要阵地，在确立社会主义办学方向之初，就对辅导员提出了明确的教育要求，"将政治引领作为角色定位的首要标准，道德示范作为角色定位的重要导向"[1]。高校作为培育辅导员的坚实"土壤"，其所提供的组织管理、工作环境、晋升渠道、选聘制度等资源如同"土壤"中的"肥料"，深刻影响着辅导员的职业人格塑造。客观来说，高校对辅导员职业人格塑造的影响主要体现在管理、培育和保障三方面。"辅导员作为高校立德树人的中坚力量，是大学生思想政治教育和日常管理工作的主力军"[2]。在职业人格的形成发展中，"高校辅导员自身工作职责与学生成长成才的关联性与紧密性"[3]，使其在工作岗位上扮演着学生们"人生导师"和"知心朋友"的角色，展现出了踏实拼搏、顽强敬业、敢为人先、吃苦耐劳的人格特征，以及宽严相济、善做善成、亲切随和、情怀至深的人格魅力，这些都是值得肯定的。在实际工作中，由于辅导员工作职责无限扩大、内容繁杂不固定，与学生有关的所有事情，辅导员都需齐抓共管，常常出现疲于应付大量日常事务性工作的

---

[1] 耿品，彭庆红. 新中国成立以来高校辅导员角色的发展演变［J］. 学校党建与思想教育，2020（3）：81.

[2] 陈朝娟，徐志远，邓欢. 高校辅导员职业形象建构的价值意蕴［J］. 学校党建与思想教育，2019（23）：72.

[3] 冯培. 高校辅导员新时代角色定位的再认知［J］. 思想教育研究，2019（5）：100.

情况。并且，部分辅导员并非思想政治教育专业毕业，知识结构单一，职业胜任力不足，加之入职后高校对岗位能力培育输出乏力，容易出现"心有余而力不足"的尴尬窘况。此外，辅导员队伍缺乏系统性的考评机制和激励机制，一定程度上制约了辅导员职业人格塑造的进程发展。总之，从高校层面分析，辅导员职业人格之所以存在诸多突出问题，原因可归纳为组织管理错位、选聘培养失衡、政策保障滞后等三方面。

1. 组织管理错位

高校中辅导员组织管理存在一定程度的错位情况，尽管不同的高校对辅导员采取的管理方式方法不尽相同，但大多数高校对辅导员采取双线管理模式，辅导员既由学校党委学工部管理，同时也受所在二级学院党委领导，辅导员在工作中要受到双重领导，同时管理缺乏主次之分。辅导员既要完成学工处部署下发的学生管理任务，同时又要承担学院党委行政部署的工作。在岗位上个人职业发展主要由学工处进行管理，而大部分的奖励、绩效等待遇则在学院进行管理，这种双重管理导致了辅导员自身的职责不清，容易产生管理错位现象。

高校辅导员管理经常出现"一针千线"的情况。在实际工作中，一名辅导员经常会出现对接多个部门的情况，例如：宿舍安全存在隐患，后勤管理处找辅导员解决；学生没有交学费，财务处找辅导员解决；学生没有按时上课或缺勤，教务处找辅导员解决；党校培训和党员发展，组织部找辅导员；等等，因辅导员直接面向所有学生群体，学校很多部门为了工作推进方便，经常性地将工作安排给辅导员，所以辅导员在实际工作中经常出现"一对多"。同时被多个部门安排工作和任务的情况，一定程度让辅导员在高校的管理中职责边界模糊化，使得辅导员工作角色定位不明确，这也是高校对辅导员管理中常见的组织管理错位现状。同时，辅导员频繁应付大量的事务性工作，致使辅导员工作精力不集中，无暇深入学习和研究，在工作中无法聚焦主责主业，致使辅导员职责界定模糊，很容易因日常琐事的增加导致思想政治教育职责弱化。

2. 选聘培养失衡

辅导员的选聘是保障高校辅导员质量的重要关口。但当前不同高校对辅导员的选聘方式都不尽相同，选聘质量也参差不齐。选聘条件执行不到位，该方面主要体现在两点。一是辅导员的专业背景和文件规定的招聘要求存在一定差距。相关文件明确规定在招聘辅导员时要求辅导员所学专业必须为从事思想政治教育工作相关学科，但是在真正选聘时许多学校并未按此要求执行，一些高校为了广纳贤才，在进行辅导员招聘和遴选时，过于注重学历要求而轻视专业要求，注重应聘者是不是研究生学历，而对于应聘者本科和研究生阶段的专业背景关注不足；招聘者往往更为注重的是这些应聘者的学生工作经历和担任学生干部期间的获奖，而并非注重专业背景。选聘条件执行不到位致使全国辅导员队伍人格素质存在一定差异，部分辅导员缺乏真正为学生服务的敬业精神，选留随意性大。二是辅导员的素质能力和文件要求存在一定差距。不同的高校对辅导员招聘环节不同，部分高校选择先笔试考理论知识和职业能力知识，同时要进行面试，然后政审，最终确定录取名单。但有部分学校选聘辅导员时仅仅通过几分钟面试就确定选聘结果。所以高校辅导员没有统一的招聘要求和方法也使得每个高校招聘的辅导员质量不尽相同。同时，文件要求辅导员必须素质能力过硬且理性信念坚定，同时具有较高的政治敏锐性和辨别能力，以及教育引导能力且具有较高的调研能力等相关能力，但是这些要求在选聘时很多学校都直接忽视掉，或者通过笔试、面试简单测试一下即可。一些学校过于重视政治资格要求而轻视政治态度要求，注重应聘者是不是中共党员，而至于应聘者是否信仰马克思列宁主义，是否树立中国特色社会主义共同理想，是否能做到坚定中国特色社会主义"四个自信"，这些都无法进行有效考察，而应聘者原来的专业知识背景、成长经历很可能缺乏这方面的训练和准备。一旦不适合从事辅导员工作的应聘者进入辅导员队伍，则很容易导致辅导员职业人格问题的出现。

辅导员培训是辅导员成长、快速适应工作的重要保障。《普通高等学校辅导员队伍建设规定》中明确指出辅导员培训必须纳入高等学校教师师资队伍和干部队伍培训规划中，高等学校对本校辅导员培训全权负责，确保每位新入职辅导员岗前培训不低于40学时，每位专职辅导员每年参加校级培训不低于16学时，5年参加1次国家级或省级培训。但在实际应用中，由于辅导员专业化、职业化发展起步较晚，辅导员队伍建设、职责定位、培训、晋升发展及考核激励机制等未明确规定，即使国家出台了系列相关的制度机制，但在不同的高校实施的完善度存在差异。目前部分高校对辅导员培训不够重视，普遍存在缺少系统、全面、专业的培训，深入挖掘原因主要集中体现在以下几方面：一是培训制度不够健全。辅导员的培训缺乏制度性的标准和要求，一些辅导员培训在师资力量、时间安排、培训形式及内容要求上没有明确规定，随意性太强，以至于让人感觉辅导员培训有"走过场"之嫌。二是培训制度可操作性有待加强。由于辅导员日常事务性工作过于烦琐及繁忙，很难在正常工作时间集中培训，因而时常采用分段分时的培训方式，但这种方式容易导致培训不连贯，缺乏效果，执行难度也较大。三是培训缺乏监督管理和反馈机制。辅导员培训缺少考核反馈，往往停留在完成培训任务阶段，经常是培训完毕后提交一篇培训心得即可，至于培训的效果如何鲜有关注。四是培训形式单一。主要以培训班理论学习等传统教育手段为主，缺乏实际工作案例剖析研讨和操作实践相关的培训，辅导员通过培训获得实际工作经验的效果有所欠缺。

3. 政策保障滞后

高校辅导员制度发展接近70年的历史，国家为保障高校辅导员管理和发展也出台了一系列的政策制度，主要为了解决辅导员队伍建设、辅导员职业发展、辅导员待遇等相关问题。但相关政策文件要求和制度在实施中存在一定滞后的情况。由于各地区高校管理的不同，对于辅导员队伍建设的重视程度也不尽相同。在《普通高等学校辅导员队伍建设规定》中，规定高校应该按照1∶200比例设置辅导员岗位，在实际工作中，大多数高校已经基本落实相应的政策，但有部分高校辅导员师生比远超1∶200。文件要求落实专职辅导员专业技术职务（职称）应更加注重考察工作业绩和育人成效，单列计划、单设标准、单独评审。但是一些高校在对政策文件的执行中却显得相对滞后，有的高校至今还没有实现专职辅导员职务（职称）的"三单"。有的是制定了"三单"的文件，但是"三单"的标准却是按照专任教师的标准，仍然以课题、论文为主要考核指标，辅导员的工作成效及育人成效并未作为主要考核标准。文件要求辅导员发展要做到职务职级"双线晋升"，但是在真正落实层面却是职级晋升与行政干部相比缺乏机会，职务（职称）晋升与专业老师相比又完全处于劣势。在福利待遇政策方面，有的省份为了激励辅导员，要求各高校每月给辅导员发放辅导员津贴1000元，但是有的高校以财政紧张为由不予发放，有的高校虽然发放但是并未足额发放。政策落实上存在滞后的情况，会导致辅导员对职业发展前景表示堪忧，面临困惑或者角色定位的失衡，这也是辅导员队伍稳定性较差、积极性不高、转岗率较高的重要原因。

4. 组织决策差异

辅导员保持工作热情是阻止职业倦怠，推动人格发展的正面现象。辅导员除了从自身角度做好职业生涯规划、调整职业心态、提升工作技能、创新工作方式方法等方面入手，时刻运转内生动力保持工作热情，影响其工作热情的另外一大因素则是高校相关领导对于辅导员工作的组织决策是否得当，因为良好的工作环境与氛围是滋润职业自信心和职业使命感的重要外部环境。目前绝大多数高校领导能注意到辅导员对于学生思想政治教育、成长成才等多方面具有不可替代的作用，对辅导员的职业奉献精神也能够给予高度的认可与肯定，一定程度上提升了辅导员的工作热情。但是也时常出现高校领导赋予辅导员的重担与领导对辅导员的支持力度出现不对等的负面情况。一是领导对辅导员的人文关怀不足。辅导员与家庭成员对于学生工作的付出报以极大的热情,在内心迫切希望能够在精神层面得到学校领导与各职能部门关怀的时候,却在舆论宣传、走访慰问、座谈交流等关键时刻被遗忘在角落。但是在开展各项工作推进过程中,辅导员一直都在落实工作的名单之列,这就容易给辅导员造成"干活时想起我,有好处时忘记我"的印象,在一定程度上挫伤了辅导员的积极性。二是领导对辅导员的肯定与否定的失衡。辅导员工作面广、质量要求高、工作压力大,同时又要保证工作不出错,确实会时常让辅导员精神高度紧张。一些领导特别是学院领导在辅导员取得成绩时很少给予肯定,认为把事情做好是辅导员的本职,但是在辅导员工作出现问题时便全面指责,而同样当专业课教师出现失误问题时一些领导虽然也会进行指责,但是指责的程度却远远弱于辅导员,这就容易导致辅导员的心理失衡。领导的肯定对辅导员来讲非常重要,肯定与否定的失衡容易摧毁辅导员的职业坚守。

(四)个人层面的认知认同偏差

习近平总书记在北京大学师生座谈会上明确表示,目前我国需要建设一支"政治素质过硬、业务能力精湛、育人水平高超"的高素质教师队伍。辅导员作为高校教师的重要组成部分,尤其作为思想政治教育"内化于心、外化于行"的有力推动者,肩负着"为党育人、为国育才"的重要使命。但是当前高校辅导员人格在一些方面还跟不上新时代的新要求,问题是内因和外因共同作用产生的,当然,根本原因还是内因。因此,对于高校辅导员职业人格存在问题的原因挖掘还是要在辅导员群体自身下功夫。

1. 角色认知混乱,价值观念出现偏差

思想决定行动。高校辅导员承担着"立德树人"的根本任务,其主要角色定位是成为大学生成长成才的人生导师和健康生活的知心朋友。但是,实际上很多辅导员对于高校辅导员的角色认知是混乱的,价值观念是存在偏差的。有的把辅导员角色定位为"行政事务办事员",认为辅导员主要是完成各部门布置的行政任务即可,在这种认知的误导下,这些辅导员就会把主要精力放在如何完成行政任务,而对于引导学生、陪伴学生的工作使命则置之不理;有的把辅导员角色定位为"学生困难解决者",沉溺于和学生谈心谈话,认为只要把学生的困难都解决了,学生就能发展得好,以至于日常工作效率极低,学生的问题和困难仍旧是一大堆;有的把辅导员角色定位为"安全守护者",认为只要管好学生不出事情,自己就是成功的,于是这些辅导员把主要精力用于对学生的安全教育,反而对于辅导员的思想引导和价值引领等主业工作置若罔闻;有的把辅导员岗位定位为"跳板",认为辅导员岗位只是自己转岗为行政干部或者转岗为专业课教师的"跳板",只要机会成熟,立即转岗,这些辅导员从入职之初,就把转岗的种子在心中埋下;有的把辅导员定位为"养家糊口的工作",认为从事辅导员工作也仅是为了赚工资,在这种思想的引导下,一些辅导员得过且过,想的是如果福利待遇符合自己预期就接着干,一旦不符合自身预期则会尽快选择离岗。角色认知的混乱直接导致价值观的偏差,不同的价值观产生不同的职业行为。所以,要想真正发挥辅导员应有的价值,就必须从职业角色认知、职业价值观方面入手,从一开始就要形成正确的职业角色认知和职业价值观,并持续不断强化。

2. 知识结构受限,岗位认知偏差

"知识是人格力量产生的重要基础,人格缺陷往往来源于知识的贫乏。"[1] 辅导员自身人格存在不足的原因也是多方面的,其中自身的专业背景和知识结构是非常明显的影响因素。由于大规模的辅导员招聘,辅导员的专业背景千差万别,既有文科类专业,如思想政治教育、哲学等;又有艺术类专业,如体育、音乐和美术等;还有理工类专业,如化学、数学、计算机、土木工程等专业。以笔者所在的理工类大学为例,173名辅导员中,文科类专业背景的为97人,占比56.1%;理工类专业背景的为49人,占比28.3%;艺术类专业背景的为27人,占比15.6%;其中与教育相关专业有33人,占比19.1%。在这所以理工科专业为主的理工类大学,文科类专业背景和艺术类专业背景的辅导员占比高达71.6%。五花八门的专业背景,使得辅导员在对学生进行价值引导时显得手足无措。一方面是由于辅导员思想政治教育工作相关学科的基本知识与原理掌握不全或不精,在工作过程中思想政治工作相关专业素养不高,很容易产生"知识恐慌""本领恐慌",相应地引起焦虑和焦躁。另一方面,很多辅导员在入职后,学校并不是按照辅导员的所学专业分配到相应或相关的学院。在实际工作中,经常会出现辅导员所学专业与自己工作单位学院培养的学生专业不对口现象,甚至错位的情况。例如,学习管理学的辅导员在信息学院工作,学习汉语言文学专业的辅导员在化学与生物工程学院工作。因招聘选拔的原因,无法在实际工作安排中落实辅导员工作专业对口的问题。当前大多数辅导员的知识结构还是局限于本科阶段和硕士研究生阶段所学的专业,很多人并未涉及思想政治工作相关的专业知识,知识的结构面相对较窄,特别是当所学专业与所在学院专业差异较大时,更容易诱发"职业危机"。在此背景之下,一些辅导员入职

---

[1] 刘小华.周恩来精神对高校辅导员人格塑造的几点启示[J].中国成人教育,2008(23):51.

后时常出现恐慌、无措、焦虑等心理压力,这很大程度上源于其对岗位的认知不够清晰。

3. 职业认同感不强,产生职业倦怠

"辅导员的职业认同感将决定辅导员职业发展的路径和职业生涯的效率。"[①] 职业认同是辅导员在精准把握职业认知的基础上对职业的认可与肯定。职业认同会加强辅导员在工作过程中的自觉性,激发内生动力。而职业认同感降低则会消耗自身的积极性和主动性,容易产生职业倦怠。虽然高校范围内影响辅导员职业认同的因素有很多,既有来自领导和同事的评价,也有职级的晋升和职称的提高,但是最为核心的关键因素还是来自学生的成长成就和学生的认可。辅导员的职业认同感与职业成就感正相关,但是职业成就感却主要源自大学生。一些辅导员职业认同感不强,他们把职业倦怠有的归因于工作太累,有的归因于权责不清,有的归因于责任太大,有的归因于地位太低,等等。其实,这些归因都是外在因素,都是非主要因素。当然,由于辅导员特殊的工作性质,职业倦怠的发生可以理解,也确实是客观存在的。但是,职业认同感不强和职业倦怠并非正常状态,它是畸形的职业发展结果。一旦辅导员对职业缺乏认同,工作的强动力和强积极性便会立即减弱,直至降至最低,导致的后果也是从消极怠工到不作为。辅导员人格状况是通过日常言谈举止表现出来的,是能够被学生所感知的,职业认同感不强和职业倦怠只会恶化辅导员的人格状态。

(五)家庭层面的角色矛盾冲突

1. 工作家庭责任失衡导致对辅导员支持不足

家庭是婚姻和血缘关系结对的社会基本单元,是辅导员的情感支柱与归属,是其他任何资源无法替代的核心要素,家庭氛围影响着辅导员的职业态度、职业信念与职业理想。在实际工作中,由于高校辅导员岗位的特殊性,往往容易出现工作与家庭角色的矛盾冲突,进而导致家庭对辅导员工作的支持力度减弱。

基于辅导员的岗位职责、职业特性与学校相关部门的工作要求,辅导员工作时间基本为24小时工作制,"5+2""白加黑"等词语成了辅导员工作时间安排的代名词。其中,模块化的工作如学生党建、就业指导、学风建设等工作相对容易在工作制的8小时内完成。但如参加学生集体活动、与学生谈心谈话、应对突发紧急状况等工作一般是在中午、晚上、周末或者节假日开展。辅导员大量的休息时间转换成了工作时间,家庭责任被工作责任所取代,潜移默化间

[①] 王海宁. 高校辅导员队伍专业化职业化建设的现实审视与优化路径:基于全国4000余名高校辅导员的问卷调查 [J]. 思想教育研究,2020(12):152.

打破了工作与家庭的平衡。本该参与家庭活动的时间不断被压缩，导致工作与家庭不能平衡，从而冲突越来越严重。一方面日常事务性工作的烦琐与工作的巨大压力，导致辅导员回家后情绪不高、身心疲惫，根本没有过多的时间与精力投入家庭活动之中，容易引起自身与家人之间的矛盾，使得家庭对辅导员工作持否定态度。另一方面，由于工作与家庭的平衡被打破，家庭的支持系统动力不足，就直接影响到了辅导员职业自信，无法全身心投入学生成长成才教育全过程，无形中的心理压力让辅导员深陷工作与家庭的冲突矛盾之中。

2. 职业回报普遍不高导致辅导员期望失衡

"作为高等学校教师队伍和管理队伍的重要组成部分，辅导员具有教师和干部的双重身份。"[1] 然而从家庭视角来看，家庭成员会把辅导员职业等同于专任教师身份，形成"平时上上课，空闲时间多""社会地位高，收入待遇高"等固有职业印象，并没有真正了解到辅导员相对于高校内其他教职员工群体的特殊性。工作过程中，辅导员的高付出、高压力占用了大量从事家庭活动的时间，但并没有得到相对应的职业回报，不仅极大地降低了辅导员的职业获得感，更加影响了家庭成员对辅导员职业的认可程度，逐渐由高期望转变成了被动式支持甚至不支持。事实上，家庭成员对辅导员的职业期望主要源于精神层面和物质层面。一方面国家和高校都赋予辅导员重要的职责与使命，而工作的辛勤付出，不仅辅导员自身没有得到对等的理解与尊重，更让家庭成员没有在精神层面感受到高校教育者所带来的"光环"。另一方面，发展晋升方面受限。辅导员的发展晋升渠道一般主要是职级晋升和职称提升。在职级晋升方面，绝大多数的辅导员基本上是科级及以下级别，能奋斗至副处级以上岗位的难度相当大，而要获得这些岗位不仅要同其他辅导员竞争，同时还要和学校其他职能部门的人员竞争。在职称提升方面，有的高校并未实现辅导员职称评聘"三单"，辅导员需要和思想政治理论课教师同台竞技；有的高校虽然落实了辅导员职称评聘"三单"，但是分配名额较少，同时即便评上高级别职称，如果学校不予聘用，职称也形同虚设。所以，综合高校辅导员的工作状态、地位、职业发展前景，容易让家庭成员认为辅导员是一个"没有出息"的职业。

（六）同辈层面的错位角色期待

辅导员的同辈主要包括与自己年龄相仿的朋友、辅导员及专任教师。对等的角色期待会产生良好的"化学反应"，让辅导员工作压力得到有效缓解，增强

---

[1] 中华人民共和国教育部. 教育部颁布规定要求切实加强高校辅导员队伍建设［EB/OL］. 中国政府网，2006-07-31.

职业成就感和幸福感。然而，高校辅导员在开展工作中，经常要面对来自辅导员、专任教师、朋友等同事的不对等角色期待，使得辅导员长期处于身心疲惫状态，职业倦怠期出现早、持续时间长。一是辅导员与辅导员间的不对等角色期待。辅导员在工作过程中，彼此间的期待本应是竭尽全力，认真负责地对待工作，但是截至目前，许多高校的辅导员还处于"吃大锅饭"的状态，由于缺乏科学合理的考核评价体系，无形间形成了"做得好不如说得好""踏实肯干不如频于表现""干多干少一个样"等不良工作风气，沉重打击了积极向上的辅导员的工作热情，公平公正面临严峻考验。二是辅导员与专任教师间的不对等角色期待。辅导员与专任教师在育人方面本应发挥协同育人作用，通过有效的沟通协作让两者在育人工作中更加得心应手。但事实往往相反，部分辅导员与专业课教师在不对等的角色期待中，协同育人效果并不理想。比如，专业课教师在教学过程中会把学生旷课、迟到、早退、睡觉与玩手机等课堂秩序问题，归咎于辅导员没有教育好、管理好学生，甚至要求辅导员全程参与课堂教学环节；有的专业课教师担任班主任一职，但是在班级教育管理中并没有投入一定的时间精力去指导班级建设，时常会肯定"我不管，反正辅导员也会管"的错误认识。三是辅导员与同辈朋友间的不对等角色期待。辅导员与同辈朋友间的角色期待往往出现在各种对比上，如在经济收入上的对比、在子女成长成才上的对比、在职级晋升上的对比等。当二者的对比差异较小时，一般不会对辅导员的职业人格发展产生重大影响；但是一旦对比差异较大时，特别是当辅导员在对比中处于劣势时，很有可能会对辅导员的职业人格发展产生挫败性的影响。

（七）学生层面的接纳认可弱化

1. 师生关系弱化影响辅导员职业价值

辅导员是开展大学生思想政治教育的骨干力量，应是大学生成长成才道路上的人生导师和知心朋友。如今，部分辅导员与学生之间良好的师生关系被弱化得越来越明显。一方面主要表现在师生角色定位上，辅导员作为高校思想政治教育的主体，带有很强烈的教育引导思想、规范约束行为的意志，辅导员的教育管理行为会对师生关系产生重要的影响；学生作为接受教育的主体，部分学生会对辅导员的意志产生很强烈的抵触情绪，不愿意接受被动式教育，直接影响了师生关系。另一方面表现在师生间的沟通交流上，辅导员与学生本应该是亦师亦友的亲密关系，但是有的辅导员并没有掌握维持良好师生关系的精髓，不愿意将大量的时间投入深入学生、深入实际、深入生活工作之中。出现辅导员不参加学生课余活动、不参加年级会议等情况，导致辅导员与学生之间缺少有效互动、缺乏情感交流，师生关系逐渐疏远。师生关系弱化直接影响辅导员职业价值，缺少来自供给对象的职业幸福感。

2. 学生消极行为影响辅导员职业情绪

由于辅导员面对的学生众多、工作任务繁重，所以一些辅导员会将更多的时间与精力投放到一些"问题"学生身上。一方面是高校辅导员自身的岗位性质与神圣的职责使然，要求辅导员在开展大学生思想政治教育的过程中，实现共同成长的目的；另一方面，辅导员在面对学生存在"学习不感兴趣""网络游戏成瘾""心理状态不佳""人际关系紧张""不良网贷"等问题时，愿意通过师生间的谆谆引导、朋友间的热情关注，让这些"问题"学生成功实现转变，这也正是高校辅导员真正的价值所在，也是其前进的不竭动力与幸福的源泉。当然，辅导员面对"问题"学生所做的工作并不能实现100%的成功，也时常会遇到辅导员的谆谆教导换来的却是学生的消极面对。例如，进行学业问题谈心谈话时，辅导员"苦口婆心"，学生却"口是心非"，嘴上答应得很好，但是背地里依旧我行我素，最终学生因学分问题面临降级或退学，辅导员无法实现"一个都不能少"的承诺，这无疑让辅导员产生很大的挫败感。如今，国内外环境更加复杂多变，高校辅导员在指导、服务、陪伴学生成长的过程中，虽然总会遇到诸多的问题，但最不愿意接受的是因自己教育目的没有达到导致学生行为消极，学生无法在校园内安心学习与生活。长此以往，学生的行为消极导致的成功转化率低，也容易让辅导员的消极情绪与行为慢慢滋生，不利于辅导员健康人格塑造。

3. 学生认可困难影响辅导员职业动力

当前，学生对辅导员职业人格总体是认可的，认为辅导员能够为他们提供思想引领、学业解惑、就业指导等，但是也会对部分辅导员的职业行为并不"买账"。一是辅导员的身先示范不够。主要表现在日常工作中要求学生做到的，自己无法做到，缺乏以身作则的强烈意识。二是辅导员的职业素质能力不高。辅导员职业素质能力高低直接影响解决学生问题的能力。当学生出现学习、生活、人际关系、情感、心理等问题时，很愿意寻求辅导员的指导与帮助，这是学生对辅导员认可与信任的表现。一旦辅导员面对学生的困扰束手无策，无法提供有效的指导和帮助时，学生便开始对辅导员的职业素质能力产生怀疑，从而影响学生对辅导员整体的人格评价。三是辅导员的同理心不强。高校辅导员与学生亦师亦友，就注定了两者之间在沟通交流上以及在实际行动中均需要换位思考、相互尊重。部分辅导员习惯用"高高在上"的强硬态度开展学生工作，用命令的语气同学生交流，只会把学生推得越来越远。有的辅导员无法有效融入学生学习生活，导致日常思想政治教育在学生眼中变成了"说教"。辅导员工作是一份"良心活"，需要投入更多的情感方能获取学生的认可，而学生对辅导员的认可困难也将成为辅导员人格发展中的最大"绊脚石"。

第六章

新时代高校辅导员职业人格塑造的策略探析

新时代高校辅导员职业人格塑造是国家、社会、高校、个体、其他力量综合作用发挥的结果，是一个系统性工程。新时代给高校辅导员在职业人格塑造方面提供了后盾支持、底气支持、政策支持和手段支持，这些支持是优越的时代条件。在此条件下，要达到新时代高校辅导员职业人格塑造的目的，需要以新时代高校辅导员职业人格"应然"与"实然"之间的差距为导向，以存在问题的原因分析为依据，以新时代对高校辅导员职业人格的要求为目标，统筹各方力量，多措并举地协同推进。

一、新时代为高校辅导员职业人格塑造提供的相关支持

新时代给高校辅导员职业人格塑造带来了诸多挑战，但利弊总是相伴而生的，在带来挑战的同时也带来了诸多机遇和支持，既有宏观层面的后盾支持、底气支持，也有微观层面的政策支持、手段支持，充分利用好这些机遇和支持将对新时代高校辅导员职业人格塑造大有裨益。

（一）后盾支持：以习近平同志为核心的党中央对思想政治工作的格外重视

党的十八大以来，以习近平同志为核心的党中央对思想政治工作的重视程度达到了史无前例的水平，主要体现在习近平总书记关于教育的重要论述中。2013年8月，习近平总书记在全国宣传思想工作会议上，重点强调了意识形态工作的极端重要性；2014年12月，习近平总书记在第二十三次全国高等学校党的建设工作会议上，就如何在党委的领导下加强思想政治工作进行了部署安排；2016年9月，习近平总书记在北京市八一学校考察时强调："要旗帜鲜明加强思想政治教育、品德教育，加强社会主义核心价值观教育，引导学生自尊自信自

立自强"①；2016年12月，习近平总书记召开的全国高校思想政治会议上明确指出："高校思想政治工作关系高校培养什么样的人、如何培养人以及为谁培养人这个根本问题。要坚持把立德树人作为中心环节，把思想政治工作贯穿教育教学全过程，实现全程育人、全方位育人"②，并就高校思想政治工作的重要性以及如何在"三全育人"中推进思想政治工作进行了指示；2017年10月，在党的十九大报告中指出，加强和改进思想政治工作，深化群众性精神文明创建活动；2018年5月，在北京大学师生座谈会上指出："要把立德树人的成效作为检验学校一切工作的根本标准……不断提高学生思想水平、政治觉悟、道德品质、文化素养"③；2018年8月，在全国宣传思想工作会议上对新时代如何开展宣传思想工作进行了方向确认和任务布置；2018年9月，在全国教育大会上指出："思想政治工作是学校各项工作的生命线""要精心培养和组织一支会做思想政治工作的政工队伍"④；2019年3月，在学校思想政治理论课教师座谈会上指出教师"人格要正"⑤。一系列会议的密集召开以及一系列关于思想政治工作的重要论述，足以说明以习近平同志为核心的党中央对思想政治工作的高度重视。辅导员是高校思想政治工作的骨干力量，这一系列论述让高校辅导员能够理直气壮地开展思想政治工作而没有后顾之忧，因为以习近平同志为核心的党中央就是高校辅导员开展思想政治工作最坚强有力的后盾支持。

（二）底气支持：中国特色社会主义取得的重大成就

高校辅导员的主要任务是思想教育和价值引领，但是以往在开展思想教育时，由于缺乏理论和实践成果的有力支持，容易导致辅导员的教育缺乏说服力。例如，辅导员教育学生"中国的社会主义制度优于美国的资本主义制度"，在当中国综合实力不够强大而说出这席话时，辅导员往往是心虚的、没有底气的。但是，此时新时代的中国已非彼时的旧中国，在理论方面，形成了习近平新时代中国特色社会主义思想，它是新时代精神的精华，提出了一系列具有开创性

---

① 全面贯彻落实党的教育方针 努力把我国基础教育越办越好［EB/OL］.教育部政府门户网站，2016-09-10.
② 张烁.习近平在全国高校思想政治工作会议上强调：把思想政治工作贯穿教育教学全过程 开创我国高等教育事业发展新局面［N］.人民日报，2016-12-09（1）.
③ 习近平.在北京大学师生座谈会上的讲话［N］.人民日报，2018-05-03（2）.
④ 吴晶，胡浩.坚持中国特色社会主义教育发展道路 培养德智体美劳全面发展的社会主义建设者和接班人［EB/OL］.中国青年网，2018-09-11.
⑤ 张烁.习近平主持召开学校思想政治理论课教师座谈会强调：用新时代中国特色社会主义思想铸魂育人 贯彻党的教育方针落实立德树人根本任务［N］.人民日报，2019-03-19（1）.

意义的新理念、新思想、新战略，规划了新时代中国特色社会主义发展的战略安排，是巩固全党全国各族人民为实现中华民族伟大复兴中国梦而奋斗的共同思想基础。在实践层面，中国综合国力稳居世界第二，在经济建设、深化改革、民主法治、思想文化、人民生活、生态文明、强军兴军等方面都取得了重大的突破和进展，中国从未像现在这样离中华民族伟大复兴中国梦的实现如此之近，这一系列全方位、令世人赞叹的成就让高校辅导员在开展思想政治教育工作时更加自信、更加有底气、更加理直气壮，对于提升辅导员的职业自信非常有帮助，能够让辅导员更加坚定理想信念，深厚爱国情怀，提升育人成效。新时代中国特色社会主义建设取得的非凡成就，为高校辅导员讲好中国故事提供了丰富有力的时代素材，也在一定程度上提升了辅导员的动员宣讲能力和真情感染能力，有利于提升辅导员的人格魅力。

（三）政策支持：相关配套文件的陆续出台

党的十八大以来，"一系列文件、报告对高校辅导员队伍建设提出了新任务、新要求，为新时代高校辅导员队伍建设指明了方向"[①]。2013年中共教育部党组印发的《普通高等学校辅导员培训规划（2013—2017年）》对高校辅导员的培训内容、培训任务、保障措施等进行了规定；2014年教育部印发的《高等学校辅导员职业能力标准（暂行）》，详细规定了高校辅导员的职业要求和能力标准；2017年教育部修订的《普通高等学校辅导员队伍建设规定》（教育部令第43号），进一步明确了高校辅导员的要求与职责、配备与选聘、发展与培训、管理与考核等内容；2017年教育部党组印发的《高校思想政治工作质量提升工程实施纲要》，明确提出系列建设高校思想政治工作队伍的新举措；2021年中共中央、国务院印发的《关于新时代加强和改进思想政治工作的意见》，对新时代加强和改进思想政治工作的指导思想、方针原则、重要地位、工作要求等方面进行了明确。这些相关配套文件的出台为新时代进一步加强高校辅导员职业人格建设以及提升高校辅导员队伍的专业水平和职业能力，提供了明确而有力的政策保障，使辅导员队伍建设有章可循、有据可依，为新时代高校辅导员职业人格塑造提供了制度保障，消解了一系列阻碍辅导员职业人格塑造的不利因素，使新时代高校辅导员能够更加安心乐业。

（四）手段支持：多方位关怀举措的持续发布

为加强辅导员队伍建设，促进辅导员的发展，教育部发布了一系列针对高

---

① 彭庆红，耿品.新中国成立70年来高校辅导员队伍建设的历史进程、总体趋势与经验启示[J].思想理论教育导刊，2019（8）：134.

校辅导员的关怀举措。2007年，教育部首次把优秀辅导员奖项增添至全国优秀教师评选表彰中；2007年，教育部公布首批21个教育部高校辅导员培训和研修基地；2008年部分高校开始推行"高校辅导员在职攻读思想政治教育专业博士学位专项计划"；2009年教育部开展了"全国高校辅导员年度人物"评选活动；2009年安徽师范大学主办的全国第一家高校辅导员专业期刊《高校辅导员学刊》创刊；2017年，教育部社会科学司在教育部人文社会科学研究中设立"辅导员骨干专项"课题；同时，还有专职辅导员专业技术职务（职称）评聘单列计划、单设标准、单独评审；2019年，中国共产党中央委员会宣传部和教育部首次将辅导员纳入全国"最美人物"评选系列。这些手段举措的发布对辅导员群体来讲是极大的支持，让辅导员群体切身感受到了党中央对高校辅导员群体的关心关怀，让辅导员更能看到明晰的职业发展前景，让辅导员有了更加深切的职业归属感和职业荣誉感，有利于辅导员自信、责任、担当、忠诚等职业人格的培育。

二、新时代高校辅导员职业人格塑造的对策建议

通过对问卷调研结果的分析把握了高校辅导员职业人格的现状，特别是从五方面对高校辅导员职业人格存在的问题进行了梳理，并着重从国家政策、社会环境、高校环境、辅导员群体自身、教育对象、同辈、家庭等不同的层次和角度挖掘辅导员职业人格存在问题的原因，这些都为新时代高校辅导员职业人格塑造奠定了前期基础，而原因挖掘则是对策提出的重要依据。在本部分，重点依据挖掘出的原因，围绕存在的问题一一针对性地提出相应对策，以期解决存在的问题，达到对高校辅导员职业人格进行塑造优化的最终目的。为了做到提出的对策有理有据，对辅导员群体和大学生群体进行了专门的问卷调研，具体调研结果和数据对比结果如下（见表6-1）：

表6-1 辅导员视角和大学生视角下的辅导员职业人格塑造策略

辅导员视角			大学生视角		
项	占比	排序	项	占比	排序
强化辅导员职业认同	66.48%	1	不断深化教育体制改革	59.28%	1
不断深化教育体制改革	66.10%	2	健全辅导员选聘机制	55.98%	2
大力营造良好的社会环境	64.95%	3	营造良好的社会环境	55.91%	3
健全辅导员选聘机制	61.14%	4	强化辅导员职业认同	50.98%	4

续表

辅导员视角			大学生视角		
项	占比	排序	项	占比	排序
畅通辅导员的发展渠道	60.00%	5	建立健全辅导员的奖励、惩罚、监督和退出机制	43.82%	5
建立健全辅导员的奖励、惩罚、监督和退出机制	59.43%	6	畅通辅导员的发展渠道	40.65%	6
加强规划，实现辅导员的职业化和专业化发展	48.57%	7	加强规划，实现辅导员的职业化和专业化发展	36.73%	7
加强培训，提升职业素质	46.67%	8	加强培训，提升职业素质	36.66%	8
加强对辅导员的心理疏导和自我调节的指导	43.81%	9	加强对辅导员的心理疏导和自我调节的指导	31.94%	9
建立健全辅导员胜任人格培养制度	36.38%	10	建立健全辅导员胜任人格培养制度	30.18%	10

通过数据分析可知，辅导员群体认为强化辅导员职业认同、深化教育体制改革、营造良好的社会环境、健全辅导员选聘机制、畅通辅导员发展渠道等举措对于塑造高校辅导员职业人格至关重要；大学生群体认为深化教育体制改革、健全辅导员选聘机制、营造良好的社会环境、强化辅导员职业认同等举措对于塑造高校辅导员职业人格非常重要。总的来讲，可以围绕辅导员职业认同、教育体制改革、社会环境、辅导员选聘、辅导员发展渠道、辅导员评价考核、辅导员素质能力、心理调节等方面提出对策。

（一）推动制度改革、学科建设

1. 深化高校辅导员制度改革，促进高校辅导员人格健康全面发展

1953年高校辅导员制度首次创立以来，党和国家高度重视高校辅导员队伍的职业化、专业化和专家化建设，并颁布了一系列制度、办法和意见。高校辅导员工作职责多、扮演角色多，要求政治强、业务精、作风正、纪律严，在工作量和个人考核、职业发展上任务繁重，竞争激烈；自我角色的不确定性和多重性角色的扮演使一些辅导员倍感困惑与迷茫，发生了心理的扭曲、人格的片面发展等问题。为此，应以马克思主义人的全面发展理论为指导，深化高校辅导员制度改革，培育高校辅导员职业人格的健康全面发展。

一是要以问题为导向。国家有关部门在做顶层设计时需要重心下移、深入基层、了解实际、分层分类调研摸底，就当下高校辅导员职业人格存在的突出问题、风险点出台有效防控措施，对高校辅导员正向职业人格塑造的组织环境

因素、文化因素、素质能力因素、培训因素等出台保障、优化的相关有效政策。

二是要坚持巡视手段常态化。对于已颁布的高校辅导员有关制度，要对标进行巡视查验，检查高校的落实、兑现情况，就实际成效、实际问题和困难进行反馈和整改，形成动态管理，切实用制度、政策推进高校辅导员队伍建设，解决高校辅导员职业人格发展问题。

三是要坚持发展的眼光。在高校辅导员制度改革和建设方面，国家视野要环视世界，不能止步于解决当前的矛盾，要用发展的眼光看待高校辅导员职业人格的健全塑造，同时也要兼顾高校辅导员群体的发展，兼顾"双一流"高校和普通本科高校、高职高专的差异性，要研判和借鉴国外学生工作事务工作者队伍的建设发展经验，借鉴发达国家的相关优秀经验，结合国情特色制定长远规划的中国特色高校辅导员制度体系。

四是要坚持协同理念。高校辅导员职业人格发展应融入社会、政治、教育、文化等多个领域，要和时代大局同呼吸、同节奏、同发展，不能单一化或者边缘化、小众化，不能将高校辅导员孤立发展，要将高校辅导员与高校专任教师、高校管理者联系、挂钩，推进高校辅导员走出学生工作、走向社会，发挥更大价值，提升高校辅导员职业价值，提升高校辅导员多角色属性职业人格的全面发展。

五是要用受教育者反向推荐。教育的真理性需要得到教育者人格的诠释，教育的权威性需要得到教育者人格的支撑，"思想政治教育的有效性在于其思想政治教育与人格示范的同一性，即其外向教育要求与其内在人格形象和谐统一"[①]。高校辅导员的职业人格展现是言传与身教的统一，需要外在的人格形象、人格魅力以及内在人格力量做支撑。高校辅导员人格会对教育主体产生影响，同理，同样具有教育主体身份的大学生也可以反向影响高校辅导员职业人格的塑造。为此，要积极发挥学生在高校辅导员职业人格塑造中的作用，实现教学相长。

2. 平衡高校辅导员比对心理，促进高校辅导员人格与心理美建设

高校内外教育资源的差异化和不平衡发展是当前高校辅导员职业人格建设发展的重要矛盾。这个矛盾是国家、社会、经济、政治、文化等综合因素积淀作用的结果，必须清醒地认识到该矛盾不是短时间就能解决的，解决该矛盾的关键还在于社会生产力和生产关系的和谐发展。为此，高校辅导员对国内外教育资源、教育环境的差异诉求是客观且长期存在的。解决高校辅导员比对差异心理，防止辅导员职业人格异化主要从以下几方面入手：

---

① 陈步云. 论高校辅导员教育个性的养成[J]. 思想教育研究, 2009 (3): 63.

第一，加快建设脚步，缩小差距。国家要加大对教育事业、人才强国战略的政策支持力度，提升社会崇尚科学、尊师重道等社会主义核心价值观主流社会风气。对高校辅导员关心的焦点问题、敏感问题、棘手问题逐一逐步解决，并做到边建设边发展，要解决思想问题更要解决实际问题；在对高校辅导员职业人格塑造中遇到的简单问题、细小问题上解决动作要快。另外，国家要积极推进辅导员培训研修基地、辅导员工作室、辅导员课题、辅导员职称（职务）评定、辅导员挂职锻炼、辅导员精品项目、辅导员年度人物、辅导员职业素质能力大赛等项目，多途径全方位加强对高校辅导员职业人格的全面建设。

第二，加强职业建设，完善体系。一是把握好入口关，提升高校辅导员岗位选聘标准和门槛，对高校辅导员选聘分门别类，将高校辅导员岗位和工种参考教师岗位细分，并给予相应待遇和保障。二是保障好晋升关，要完善和独立高校辅导员职级、职称晋升，更要用好职业晋升体系，来塑造国家需要、社会需要、高校需要的辅导员职业人格品质，发挥正导向性作用。可以用科研标准考核，也可以用常规工作考核，还可以用群众意见等多元判定。只有树立积极向上的价值导向才能鞭策高校辅导员人格美的发展，给高校辅导员净化心灵、人格培育缔造良好的政治生态环境。三是要完善退出机制。对存在师德师风问题、长期"浑水摸鱼"的辅导员要进行职业督导、能力提升、责令退出，不能因为个别现象、少数问题影响到整体观、全局观。要及时纠正队伍中的消极思想，对问题严重的高校辅导员要进行转岗流动，要确保高校辅导员队伍整体的活力度、积极性，营造有利于辅导员职业人格塑造的大氛围。

第三，弘扬传统美德，调节心理。如果说经济、文化、职业建设是解决高校辅导员人格问题的主要措施，那么弘扬中华优秀传统美德、品德则是增强高校辅导员人格美、心灵美的内在需要。高校辅导员要明确自己肩负的职责使命的本质，要深刻理解国家、民族的发展和未来，要坚信中国共产党是历史上最先进的革命者，是改造社会、改造世界的现代担当者和推动者。共产党员是在不断斗争中去改造社会、改造世界，同时改造自己的。为此，高校辅导员作为共产党员，就要不断加强马克思主义理论学习，提升自我党性修养，要与困难问题、艰苦条件、敌对势力做斗争。另外，要发挥高校辅导员是文化传承者的身份作用，唤醒高校辅导员的高尚情操、职业身份、政治品格，加强师风师德建设，鼓励高校辅导员进修心理咨询课程并考取专业资质，在育人过程中惠及学生，提升自我、修炼自我人格。

3. 推进高校辅导员学科建设，促进职业发展强化职业的人格自信

目前，在高校内与辅导员职业密切相关的学科只有马克思主义理论一级学

科和思想政治教育二级学科。实践证明，仅依靠思想政治教育专业是无法有效支撑辅导员职业发展和人格发展的。所以，很有必要在马克思主义理论一级学科下设高校辅导员学二级学科。

第一，建构高校辅导员学是必要的。一是建构高校辅导员学顺应历史和时代发展的需要，特别是在当今社会，辅导员工作面临着诸多新挑战，对高校辅导员提出了更多新要求。二是"建构高校辅导员学响应了教育的时代主题"[1]。高等教育的根本任务是立德树人，而辅导员是立德树人的骨干力量，回应立德树人的时代课题，是高校辅导员的本职所在。总的来讲，在高校辅导员现有近20万的从业人员中，专业背景与马克思主义理论一级学科、思想政治教育专业相关的人员尚未过半。高校辅导员队伍内部的职业素养、工作能力、职业认同呈现多元化，容易导致人格问题的多样化。为此，为保障队伍的持续化发展和后继有人，提升辅导员的职业底气和职业归属感，强化新时代育人实效，就需要首先从学科专业上予以支撑。

第二，建构高校辅导员学是可行的。当前，高校辅导员学科独立的条件已经趋于成熟。依据学科独立的标准，高校辅导员学基本上已经从研究对象、理论体系、内在规律和研究方法上满足了学科独立条件。高校辅导员学的研究对象为辅导员自身、大学生、辅导员工作内容、辅导员工作规律；理论体系为关于辅导员工作和辅导员队伍建设客观存在的基本规律的学科；内在规律为高校辅导员成长成才规律，以及高校辅导员工作中"人""事""物"的发展及互动规律、工作中的教育规律和管理规律；研究方法为宏观和微观相结合，多知识理论方法融合、多科学方法交叉。

第三，建构高校辅导员学的基本框架。高校辅导员学的基本架构应该包括高校辅导员学的理论基础、辅导员地位和价值功能、辅导员工作对象、辅导员工作内容、辅导员工作过程及其规律、辅导员工作原则、辅导员工作方法和艺术、辅导员工作载体、辅导员管理、辅导员工作成效评价等内容。

第四，依托高校辅导员学，建立健全职业机构，提升职业的社会认同。虽然高校辅导员制度发展了70多年，但是社会对高校辅导员职业的了解相对较少。为此，国家行业协会应该发挥对高校辅导员学科建设、行业建设的作用，该协会应与其他协会一样受到社会、行业、用人单位、事业单位、国家机构认可，可以建立完善的培训机制、课程体系、数据库、职业能力评价、工作评价等。国家行业协会或者培训基地要对高校辅导员聘用和推介起到应有的作用，

---

[1] 孟东方. 高校辅导员学 [M]. 北京：人民出版社，2019：20.

要加强高校辅导员职业文化、职业团队的建设，将高校辅导员纳入高层次人才、干部、学者培养培育体系内，并给予相应的职业荣誉和职业地位。通过推进高校辅导员学科建设，基于工作胜任力，以学促建、以学促进、以学促评，加强辅导员的职业化、专业化、专家化建设，为高校辅导员职业人格发展提供学科依据。

（二）优化社会主义价值导向

人造环境，环境也造人。要塑造好高校辅导员职业人格，解决好高校辅导员职业人格突出问题，就要深入了解高校辅导员的职业定位、职业发展、职业特点、职业问题，了解高校辅导员所处的现实环境。推动高校辅导员正向人格的发展，是一个复杂、长期、反复的系统工程，需要同工作环境、生活环境、学习环境、精神环境、物质环境和社会环境相互作用。要营造有利于高校辅导员正向职业人格发展的氛围环境，就需要经济、政治、文化等方面的协同发展。

1. 优化社会主义市场经济体制的价值导向，营造高校辅导员人格发展好环境

经济基础决定上层建筑。社会主义市场经济是保障高校辅导员职业人格塑造的基础条件。高校辅导员首先是人的属性，是人就会有人最本质的社会属性，而社会最基础的构成要素就是经济基础。我国是社会主义国家，在市场经济发展中具有明显和独特的调控优势。为此，国家和政府要继续大力发展社会主义市场经济，加大生产力、生产关系建设，繁荣市场经济，提升综合国力。一要追求高质量和高效益增长的转变。在发展社会主义市场经济的建设中不能一贯追求快，不能唯利是图、急功近利，不能破坏国家的共同利益、长远利益、集体利益，不能以破坏环境、破坏人伦道德为代价进行经济上的增长，而要遵循经济发展的周期和规律，要实现更快、更好、更有质量的发展。二要加强供给侧结构性改革，从而促进内涵发展。加快转变方式、优化经济结构、转换生产动力、升级产业赋能，大力发展社会主义市场经济文化内涵建设、制度建设，在发展经济建设的同时要深化改革，优化社会主义市场经济体制的旧问题并积极消除负面影响，注重平衡，健全市场经济，缓和社会主要矛盾，满足广大人民对美好生活的多样化需求。

另外，国家和政府要有目的地对市场经济进行政治性、导向性的调控。一是积极维护社会主义市场经济的公平公正，弘扬社会主义核心价值观，加强法治社会、和谐社会的治理，要强化公开、透明市场竞争关系，惩治、惩戒经济违法行为，在社会主义市场经济发展过程中树立和引导正向的价值观和人格观。二是强化社会主义市场经济的正确认识。纠正对社会主义市场经济建设认识的偏差，规范市场经济公约，遵循市场经济法则，深入开展普法教育，促进市场

经济自由、诚信建设，缔造良好的法治社会市场观念和价值，用法律规范市场行为，增强人民的法律观念，提高社会主义市场经济法治环境建设。

2. 不忘初心、牢记使命，强化从业的理想信念，谨防高校辅导员人格扭曲和失范

高校辅导员是党的干部、宣传员，是开展大学生思想政治教育的骨干力量。培育健全、健康的高校辅导员职业人格就要结合高校辅导员职业要求、职业目标、职业属性，加强对高校辅导员的理想信念教育，不忘初心、牢记使命，去"官僚主义、官本位思想"。

一是要发展社会主义民主政治制度。当前，我国正处于世界百年未有之大变局的政治格局中，新发展、新理念、新变化是时代现实。国家应当两手抓，两手都要硬，要强化以人为本、维护人的权益、促进人格发展的社会主义民主政治体系建设，消解拜金主义、享乐主义等负面思想观念，要把权力关进制度的"笼子"，以社会人的大人格、大方向带动高校辅导员职业人格建设。

二是要强化高校辅导员的党性修养。通过学习党史、新中国史、改革开放史、社会主义发展史，全面了解党的历史、目标、使命和责任，总结历史经验和教训，明确高校辅导员的初心与使命；要常态化、持续化、终身化地加强马克思主义理论学习，增强看家本领，提高政治站位，坚定政治方向，确保不脱离群众、不脱离学生；要发挥党组织的教育、监督、培育作用，对高校辅导员进行党员评议、考核，通过民主生活会等方式引导高校辅导员塑造正向职业人格。

三是要强化高校辅导员的职业道德素养。首先，积极发挥教育部高校辅导员培训和研修基地、中国高教学会辅导员工作研究分会的组织育人功能，加大对高校辅导员队伍的轮训力度，提升高校辅导员队伍的整体职业能力和道德素养；其次，发挥全国优秀辅导员典型人物的辐射作用，提升职业能力，增强职业道德素养；最后，加强对辅导员的廉政教育力度，通过参观廉政教育基地、党校干部教育培训、参观监狱、参加普法考试等方式方法加强对高校辅导员的警示教育、法纪教育和反面案例教育。

四是要用好高校辅导员考核评价制度。科学、客观地对高校辅导员工作进行评价，将评价结果纳入高校辅导员职业晋升、推优等指标体系中，促进高校辅导员职业规范和提升服务育人、管理育人、教育育人的人格亲和力。对辅导员的人格形成而言，尽管德育、智育都在一定程度上促进了辅导员人格形象的完善，但是审美自觉是不可或缺的关键性环节。因为从人格结构来看，"真是善的前提和基础，善是真的目的和结果，而人格的美则是真与善的统一"。马斯洛

说:"从最严格的生物学意义上讲,人类对于美的需要,就像人类需要钙一样,美使得人类更为健康。"① 为此,辅导员之家、工会、人文素质教育基地等部门机构要加强对辅导员业余兴趣爱好培育,例如,通过辅导员职业素质能力大赛的谈心谈话、理论宣讲、才艺展示等活动环节,增强高校辅导员的美育水平,塑造高校辅导员的人格魅力。

3. 坚定社会主义核心价值观主流意识形态,强化高校辅导员人格教育和养成

职业人格的形成并不是与生俱来的,而是周边文化环境综合因素生成的结果。高校辅导员身处教育教学岗位一线,深处意识形态斗争前沿,各类"好与坏"的意识形态、价值观念都交杂在高校辅导员身边,影响着高校辅导员职业人格的形成与发展。所以,要注重从健康文化环境营造的角度加强对高校辅导员职业人格的熏陶、教育和养成。

第一,从社会主义国情特征出发,了解高校辅导员群体的民族、文化、风俗,找寻高校辅导员价值、思想、认识的文化源头。对不同高校、不对地域、不同民族的高校辅导员要进行针对性的职业人格塑造和培育;要求同存异,尊重民族、文化的差异,更要互融互通汲取营养,建立健全完整的职业人格认知。

第二,从中华优秀传统文化和红色文化中提取,建构辅导员核心价值观最大公约数,塑造符合中国特色的高校辅导员职业人格。一是在日常生活中注重传承和弘扬中华优秀传统美德。弘扬中华优秀传统美德是增强高校辅导员人格美、心灵美,强化正确职业意志、职业价值观、职业良心、职业理想的内在需要。加强对辅导员的中华优秀传统美德教育,将中华优秀传统美德中的爱国、自强、诚信、知耻、改过、厚仁、敦亲、好学、务实、奉公、求新等内容融入对辅导员的教育和培训中,使辅导员明白、了解并在工作和实践中实现对中华优秀传统美德的弘扬自觉,体现在自身的日常言行中。二是注重传承红色基因和弘扬革命精神。红色文化资源是党和国家的宝贵精神财富,红色基因和革命精神蕴含着深厚的爱国、信仰坚定、奋斗、不屈不挠、不怕苦不怕累、奉献等理念,加强辅导员的红色革命精神教育,对于坚定职业理想、树立正确的职业价值观、强化职业意志大有裨益。高校辅导员要明确自己肩负的职责使命的本质,要深刻理解国家、民族的发展和未来,明白中国共产党是历史上先进的革命者,是改造社会、改造世界的现代担当者和推动者。共产党员是在不断斗争中去改造世界、改造社会,同时改造自己的。为此,高校辅导员作为中共党员,要在工作、生活中传承和弘扬红色革命精神,提升自我党性修养,要与困难问

---

① 林方. 人的潜能与价值 [M]. 北京:华夏出版社,1987:56.

题、艰苦条件做斗争。另外，要发挥高校辅导员是文化传承者的身份作用，唤醒高校辅导员的高尚情操、职业身份、政治品格，加强师德师风建设，鼓励高校辅导员进修心理咨询课程和考取专业资质，在育人过程中惠及学生提升自我、修炼自我人格。

第三，大力弘扬先进楷模事迹和主流文化。面对多元文化和不良社会思潮，社会层面要积极在各行各业树立时代楷模、道德模范、劳动模范等先进个人，要扭转歪曲的"追星观"，要把孙家栋、李延年、张富清、袁隆平、黄旭华、屠呦呦、钟南山等"共和国勋章"获得者作为时代明星来追；要结合重大事件和关键时间节点举行扶贫、科技、文化、教育等各类表彰大会，宣扬先进集体和先进个人的典型事迹；要在电视、网络、报刊等媒体宣传平台加大弘扬和倡导正能量的力度；要坚持以马克思主义理论为指导，掌握唯物辩证的方法论，增强高校辅导员对社会主义核心价值观和中华优秀传统文化等主流意识形态的文化自信、文化认同，在社会主义正向的文化价值引导下塑造符合时代需要、社会需要、人民需要的积极职业人格。

（三）健全职业发展保障系统

1. 明确工作边界，实现合理"减负"

在《普通高等学校辅导员队伍建设规定》（教育部令第43号）中明确指出："辅导员实行学校和院（系）双重管理。学生工作部门牵头负责辅导员的培养、培训和考核等工作，同时要与院（系）党委（党总支）共同做好辅导员日常管理工作。院（系）党委（党总支）负责对辅导员进行直接领导和管理。"[①] 文件对于辅导员的管理给出了明确的规定：一是辅导员要接受双重领导和管理；二是学生工作部门管理辅导员的侧重点是培养、培训、考核和部分日常管理；三是院（系）党委（党总支）的管理职责是直接领导和部分日常管理。也就是说，辅导员主要对口学生工作部门和院（系）党委（党总支），但当前的问题是除这两个单位之外，其他的诸如武装部（保卫处）、财务处、宣传部、后勤集团、校医院等单位和部门也时不时地直接分派任务给辅导员。这种任何部门都可以分派任务给辅导员的管理模式是传统的、粗放型的管理模式，一方面学生人数相对较少，另一方面各部门的工作任务也相对较少。但是，新时代要求辅导员要回归本位，要实现精细化管理，要实现职业化、专业化、专家化发展，要实现内涵式发展，就必须改变传统的、不合时宜的管理模式。如果新时代依

---

① 中华人民共和国教育部. 普通高等学校辅导员队伍建设规定［EB/OL］. 中国政府网，2017-09-21.

旧使用传统的管理模式，只会导致辅导员在工作内容模块有增无减的情况下任务量激增，让辅导员疲于应付各部门的任务而远离学生，进而导致其职业认同感下降，且职业倦怠提前到来。那么，新时代塑造高校辅导员人格就无从谈起。所以，当下高校最重要的任务就是"给辅导员合理减负"。

"减负"的目的是让辅导员回归本位；"减负"的内容就是辅导员主要工作职责以外的额外任务；"减负"的手段就是明确工作边界。为做好辅导员"减负"工作，需要从高校层面进行统一部署，由学校学生工作领导小组牵头，"组织学校各部门，将与学生相关的各项工作逐一细化，根据工作的性质、内容进行对应归口"①。对于边界模糊无法归口相应部门的工作，应由学校学生工作领导小组、教代会、工会商议后决定，并以制度的形式予以解决。根据文件规定，辅导员只接受学生工作部门和院（系）党委（党总支）的管理和领导，对于这2个部门以外的其他部门不得随意调配、指使辅导员，不得无条件地给辅导员安排额外的工作任务，对于辅导员的工作职责边界以及各相关职能部门的学生教育管理工作边界需要以制度的形式进行明确规定，以此推动辅导员从杂乱无章的无序工作范式向规范合理的工作范式转变，确保辅导员真正回归本位，不断提升辅导员的职业归属感、职业成就感和职业认同感，从而强化职业人格。

2. 科学选聘培训，实现持证上岗

（1）综合改革实现科学选聘

要塑造好新时代高校辅导员人格，特别是要按照教育部令第43号规定的选聘基本条件，把好选聘关，将有志向、有能力、有素质、符合条件的合格人才选拔进队伍，从源头上提升质量，为塑造优秀的辅导员职业人格奠定基础。对于辅导员的科学选聘可以从以下方面进行改革：一是改革测评主体；二是改革测评方法。

在测评主体方面，以往的测评主体主要是由分管学生工作的校领导、学生工作部相关领导、人事处、纪委等相关同志组成，相对而言结构不够合理，无法做到对应聘者的相关素质进行全面考察。所以，首先要从测评主体进行改革。改革后的测评主体主要由以下人员构成：分管学生工作的校领导、资深人力资源管理专家、资深心理测评师、马克思主义学院资深教授、学生工作部领导、基层优秀辅导员代表等构成。测评队伍组建之后，要对测评队伍进行培训并进行合理分工，依据测评要素对不同的测评主体设置相应的测评题目，明确测评

---

① 柏杨. 改革开放以来高校辅导员队伍建设研究［M］. 成都：西南交通大学出版社，2018：120.

重点，使他们在测评过程中能够针对文件规定的岗位条件进行有针对性的测评，确保把合适的人才挑选出来。

在测评方法方面，以往的测评方法基本上是"笔试+面试+心理测试"，虽然该方法组合有一定的合理性，但是还不够完善。以往的笔试主要测试时事政治、校史校情和学生工作基本理论和案例分析，面试也主要是案例分析，心理测试主要关注的是应聘者自身是否存在心理问题。这样的测试方法组合虽然能够测试出应聘者的部分能力和素质，但是不够深入全面。由于测评方法是选拔人才最重要的一关，所以要本着科学性、合理性、全面性、专业性的原则来进行测评。首先，笔试。笔试应主要围绕政治素质、对党的基本路线和各项方针政策的把握程度、从事思想政治教育工作相关学科的宽口径知识等方面来对应聘者进行测试。其次，面试。面试主要是通过有针对性地设置问题选项来考核应聘者的素质和能力。由分管学生工作的校领导面试应聘者的事业心和责任心；由人力资源管理专家来面试应聘者的组织管理能力、沟通协调能力、语言表达能力；由马克思主义学院教授面试应聘者的政治敏锐性和政治辨别力；由学生工作部领导来面试应聘者的教育引导能力和调查研究能力；由基层优秀辅导员来面试应聘者的纪律观念和规矩意识。再次，情景模拟。情景模拟主要包括两个环节：一是按照全国高校辅导员素质能力大赛的标准模拟谈心谈话，通过模拟谈心谈话来观察应聘者的应急能力、人际交往能力、语言表达能力、组织能力、政策掌握情况、情绪稳定性等职业素养和职业倾向；二是无领导小组讨论，通过无领导小组讨论来测试应聘者的组织协调能力、说服能力、情绪稳定性和反应灵活性等方面。最后，心理测试。以往的心理测试重点分析的是应聘者自身是否有心理问题，但是现在改革后的心理测试将以此为基础重点测试应聘者的人格特质和动机。动机测试直接牵涉应聘者求职的目的和入职后的稳定性和乐业性，而人格特质则主要测试应聘者是否适合辅导员岗位：一是 TAT 测试，通过让应聘者将看到的图片内容以讲故事的形式表达出来，以此来分析应聘者的压力状况、求职欲望及情感状况；二是卡特尔 16PF 人格测试，依据 16 项人格因素的分值来判定其人格特质，以此来决定其是否符合辅导员工作。

(2) 注重实效实现科学培训

当前的辅导员培训存在的问题主要集中在培训前缺乏组织、培训中缺乏体系、培训后缺乏评价。所以，针对存在的问题要进行有针对性的改进，以达到科学培训、提升培训效果的目的。

一是加强培训前的组织管理。在培训前要做好组织管理，组建一支素质优良、结构合理的师资队伍，建立自己的培训师资库，融入政府官员，思想政治教育、教育学、心理学等方面的专家，知名企业家，职业生涯规划专家，优秀辅导员等力量。结合实际情况设计并论证好培训方案，编写符合地方和学校实际的培训教材，建立好网络培训平台。

二是确保培训中的体系化。要依据辅导员的群体需求，针对不同的辅导员群体进行分层分类的体系化培训。对于新入职的辅导员，要重点围绕校史校情、职业认知、职责使命、密切相关的政策文件解读、基本的素质能力、职业生涯规划、基础理论模块等方面开展系统化的培训，以期达到让新辅导员了解岗位、认同岗位、掌握基本从业技能的目标，帮助新辅导员顺利走上工作岗位，渡过迷茫期；对于入职有一定年限的辅导员，要重点围绕技能提升、工作专项模块、职业倦怠预防和处置、职业获得、职业发展、专业理论模块等方面进行体系化培训，旨在帮助辅导员向职业化、专业化迈进，渡过职业倦怠期。

三是加强培训后的效果评估。以往很多培训都是只在乎是否参加了培训而并不注重培训的效果，以至于耗费了人、财、物而培训收效甚微。所以，要格外注重培训效果的评估。要通过参训者自评、学员互评、培训教师和培训机构负责人考评等方式从反应评估、学习评估、行为评估和结果评估等方面就参训者的思想和行动变化进行检测和评定。

（3）凭借辅导员执业资格证上岗

当前的辅导员选拔并没有要求有专门的辅导员执业资格证，但是国外的学生工作管理从业者都要具备相应的执业资格证方能上岗，这也给我们一定的启发和经验借鉴。关于辅导员持证上岗主要针对两类群体。一是针对高校辅导员专业的毕业生。可在国内各省、直辖市内的师范大学开设高校辅导员专业（硕士），"从学科层面上看，思想政治教育相关专业仍然难以满足辅导员这一职业的从业要求"①。该专业是与思想政治教育专业一样同属于马克思主义理论一级学科下的二级学科，学生的学习内容主要包含理论课和实践课。在理论课方面，主修马克思主义基本原理、中国特色社会主义理论体系、思想政治教育、社会学、政治学、教育学、心理学、公文写作、大学生思想政治教育等相关课程；在实践课方面，主修授课技能、谈心谈话技能、危机事件处置技能、写作技能、调查研究技能、媒体设备使用技能等相关课程。该专业学生在经过理论测试和实践测试合格后，颁发类似于教师资格证一样的高校辅导员从业资格证。该专业的学生毕业后可以凭证直接上岗，当然，高校辅导员执业资格证是和教师资

---

① 杨智勇. 高校辅导员"双线"晋升的现实制约与解决路径［J］. 思想理论教育，2020（12）：107.

格证一样由教育主管部门认定的,并且是被国内所有高校所认可的,其效力和教师资格证一样。二是针对非高校辅导员专业的毕业生。这些非高校辅导员专业的毕业生可以通过两种方式持证上岗,第一种方式是在入职之前参加国家统一组织的高校辅导员职业资格证考试,通过后即可持证上岗;第二种方式是通过辅导员招聘入职后担任兼职辅导员,在1~2年内通过学习、培训和考试,顺利拿到高校辅导员职业资格证后可以转为正式辅导员,否则予以解聘。

3. 推动政策落实,实现畅通发展

为推动高校辅导员队伍的建设发展,国家制定和颁发了一系列政策文件,推出了较多的支持举措,为高校辅导员队伍建设和人格塑造提供了政策引领和制度保障。但是这些政策在一些高校落实的过程中往往存在"走样""变通落实""不落实"的情况,以至于较多辅导员满怀欣喜地期待政策落地,但结果却令人失望。所以,要在建立、健全高校辅导员队伍建设相关制度的前提下,狠抓制度落实,加强督促检查,维护制度的权威性,真正做到用制度管权、按制度办事、用制度管人。

首先,学深、吃透、弄懂政策。之所以一些高校在推动政策落实的过程中出现"走样",没有学深、吃透、弄懂政策是很大一方面原因。所以,要确保政策落实的第一步就是先组织相关人员进行政策学习。组织与辅导员队伍建设相关的人员,既包括主要相关校领导、学生工作部领导,也要包括组织部、人事处、科技处等相关部门,还要包括学院的党委副书记、学工组长和基层辅导员代表,通过政策解读会、座谈会、讨论会等方式,准确领会并把握政策的要义。

其次,依据上级政策文件精神制定符合学校实际的细化制度。要有效落实好政策的前提便是制定好准确的校本制度,确保校本制度的内容与上级政策精神的一致性。一些学校在政策制定过程中出现了"走样"或者"变通落实",这都是对上级政策精神的违背。例如,在辅导员专业技术职务(职称)评聘方面,教育部令第43号明确要求更加注重考察工作业绩和育人实效,单列计划、单设标准、单独评审。一些高校在制定校本制度时确实也做到了单列计划、单独评审,却在最重要的单设标准方面"走样",它们并没有按照教育部的政策更注重考察工作业绩和育人实效,而是依旧把课题、论文和教学科研获奖等内容作为重要衡量指标,而工作业绩和育人实效在职称制度中鲜有体现,并未体现辅导员工作的特殊性,以至于导向走偏。所以,在校本化制度的制定过程中要慎之又慎,要坚持民主的原则,充分征求相关群体的意见和建议,将国家的政策文件精神融入其中,确保校本政策不走样、不变通执行。

再次,严格执行制度。有的高校虽然制定了准确的校本制度,但是制度并没有发挥应有的效力，其重要的原因就是执行力不强。有的高校为了应付上级检查而制定相关制度，但是检查过后制度就变成一纸空文，是典型的做表面文章、摆花架子行为。所以，为了充分落实好相关制度，就要做到执行决议不动摇、执行规定不走样、执行制度不变通，确保相关制度能够准确落实到位，成为加强辅导员队伍建设、塑造辅导员人格的有力保障。特别是在辅导员最为关心的职称晋升和职级晋升方面。一是职称晋升。辅导员的岗位属性是"双肩挑"，但是很多辅导员并不能切实感受到"双肩挑"的优势，反而觉得是一种负担，所以，要打通"双肩挑"中的职称渠道，为辅导员畅通发展渠道。要按照教育部令第43号中的要求，实现辅导员职称评定的"三单"，切实让辅导员在职称晋升中有成就感。二是实行职级制。由于辅导员在管理岗位上的发展空间并没有想象的那么多，并且当下的现实是越往上的岗位越少，副处级以上岗位毕竟是有限的，同时，学校副处级以上干部大多数相对比较年轻，所以，为消除辅导员晋升无望的忧虑，可以通过建立完善高校专职辅导员管理岗位（职员等级）晋升制度来解决此问题。高校要结合实际情况设置副科级辅导员、正科级辅导员、副处级辅导员、正处级辅导员。辅导员职级制虽然无法给辅导员提供实职，但至少保障了薪酬待遇与其能力素质、水平的一致性。

最后，实施不定期督促检查。国家关于辅导员的相关政策要落地，都要经由各省、直辖市教育主管部门的下文，然后才会将政策下发至各高校。所以，为了确保政策的有效落地，各省、直辖市的教育主管部门要充分发挥好督促检查作用。一方面要督查校本政策的制定情况，核查各高校校本制度是否与国家政策相一致，是否存在"走样""变通落实""不落实"的情况；另一方面，要重点核查各高校校本制度的落实情况，对于不落实的要督促限期落实；对于"走样""变通落实"的，要责令限期整改。要实现教育主管部门的督促检查长效化、常态化、不定期化，真正让党和国家的政策、制度惠及广大高校辅导员。

4. 实行人格化管理，提升职业幸福感

一是实行弹性工作制。很多高校对于辅导员的上班时间按照行政人员的标准予以严格规定，但是鉴于辅导员的工作实际，往往会出现时间冲突。弹性工作制不要求辅导员一定要按照学校行政人员的上下班时间执行，可以依据自身工作实际进行灵活把握，具体的监督实施由院（系）党委（党总支）副书记把控。

二是善于打造队伍标杆。辅导员队伍的标杆打造要向基层倾斜，特别是对于辅导员群体中人格优异、深受学生好评、工作成效好的辅导员要着力打造，对他们的优秀事迹通过宣讲团、辅导员论坛、学校官媒、校园宣传栏等载体和手段进行广范围、持续性的宣传，激发辅导员的职业认同感、职业成就感和职业归属感。

三是构建合理的薪酬标准体系。"一个成功的薪酬标准体系的设置，涉及工资、奖金、津贴与补贴、福利等多方面。"① 由于辅导员职业成效凸显慢、工作内容繁杂等特殊性，要结合辅导员群体实际制定相应的薪酬标准体系。首先要保证辅导员的基本工资不能低于学校专任教师的基本工资；其次，要构建灵活的津补贴制度。有的省份、有的高校已经很好地落实了辅导员每月增加1000元的辅导员津贴，有的高校有辅导员值班补贴，有的高校有辅导员交通补贴、伙食补贴、话费补贴、班主任津贴、党支部书记津贴、就业津贴等，这些灵活的津补贴就是对辅导员工作价值的认可，从薪酬方面确保辅导员不会产生落差感。

四是精准可变适应性调岗。一些辅导员之所以会出现职业倦怠等影响职业人格的问题，有一部分原因就是其在一个单位或岗位上工作时间过久。在调研中发现，有一些辅导员在一个单位或岗位上工作的时间超过10年，这对于辅导员的人格塑造和完善是极为不利的。因此，要针对该情况实现精准可变适应性调岗。那么，调岗需要注意以下问题：一是要实现精准性。精准把握需要调岗人员的信息，例如，在同一个单位或岗位上工作的年限、专业背景、爱好特长等，争取通过调岗削弱辅导员的职业倦怠。二是要实现动态性。辅导员的职业人格状态是一个变化的过程，那么就要精准依据辅导员的职业人格测评结果进行动态调整，及时将职业人格状态较差的辅导员进行岗位调整，既可以在校内岗位进行调整，也可以根据需要分批分次选拔辅导员到农村、企业实践锻炼学习，以期实现人格作用发挥效益最大化。

五是完善辅导员荣誉体系。由于省部级的辅导员相关荣誉奖项设置相对较少，那么，学校范围内可以根据工作实际设置相应的荣誉奖项，以完善荣誉体系。从宏观层面可以设置"学生工作先进个人""辅导员年度人物""优秀辅导员"等荣誉，从微观层面可以设置"就业工作先进个人""心理工作先进个人""资助工作先进个人""党建工作先进个人""学风建设先进个人""新媒体工作先进个人"等，对于辅导员在工作中有特殊贡献的还可设置"学生工作特殊贡献奖"。

六是开展职业生涯教育，强化辅导员职业理想。应充分结合辅导员队伍建设实际情况，分批次、分层次、分阶段推出有针对性地开展长期的职业生涯教

---

① 彭庆红，张瑜．试论高校辅导员激励机制的完善与创新［J］．学校党建与思想教育，2006（5）：75.

育，为辅导员系统地梳理成长中的困扰，提供菜单式服务指导措施。

(四) 强化意识自觉、行动自觉

1. 强化人格优化的意识自觉

意识是行动的先导，高校辅导员要实现人格优化，满足新时代对高校辅导员职业人格的新要求，首先要从自身意识自觉提升做起。

一是要有忠于职业的意识自觉。辅导员人格的本质属性是职业人格，作为一名职业人，最起码的职业道德就是忠于职业。绝大多数辅导员之所以能够走上高校辅导员岗位更多的是怀着热爱高校学生工作事业的初心，而与此同时，高校辅导员岗位为辅导员提供的薪酬待遇满足了辅导员的物质需要，为辅导员提供的事业发展满足了辅导员的精神需要。作为辅导员要怀着感恩之心、敬畏之心来对待自身职业，自觉地强化自身的职业忠诚度。

二是要有敬业爱生的意识自觉。高校辅导员职业是一份光荣而崇高的职业，从微观层面来讲它是帮助大学生个体成长成才的职业，从宏观层面来讲它是为党育人、为国育人的职业。高校辅导员对于大学生成长成才的重要性已被不断证实，那么作为"人生导师"和"知心朋友"角色的辅导员，就有责任和义务实现敬业爱生。对待工作要敬业，对待学生要爱生，二者的最终落脚点都是为了大学生能够成长成才。只有从心底里热爱辅导员职业，敬畏辅导员职业，热爱学生，才能做好辅导员工作，才能在工作中实现职业价值和人生价值，才会不断地强化职业人格，推动职业人格的正向发展。

三是要有完善自我的意识自觉。教育教学的过程本身就是一个教学相长的过程，而高校辅导员的职业人格状态和大学生的人格状态都处于变化发展的过程。高校辅导员的职业人格作用于大学生人格形塑的同时，大学生的人格状况也在影响着辅导员的人格发展。人无完人，即便是身为师者的高校辅导员职业人格状况也时常存在不足，此时高校辅导员要有完善自我的意识自觉，要在发现自身存在的人格问题时及时进行优化，以便使自身更能适应职业发展的需要和育人育才的需要。

2. 强化人格优化的行动自觉

意识自觉的延展便是行动自觉，高校辅导员身为师者，不仅要做思想上的"巨人"，更要做行动上的"巨人"。

一是要有向先进看齐的行动自觉。高校辅导员身在高校大环境中，身边有诸多优秀的人才，他们身上有不同的人格闪光点，身为辅导员要有善于发现光的敏锐性。首先，要向优秀的老师学。当然这些优秀老师既包含专任教师，也包含行政岗教师。要向专任教师学习他们的情怀格局和渊博知识、授课技能、刻苦钻研精神等；要向行政岗教师学习他们的管理技能、服务技能、业务技能、为人处世技能等。其次，要向优秀的学生学。高校辅导员面对着众多学生，其中不乏很多人格优秀的学生，要敢于并且善于从学生身上学习，达到教学相长的目的。最后，要向社会上的先进模范学。社会上的各行各业都会涌现出一批批的先进典型，虽然行业不同、岗位不同，但是他们身上迸发出的职业人格特质在一定程度上是融通的、共同的、有代表性的，作为职业人的辅导员，要有主动向先进模范学习的行为自觉，要主动学习他们的先进事迹，挖掘发现他们身上的人格闪光点，结合自身人格实际进行不断优化。

二是要有时常自省的行动自觉。人贵在自省。人无完人，所以人要时常自省。新时代对高校辅导员人格提出了更高的要求，许多高校辅导员的人格状况并不能适应新时代的发展需要。所以，新时代高校辅导员要有自省的自觉，要时常进行自我反省，结合新时代高校辅导员岗位职责和岗位要求，结合学校的要求和学生的需求，以先进为标杆，以问题为导向，善于剖析自己，发现自身人格不足，进而有针对性地在行动上自觉进行人格优化。

三是要有主动优化的行动自觉。要做行动上的"巨人"贵在行动的落实。职业人格的优化既涉及心灵的优化、特质的优化、性格的优化、品质的优化，还涉及能力的优化、素质的优化等。职业人格的优化是一个全方位、系统性的过程。虽然受外界的影响，高校辅导员会迫于各种压力而被动地进行职业人格优化，但是要实现优化效果的长期性、有效性，那就需要高校辅导员能够做到主动优化的行动自觉，坚决克服"懒惰"。以自我人格完善为目标，严于律己，勤于自省，善于发现不足，敢于快速行动，务求实效。当发现知识储备不足时，就要主动自觉地加强学习；当发现工作技能跟不上工作需要时，要主动地、有针对性地进行能力提升；当发现师生关系出现裂痕时，要及时地主动出击，深入分析矛盾，快速解决矛盾。

（五）化解家庭工作矛盾冲突

1. 开展家庭关怀活动

在社会资源中，家庭资源是任何资源都无法替代的重要组成部分。作为一名高校辅导员，家庭就是其情感的寄托、精神的支柱与职业发展的"大后方"。家庭和睦稳定，辅导员获得亲人的支持与肯定，则能够投入更多的精力支持学校的发展建设，更容易塑造积极健康的人格。否则，辅导员深陷家庭矛盾冲突，势必容易引发心理歪曲、情绪易怒等负面人格。开展家庭关怀活动可以从以下两方面入手：

一是在关键时间节点开展家庭慰问活动。可以在教师节、新生入学、毕业季等时间节点,由学校相关部门人员组成慰问团深入辅导员家庭进行慰问,通过慰问既可以直接了解辅导员家庭生活情况,为困难家庭提供必要的帮助与支持,为辅导员制定科学的职业发展规划;又可以让家庭成员了解辅导员工作情况,感受到学校对于辅导员的认可,更好地让辅导员获得家庭成员的理解与支持。

二是邀请家庭成员参与辅导员的特殊职业活动。一方面是在每年的辅导员表彰大会上,可以邀请获奖辅导员的家属一同参与颁奖,增强辅导员家属的荣誉感;另一方面,可以设置"高校辅导员日",在这个辅导员专属的日子里,邀请辅导员家属对辅导员的工作进行参观、观摩、体验,以此增强家属对辅导员工作的理解和支持力度。

2. 争取家庭成员对辅导员的多方位支持

辅导员是高校教师群体中的特殊人群,由于工作性质的特殊性,并不能简单地将收入、职称、职务等方面作为衡量辅导员价值的标准,家庭成员更不能因此否定辅导员的职业价值。对辅导员群体而言,辅导员职业成就的高低,不仅取决于学校提供的发展空间、学生的认可程度,也取决于家庭所有成员在背后默默付出与奉献,这也是辅导员人格发展的不竭动力。

一是家庭成员要正确认识辅导员职业。辅导员肩负"立德树人"神圣使命,通过自己的言传身教、职业技能指导与亦师亦友的长期陪伴,为国家培养了大量的人才,所以家庭成员要充分认可辅导员的职业价值,尊重辅导员的职业选择。

二是家庭成员要在情感上支持辅导员。辅导员这一特殊职业决定了其会面临诸多的职业困惑,甚至是职业倦怠。这个时候,辅导员恰恰更需要家庭成员的亲情陪伴,通过倾听、理解、建议与支持等策略,舒缓辅导员的消极与挫败之感,帮助其顺利度过职业倦怠期。

三是家庭成员要在时间与空间上支持辅导员。辅导员"24"小时工作性质,决定了辅导员会经常性地在学校加班,或者部分工作会延伸到在家里开展,这就需要家庭成员在家庭事务中承担更多责任,让辅导员有宽松的时间、安静的环境开展工作。

3. 辅导员自身的积极作为

辅导员不仅肩负育人的职责,同样也承担着维护家庭和谐稳定,关心呵护亲人的使命。所以,辅导员不能将工作任务重、投入时间与精力多作为不参与家庭经营的理由,反而应该以更加积极的行动来获取家庭成员的支持。

一是要学会角色转换,营造家庭和谐环境。辅导员要学会角色转变,一方面是及时调整好心态，不能够将工作中的负面情绪带到家庭之中，避免影响到家庭成员。另一方面是积极加强与家人的沟通，沟通内容既可以是工作中的经历和收获，也可以是家庭方面的话题，争取在有效的沟通中获得家人更大的支持。

二是要学会主动承担家庭事务，获取家庭成员认可。一方面辅导员在工作中，需要通过提升专业技能、培养学生干部、组建团队等形式，进一步提高自身工作效率，以便能够抽出更多时间投入家庭事务之中。另一方面是利用工作之余创造条件参与家庭事务，以此增强和家人之间的亲密关系，降低因家庭角色失衡导致的负面影响。

三是要尽快实现职业发展，回馈家庭成员的付出。工作与家庭的平衡关系，并不是单方面努力付出，需要辅导员在工作中快速实现职业发展，在名誉、职级、经济收入、职称等方面取得进展以回馈家庭。

（六）建立共赢有效朋辈支持

1. 辅导员队伍内部互助策略

辅导员同行之间通过建立对等的角色期待，能够发挥出团队的凝聚力、战斗力以及创造力，也可以在一定程度上缓解辅导员职业人格发展过程中的负面问题。

一是建构辅导员之间的沟通交流机制。学校（院系）可以通过定期组织召开辅导员座谈会、经验分享会、职业发展反馈会等形式，聚焦职业倦怠、职业困惑以及科研能力提升等方面展开有效的沟通交流。通过畅所欲言的交谈、同事之间的"发发牢骚"，一定程度上缓解辅导员职业压力，收获同事们的精神鼓励与行动支持；通过有经验的前辈介绍工作经验、传授科研提升技巧等方式，不断提升职业素质能力。

二是积极加强辅导员团队建设。辅导员工作并不是独立的个体工作，而是一股充满斗志并肩作战的中坚力量，所以在围绕模块工作、教学任务、科研能力提升等方面组建辅导员团队，可以营造"比学赶帮超"的浓厚学习氛围。

三是营造辅导员良好的工作氛围。辅导员拥有良好的工作氛围是其安心工作的基本要求。一方面是学校需要提供良好的办公场所，提升辅导员的工作效率，增强辅导员的满意度；另一方面是学校努力协调同事之间积极的人事关系，打造辅导员"家"文化，彼此能够相互帮助相互补台，让辅导员们拥有一个和谐的人际关系环境。

2. 辅导员与专任教师的协同策略

高校辅导员是高校教师队伍和管理队伍的重要组成部分，在教书育人过程中辅导员同专任教师相比既有优势又有明显的不足。一方面，辅导员同专任教师相比，在大学生日常管理、处置突发紧急事件等方面具有明显的优势；另一方面，辅导员同专任教师相比，在教学技能、知识素养、科研水平方面处于劣势，迫切需要专任教师的指导与帮助。对此，有何协同策略呢？一是形成长期激励机制。设置专项培训、专项课题、专项经费等，引导鼓励两支队伍高效协同合作，提升协同育人工作实效。二是拓宽学习协同渠道。构建多方教师合作交流平台，是全面协同育人有成效的可靠保证。例如，搭建日常交流平台，定期召开协同育人联席会、课程思政研讨会、工作难点问题反馈会等，畅通两支队伍交流渠道。三是开展队伍并轨交流。高校应推进两支队伍并轨交流的深度，除了专任教师担任班主任、学生党支部指导老师兼职辅导员外，进一步落实导师制，引导更多专任教师融入育人全过程中。辅导员则实行助课制，积极和广大专任教师一起完成目标教学任务。

3. 辅导员与同辈朋友的交往策略

辅导员是社会人，处在一定的社会关系中，也有相应的同辈朋友。辅导员在与同辈朋友的交往中应树立正确的交往观。作为朋友应该是相互支持、相互帮助，而不应是相互攀比、相互拆台。一是辅导员要有大的胸怀格局，在与同辈朋友的相处过程中坦诚相待、热心帮助，"多个朋友多条路"，当自己遇到困难时朋友也会及时伸出援手；二是辅导员要有平常心，在与同辈朋友相处的过程中，由于大家是同辈，彼此之间有较多的相似之处，必然也在很多方面无形之中形成了对比，无论对比的结果如何，应坚持平常心来处之，不要因为无意义的攀比而让自己深陷痛苦。

（七）构建和谐共进师生关系

1. 发挥辅导员的典型示范作用

高校辅导员作为开展大学生思想政治教育的骨干力量，在培养大学生成长成才中发挥着极其重要的作用。在学校中我们经常会听到"什么样的辅导员带出什么样的学生"。由此可见，辅导员的一言一行、一举一动都会对学生产生较大的影响，这也正是辅导员通过发挥典型示范作用正面影响学生成长。辅导员在职业发展中不断提升人格魅力，身先示范指导学生发展，比任何教育手段都效果更佳。

一是提升自身修养。"良好的修养是一个辅导员内在的综合素质，辅导员应通过准确的自我认知来引导学生树立正确的世界观、人生观和价值观。"[①] 用尊重与关爱去呵护、指导以及理解每一名学生，让学生们在公平有爱的环境中成长。

二是丰富知识储备。面对新时代知识大爆炸现象，高校辅导员应努力学习科学文化知识，构建科学的知识体系，扩展知识深度与广度，用知识武装自我，增加抵御不良思想、不良诱惑等因素的职业素质能力。高校辅导员只有知识越广博，才能对国家社会的了解越深刻，才能对人生追求的层次越高，才能有更强的分析和解决问题的能力。要想送给学生一瓢水，自身首先要有一缸水。高校辅导员只有拥有足够的知识储备、较高的实践能力和广阔的视野，才能够得到学生真正的认可与信服。所以，这就需要辅导员在工作之中不断将工作经验实现成果转化，增强理论知识底蕴。在工作之余加强高校综合性理论知识的学习并将学习成果应用于工作实践之中，实现理论与实践的有机结合。

三是培养一技之长。马斯洛说："从最严格的生物学意义上讲，人类对于美的需要，就像人类需要钙一样，美使得人类更为健康。"[②] 拥有一技之长可以有效提升辅导员的人格美。大学生认可辅导员往往不是因为辅导员工作能力如何，而是辅导员拥有体育、音乐、书法、舞蹈等一系列特长让学生们眼前一亮。辅导员可以通过培训学习、参加职业资格考试等方式提升个人特长魅力。

四是注重举止形象。大学生文明礼仪守则明确要求当代大学生要有良好的仪容仪表、注重礼仪礼貌等，时刻体现大学生的良好精神风貌。辅导员作为与大学生联系最为紧密的老师，需要在着装、心态、行为举止与礼仪礼貌方面做好榜样引领作用，言传身教，才能够更好地让学生信服。

2. 强化职业技能策略

高校辅导员职业技能的提升，其本质是"职业化、专业化、专家化"发展的问题。加强辅导员"三化"能力的培养可以提升辅导员帮助学生解决问题的能力，从而同学生构建和谐的师生关系。一是注重辅导员专业化的过程培训与教育，采取"请进来、走出去"的策略，培养高、精、尖的专业化辅导员队伍。二是构建学习型辅导员队伍体系。当前各大高校为满足辅导员队伍建设的实际需要，分不同大类进行辅导员招聘，不利于推进"三化"工作。高校应顺应教育教学发展形势，围绕辅导员"三化"建设，积极组建辅导员素质能力大赛团

---

① 马娟. 高校辅导员工作有效性研究：基于对广东省40所高校辅导员工作的调查 [J]. 复旦教育论坛，2014，12（4）：69.
② 林方. 人的潜能与价值 [M]. 北京：华夏出版社，1987：56.

队、讲师团队、科研团队、工作室团队等创新学习型队伍，通过团队的建设形成多个在理论上有水平、实践上有能力的核心队伍。

3. 树立师生共进策略

高校辅导员是大学生成长成才的领路人与志同道合的贴心朋友，将陪伴学生们顺利度过大学全过程，在思想政治教育、就业创业指导、心理疏导和日常管理中发挥着举足轻重的作用。从学生角度来说，其大学生涯的长期目标可以归纳为求职、升学、留学、入伍等几类，大部分学生愿意为之努力奋斗，更希望在其成长的过程中有家长、老师与同学的参与，获得众人的支持与鼓励。所以，作为陪伴学生成长的辅导员不仅要在技能方面给予学生全面的指导，更可以在学生入校时同大家一起树立目标，如学历提升、职级晋升、资格认证等。辅导员用自己的实际行动去带动、影响学生成长更能够获得学生的深情厚谊。和谐的师生关系也能够反哺辅导员职业发展，让辅导员把这一职业当作终生的事业来做，从而积极投身到大学生的思想政治教育工作之中，发挥自己的智慧和才能，和学校共发展、和学生共成长。

第七章

结 论

一、研究结论

新时代对大学生的精神面貌提出了新要求，而这些新要求主要体现在人格方面。高校辅导员作为形塑大学生人格的重要力量，其自身的职业人格状况直接影响着大学生的人格发展。所以，要培育好新时代大学生，首先要塑造好新时代辅导员的职业人格。从整体上讲，绝大多数高校辅导员以新时代的新要求为指导，在职业人格塑造方面不懈努力，但是从具体上讲，部分辅导员的职业人格状况并不能有效满足新时代对辅导员职业人格的新要求。所以，以问题意识为导向，提出了新时代高校辅导员的职业人格结构规范是什么，当前高校辅导员的职业人格状况如何，究竟是哪些原因导致高校辅导员职业人格问题的产生，最终又将采取哪些举措来塑造新时代高校辅导员职业人格第一系列问题。带着这些问题开展了对本项目的研究。

（一）关于新时代高校辅导员职业人格结构规范的研究结论

在本书中，通过运用内容分析法对2013年至2023年全国高校辅导员年度人物先进事迹进行剖析，得出了新时代高校辅导员职业人格结构由五大部分组成。以此为基础，分析提炼出新时代高校辅导员的职业人格结构规范应是理性透彻的职业认知、仁爱无私的职业情感、坚韧自律的职业意识、坚定崇高的职业理想、专业扎实的职业能力。

（二）关于高校辅导员职业人格状况的研究结论

该部分的研究结论是通过问卷的方式进行实证调查得出的，调查结果显示大多数高校辅导员和大学生对高校辅导员的职业人格状况是比较满意的，认为高校辅导员的道德品质、信仰、仁爱、家国情怀、自律、宽容、尽责等方面表现是非常优秀的，但是在乐观、耐心、明察、意志坚定、自省、网络思想政治教育能力、授课能力、写作能力、创新能力等方面还是要继续有针对性强化。

(三) 关于高校辅导员职业人格存在问题的原因分析研究结论

高校辅导员职业人格存在问题和困境是多方因素综合作用的结果，既有国家层面的特殊情况、社会层面的负面环境、高校层面的组织管理的影响，还有辅导员个体层面的认知认同、家庭层面的理解支持、同辈群体层面的期待、学生层面的认可接纳等方面的影响。

(四) 关于新时代高校辅导员职业人格塑造策略的研究结论

对于新时代高校辅导员职业人格塑造，要在制度建设、学科建设、专业设置、正确价值导向、职业保障系统、意识自觉和行动自觉、家庭矛盾化解、同辈共赢有效支持、师生和谐关系共建等方面下功夫。

二、研究创新点

在本书中，有两方面的内容展现着一定的创新点。

一是通过内容分析法得出新时代高校辅导员职业人格结构。准确把握新时代高校辅导员职业人格结构是本书的重中之重，当前学界对此并无定论。为了达到研究目的，本书首先在梳理前人研究成果的基础上，从理论层面构建了新时代高校辅导员职业人格结构。但为了论证其合理性，本书通过内容分析法，以2013年以来的"全国高校辅导员年度人物"先进事迹为分析蓝本，通过实证探索与验证，得出了新时代高校辅导员职业人格结构，进而从实践层面对学界的理论成果进行了印证，为本项目的研究打下了坚实的基础，具有一定的创新性。

二是提出了具有一定创新性的对策举措。在新时代高校辅导员职业人格塑造的对策探析中，提出了建设高校辅导员学科、设置高校辅导员专业、改革选聘测评方法、凭借高校辅导员从业资格证上岗、实现人格化管理、设置师生共进目标等对策举措，这些措施建议在一定程度上有创新性。

三、研究展望

虽然在本书中笔者做了大量的理论分析和实证研究工作，也意识到新时代高校辅导员职业人格塑造是一个迫切需要解决的现实性问题，但是囿于本人的理论基础、知识结构和研究能力有限，在本书中还存在着一些不足，主要体现在以下四点：第一，对于如何更好地将马克思主义唯物史观、马克思主义实践观等方法论原则有机融入高校辅导员职业人格的内涵界定、存在问题的原因挖掘、对策提出等方面，进而增强研究内容的理论深度方面做得还不够；第二，受自身研究水平的限制，虽然对调研数据进行了分析，但是如何将相关数据分析结果精准有效地运用到高校辅导员职业人格现状的分析和原因挖掘中做得还不够；第三，在进行调研时更多的是运用了调研问卷来进行调研，而在访谈调研方面做得不够，以至于在高校辅导员职业人格现状把握和对策提出方面的广度和深度都需加强；第四，在对策的提出方面如何做到更具创新性还做得不够。本书的对策提出稍显平淡，尚未达到让人眼前一亮的效果。

  本书的撰写只是对新时代高校辅导员职业人格塑造研究的一个起步和开始，它应是一个完整的体系，相信随着党中央和国家对高校思想政治工作队伍建设的高度重视，高校辅导员职业人格塑造在理论和实践方面一定会取得丰硕的成绩。当然，身为高校辅导员的自己，也会在未来的辅导员职业道路上，坚持科学研究精神，将该课题持续推进，为高校辅导员队伍建设和辅导员职业人格发展贡献绵薄之力。

参考文献

一、马列经典著作

[1] 马克思恩格斯全集：第1卷[M]．北京：人民出版社，1995.

[2] 马克思恩格斯全集：第3卷[M]．北京：人民出版社，2002.

[3] 马克思恩格斯文集：第1卷[M]．北京：人民出版社，2009.

[4] 马克思恩格斯文集：第8卷[M]．北京：人民出版社，2009.

[5] 马克思恩格斯选集：第1卷[M]．北京：人民出版社，2012.

[6] 马克思恩格斯选集：第3卷[M]．北京：人民出版社，2012.

[7] 列宁选集：第2卷[M]．北京：人民出版社，2012.

[8] 毛泽东选集：第二卷[M]．北京：人民出版社，1991.

[9] 中共中央文献研究室．毛泽东文集：第六卷[M]．北京：人民出版社，1999.

[10] 邓小平文选：第二卷[M]．北京：人民出版社，1994.

[11] 邓小平文选：第三卷[M]．北京：人民出版社，1993.

[12] 江泽民文选：第三卷[M]．北京：人民出版社，2006.

[13] 胡锦涛文选：第三卷[M]．北京：人民出版社，2016.

[14] 习近平．习近平谈治国理政[M]．北京：外文出版社，2014.

[15] 习近平．习近平谈治国理政：第一卷[M]．北京：外文出版社，2018.

[16] 习近平．习近平谈治国理政：第二卷[M]．北京：外文出版社，2017.

[17] 习近平．习近平谈治国理政：第三卷[M]．北京：外文出版社，2020.

[18] 习近平．之江新语[M]．杭州：浙江人民出版社，2007.

[19] 习近平．论党的宣传思想工作[M]．北京：中央文献出版社，2020.

二、国内外专著

[1] 柏杨．改革开放以来高校辅导员队伍建设研究[M]．成都：西南交通

大学出版社，2018.

　　[2] 北京大学哲学系外国哲学史教研室. 古希腊罗马哲学 [M]. 北京：商务印书馆，2021.

　　[3] 陈琼珍. 现代人格及其塑造 [M]. 广州：中山大学出版社，2018.

　　[4] 董仲舒. 春秋繁露 [M]. 杭州：浙江大学出版社，2021.

　　[5] 杜威. 道德教育原理 [M]. 王承绪，等译. 杭州：浙江教育出版社，2003.

　　[6] 冯刚. 大学生思想政治教育工作概论 [M]. 北京：北京师范大学出版社，2020.

　　[7] 冯刚. 改革开放以来高校思想政治教育发展史 [M]. 北京：人民出版社，2018.

　　[8] 冯刚. 高校思想政治教育工作质量评价研究 [M]. 北京：人民出版社，2020.

　　[9] 冯刚. 新形势下意识形态相关问题研究 [M]. 北京：光明日报出版社，2014.

　　[10] 格里戈里扬. 关于人的本质的哲学 [M]. 汤侠声，李昭时，等译. 北京：生活·读书·新知三联书店，1984.

　　[11] 郭永玉，贺金波. 人格心理学 [M]. 北京：高等教育出版社，2011.

　　[12] 黄希庭. 人格心理学 [M]. 杭州：浙江教育出版社，2002.

　　[13] 教育部思想政治工作司. 加强和改进大学生思想政治教育重要文献选编（1978—2014）[M]. 北京：知识产权出版社，2015.

　　[14] 杰普莉茨卡娅. 教育史讲义 [M]. 华东师范大学教育系教育史教研组翻译室，译. 上海：华东师范大学出版社，1958.

　　[15] 夸美纽斯. 大教学论 [M]. 傅任敢，译. 北京：人民教育出版社，1957.

　　[16] 李余华，李黎青，丁阳喜. 高校突发事件应急处置机制研究 [M]. 成都：西南交通大学出版社，2007.

　　[17] 李中华. 中国人学思想史 [M]. 北京：北京出版社，2005.

　　[18] 林方. 人的潜能与价值 [M]. 北京：华夏出版社，1987.

　　[19] 洛克. 教育漫话 [M]. 傅任敢，译. 北京：人民教育出版社，1963.

　　[20] 马斯洛. 动机与人格 [M]. 许金声，程朝翔，译. 北京：华夏出版社，1987.

　　[21] 孟东方. 高校辅导员学 [M]. 北京：人民出版社，2019.

　　[22] 潘懋元. 高等教育学（上）[M]. 福建：福建教育出版社，1984.

[23] 庞跃辉,廖清胜,王戎,等.为人师表的人格范式:教师人格优化系统研究[M].重庆:西南师范大学出版社,2017.

[24] 沈壮海,王晓霞,王丹,等.中国大学生思想政治教育发展报告2017[M].北京:北京师范大学出版社,2018.

[25] 沈壮海.思想政治教育有效性研究[M].武汉:武汉大学出版社,2016.

[26] 王国维.论教育之宗旨[M]//璩鑫圭,童富勇.中国近代教育史资料汇编.上海:上海教育出版社,2007.

[27] 王荣德.现代教师人格塑造[M].天津:天津教育出版社,2004.

[28] 魏英敏.新伦理学教程[M].北京:北京大学出版社,1996.

[29] 魏则胜,李敏.高校辅导员道德素养概论[M].广州:广东高等教育出版社,2018.

[30] 温世颂.教育心理学[M].台湾:台湾三民书局,1978.

[31] 吴建斌.职业人格培养论[M].杭州:浙江大学出版社,2012.

[32] 习近平总书记教育重要论述讲义[M].北京:高等教育出版社,2020.

[33] 许燕.人格心理学导论[M].北京:中国人民大学出版社,2017.

[34] 杨芷英.思想政治教育心理学:第二版[M].北京:中国人民大学出版社,2019.

[35] 叶浩生.心理学史[M].上海:华东师范大学出版社,2009.

[36] 余潇枫,张彦.人格之境:类伦理学引论[M].杭州:浙江大学出版社,2006.

[37] 张焕庭.西方资产阶级教育论著选[M].北京:人民教育出版社,1964.

[38] 张奎良.实践人学与以人为本[M].郑州:河南人民出版社,2011.

[39] 张奎良.实践人学与以人为本[M].郑州:河南人民出版社,2011.

[40] 张青兰.人格的现代转型与塑造[M].广州:广东人民出版社,2005.

[41] 郑希付.现代西方人格心理学史[M].广州:广东教育出版社,2007.

[42] 中共中央文献研究室.十八大以来重要文献选编(上)[M].北京:中央文献出版社,2014.

[43] 中共中央文献研究室.习近平关于青少年和共青团工作论述摘编[M].北京:中央文献出版社,2017.

[44] 朱熹.四书章句集注[M].北京:中华书局,1983.

三、中文期刊论文

[1] 包心鉴. 新时代的科学内涵与新思想的鲜明特质 [J]. 当代世界与社会主义, 2018 (1).

[2] 尹万东. 高校辅导员要在六个方面下功夫 [J]. 中国高等教育, 2021 (1).

[3] 朱平. 辅导员在高校"三全育人"中的角色与定位：兼论"育人"的特点与功能 [J]. 思想理论教育, 2020 (3).

[4] 曾令辉. 继续推进新时代马克思主义理论创新发展 [J]. 马克思主义研究, 2019 (10).

[5] 魏莉莉, 王志华. 高校辅导员人格涵养的价值与路径 [J]. 中国高等教育, 2021 (Z1).

[6] 杨晓慧. 高等教育"三全育人"：理论意蕴、现实难题与实践路径 [J]. 中国高等教育, 2018 (18).

[7] 冯培. 高校辅导员新时代角色定位的再认知 [J]. 思想教育研究, 2019 (5).

[8] 王璐, 双传学. 高校辅导员意识形态引领力提升路径探析 [J]. 江苏高教, 2021 (5).

[9] 曹威威. 高校辅导员职业生涯发展研究 [J]. 教学与研究, 2021 (6).

[10] 曾令辉. 论网络思想政治教育方法创新 [J]. 学校党建与思想教育, 2018 (23).

[11] 张楠. 时间观念视角下高校辅导员工作状况研究 [J]. 思想理论教育, 2021 (9).

[12] 刘涛. 高校辅导员专业心态的特征及优化路径：基于长三角地区 36 所高校的调查分析 [J]. 思想理论教育, 2021 (4).

[13] 程海云, 朱平. 高校辅导员职业人格形成机理与培育策略研究 [J]. 高教探索, 2021 (9).

[14] 张军琪. 基于思想政治教育成效论域下的辅导员威信探析 [J]. 思想政治教育研究, 2021, 37 (1).

[15] 耿品, 彭庆红. 新中国成立以来高校辅导员角色的发展演变 [J]. 学校党建与思想教育, 2020 (3).

[16] 郝桂艳. 新时代高校青年辅导员理想信念建设的意义、现状与策略 [J]. 思想理论教育导刊, 2020 (2).

[17] 倪颖，王薇薇. 提升高校辅导员思想政治教育亲和力探析 [J]. 学校党建与思想教育，2020（4）.

[18] 王达品. 关于做好新时代高校意识形态工作的思考 [J]. 人民论坛，2020（1）.

[19] 王海宁. 高校辅导员队伍专业化职业化建设的现实审视与优化路径：基于全国 4000 余名高校辅导员的问卷调查 [J]. 思想教育研究，2020（12）.

[20] 杨智勇. 高校辅导员"双线"晋升的现实制约与解决路径 [J]. 思想理论教育，2020（12）.

[21] 陈捷. 核心素养：高校学生工作内涵式发展的应然路向 [J]. 思想教育研究，2020（2）.

[22] 彭庆红，耿品. 新中国成立 70 年来高校辅导员队伍建设的历史进程、总体趋势与经验启示 [J]. 思想理论教育导刊，2019（8）.

[23] 陈朝娟，徐志远，邓欢. 高校辅导员职业形象建构的价值意蕴 [J]. 学校党建与思想教育，2019（23）.

[24] 唐洲雁. 深刻理解和准确把握中国特色社会主义走进新时代 [J]. 东岳论丛，2018，39（1）.

[25] 屈桃. 新时代高校辅导员实践智慧：内涵、价值及生成策略 [J]. 思想教育研究，2018（9）.

[26] 许磊，陈九如. 从规约到自律：高校辅导员职业守则内化与职业人格的完善 [J]. 学校党建与思想教育，2017（3）.

[27] 陈小花. 高校辅导员的大爱与担当 [J]. 高校辅导员学刊，2017，9（2）.

[28] 黄希庭. 人格研究中国化之我见 [J]. 心理科学，2017，40（6）.

[29] 林伟毅. 高校辅导员职业能力的现状及提升路径 [J]. 思想理论教育导刊，2017（1）.

[30] 王云强，郭本禹. 多学科视野下道德人格研究的兴起 [J]. 西南民族大学学报（人文社科版），2016，37（6）.

[31] 谢小芬. 解析高校优秀辅导员的核心特质：基于全国高校辅导员年度人物的实证分析 [J]. 思想理论教育，2016（5）.

[32] 吴蓉. 梁启超人格思想及其特点 [J]. 西南民族大学学报（人文社科版），2015，36（5）.

[33] 方宏建. 试论人格培育在大学生社会化进程中的价值与作用 [J]. 国家教育行政学院学报，2015（8）.

[34] 钱焕琦, 蒋灵慧. 教师个体人格与职业人格的冲突与调适 [J]. 上海师范大学学报（哲学社会科学版）, 2015, 44 (4).

[35] 曾云. 胡塞尔对伦理人格的思考 [J]. 道德与文明, 2015 (4).

[36] 胡建新. 大学生思想政治教育体系的融合与构建 [J]. 思想理论教育导刊, 2014 (7).

[37] 马娟. 高校辅导员工作有效性研究: 基于对广东省40所高校辅导员工作的调查 [J]. 复旦教育论坛, 2014, 12 (4).

[38] 梅萍, 罗佳. 中国梦与大学生的时代责任 [J]. 思想教育研究, 2014 (1).

[39] 徐强. 别尔嘉耶夫个体人格理论的中国意蕴: 构建健全的公民人格 [J]. 南京师大学报（社会科学版）, 2014 (3).

[40] 刘纯姣. 上海高校优秀辅导员人格特质研究 [J]. 学校党建与思想教育, 2013 (4).

[41] 丁科. 论邓小平思想政治教育中的人格教育思想 [J]. 毛泽东思想研究, 2012, 29 (2).

[42] 闪茜菁. 辅导员工作视域下的大学生健康人格塑造 [J]. 思想理论教育导刊, 2012 (1).

[43] 肖盛兰. 积极人格理论评述 [J]. 西南交通大学学报（社会科学版）, 2012, 13 (2).

[44] 暴占光. 影响高校辅导员与学生有效沟通的因素及应对策略 [J]. 思想理论教育导刊, 2012 (6).

[45] 白世明. 高职院校学生职业人格培养研究 [J]. 国家教育行政学院学报, 2012 (6).

[46] 陈士福, 黄子芳. 高校辅导员的人格塑造初探 [J]. 学校党建与思想教育, 2011 (4).

[47] 耿爱英, 孙恒. 大学生期望与辅导员现实人格特征的比较研究 [J]. 当代教育科学, 2011 (19).

[48] 韩冬, 毕新华. 高校辅导员职业能力的形成与提升 [J]. 思想理论教育导刊, 2011 (11).

[49] 李顺松. 重读陶行知人格教育思想建构现代学校人格辅导模式 [J]. 教育导刊, 2011 (5).

[50] 张笑涛. 大学生"精神成人": 为何与何为 [J]. 现代教育管理, 2011 (9).

[51] 李金和．平民化：梁启超"新民说"的人格取向［J］．河北师范大学学报（哲学社会科学版），2010，33（4）．

[52] 张天学，文雯．西方和谐人格理论研究综述［J］．理论月刊，2010（5）．

[53] 曾保春，钟向阳．高校学生工作中辅导员角色的人格分析［J］．高教探索，2010（4）．

[54] 曾保春．人格化：高校辅导员队伍管理与建设新视角［J］．现代教育管理，2010（6）．

[55] 张立兴．高校辅导员制度的沿革进程考察［J］．思想理论教育导刊，2009（4）．

[56] 陈步云．论高校辅导员教育个性的养成［J］．思想教育研究，2009（3）．

[57] 金昕，王确．论人格构建理论的形成和发展［J］．云南师范大学学报（哲学社会科学版），2009，41（3）．

[58] 王向清．论毛泽东的共产主义新人理想人格学说［J］．马克思主义研究，2008（12）．

[59] 顾晓虎，高远．职业化高校辅导员的人格特征及其塑造［J］．高等教育研究，2008（7）．

[60] 刘小华．周恩来精神对高校辅导员人格塑造的几点启示［J］．中国成人教育，2008（23）．

[61] 张晓东．明乎荣辱 涵发美德：社会主义荣辱观与道德人格的培育［J］．社会科学家，2007（1）．

[62] 张宏如．人格教育视野中的高校辅导员工作研究［J］．中国青年研究，2007（1）．

[63] 陈士福，曹红卫．论高校辅导员人格的教育价值［J］．中国市场，2007（39）．

[64] 彭庆红，张瑜．试论高校辅导员激励机制的完善与创新［J］．学校党建与思想教育，2006（5）．

[65] 郑雪．健康人格的理论探索［J］．华南师范大学学报（社会科学版），2006（5）．

[66] 冯文全．江泽民同志的德育思想探析［J］．毛泽东思想研究，2005（5）．

[67] 田守花，连榕．后现代主义人格理论述评［J］．福建师范大学学报

（哲学社会科学版），2006（5）．

[68] 王登峰，崔红．行为的跨情境一致性及人格与行为的关系：对人格内涵及其中西方差异的理论与实证分析［J］．心理学报，2006（4）．

[69] 修巧艳，高峰强．CAPS理论与人格心理学的整合［J］．南京师大学报（社会科学版），2005（2）．

[70] 王育德，卢兰萍．略论辅导员的人格魅力［J］．教育发展研究，1999（S2）．

[71] 清华大学学生政治辅导员制度研究课题组．学生政治辅导员制度四十年的回顾与探索［J］．清华大学教育研究，1993（1）．

[72] 吴乃华．论康有为戊戌时期的人格观［J］．西北大学学报（哲学社会科学版），1993（3）．

[73] 袁贵仁．论马克思人的全面发展观［J］．高等师范教育研究，1992（3）．

[74] 侍旭．高校辅导员职业压力与动力平衡问题探析：基于教育生态学的视角［J］．高校辅导员，2020（4）．

[75] 王琼．高校辅导员的职业理想及其建构［J］．高校辅导员学刊，2016，8（5）．

[76] 刘涛，张胜利．新时代高校辅导员的新要求［J］．高校辅导员学刊，2018，10（4）．

[77] 王倩．高校辅导员人格矮化：困境与出路［J］．巢湖学院学报，2013，15（5）．

[78] 梁建，吴国存．组织职业生涯开发理论及其启示［J］．外国经济与管理，2002（3）．

四、博士学位论文

[1] 耿品．高校专职辅导员角色冲突与调适研究［D］．北京：北京科技大学，2020．

[2] 龚春蕾．高校辅导员职业化专业化问题研究［D］．上海：华东师范大学，2011．

[3] 李晓杰．新时代高校辅导员核心素养培育研究［D］．哈尔滨：哈尔滨师范大学，2020．

[4] 刘世勇．高校辅导员职业认同研究［D］．武汉：中国地质大学，2014．

[5] 马英．高校辅导员职业价值观与工作绩效关系研究［D］．大连：大连

［6］苏亚杰. 高校辅导员职业能力研究［D］. 哈尔滨：哈尔滨师范大学，2019.

［7］王胡英. 高校优秀辅导员角色形象研究：以"全国高校辅导员年度人物"及其评选活动为例［D］. 杭州：浙江大学，2017.

［8］向伟. 新时代高校辅导员素质及提升策略研究［D］. 长沙：湖南师范大学，2020.

［9］朱江. 高校辅导员立德树人任务及实现路径研究［D］. 沈阳：辽宁大学，2018.

［10］邹巍. 大学生组织公民行为研究［D］. 沈阳：辽宁师范大学，2013.

五、报刊

［1］习近平. 在北京大学师生座谈会上的讲话（2018年5月2日）［N］. 人民日报，2018-05-03（2）.

［2］习近平. 在纪念马克思诞辰200周年大会上的讲话（2018年5月4日）［N］. 人民日报，2018-05-05（2）.

［3］习近平. 在庆祝中国共产党成立100周年大会上的讲话（2021年7月1日）［N］. 人民日报，2021-07-02（2）.

［4］习近平. 在全国抗击新冠肺炎疫情表彰大会上的讲话（2020年9月8日）［N］. 人民日报，2020-09-09（2）.

［5］习近平给复旦大学青年师生党员回信勉励广大党员：在学思践悟中坚定理想信念 在奋发有为中践行初心使命［N］. 人民日报，2020-07-01（1）.

［6］张烁. 习近平在全国高校思想政治工作会议上强调：把思想政治工作贯穿教育教学全过程 开创我国高等教育事业发展新局面［N］. 人民日报，2016-12-09（1）.

［7］张烁. 习近平主持召开学校思想政治理论课教师座谈会强调：用新时代中国特色社会主义思想铸魂育人 贯彻党的教育方针落实立德树人根本任务［N］. 人民日报，2019-03-19（1）.

六、电子资源

［1］全面贯彻落实党的教育方针 努力把我国基础教育越办越好［EB/OL］. 教育部政府门户网站，2016-09-10.

［2］吴晶，胡若. 坚持中国特色社会主义教育发展道路 培养德智体美劳全面发展的社会主义建设者和接班人［EB/OL］. 中国青年网，2018-09-11.

［3］习近平：在纪念五四运动100周年大会上的讲话［EB/OL］. 中国政府网，2019-04-30.

［4］习近平：做党和人民满意的好老师：同北京师范大学师生代表座谈时的讲话［EB/OL］. 中华人民共和国审计署，2014-09-10（1）.

［5］中共中央 国务院印发《关于新时代加强和改进思想政治工作的意见》［EB/OL］. 求是网，2021-07-12.

［6］中华人民共和国教育部. 关于印发《高等学校辅导员职业能力标准（暂行）》的通知［EB/OL］. 教育部政府门户网站，2014-03-27.

［7］中华人民共和国教育部. 普通高等学校辅导员队伍建设规定［EB/OL］. 中国政府网，2017-09-21.

七、外文文献

［1］CATTELL R B. Personality：A Systematic, Theoretical, and Factual Study［M］. New York：McGraw-Hill, 1950.

［2］PHARES E J. Introduction to Personality (3rd ed.)［M］. New York：Harper Collins, 1991.

［3］MISCHEL W. Introduction to Personality：A New Look (4th ed.)［M］. New York：Holt, Rinehart & Winston, 1986.

［4］ALLPORT G W. Personality：Theories, Research, and Applications［M］. New Jersary：Prentice-Hall, 1937.

［5］FUNDER D C. The Personality Puzzle［M］. New York：W. W. Norton & Company, 1997.

［6］ADLER A. What Life Should Mean to You［M］. Boston：Little, Brown, and Company, 1931.

［7］ALLPORT G W. Pattern and Growth in Personality［M］. New York：Holt, Rinehart & Winston, 1961.

［8］CATTELL R B. Personality：A Systematic, Theoretical, and Factual Study［M］. New York：McGraw-Hill, 1950.

［9］EYSENCK H J, EYSENCK M W. Personality and Individual Differences［M］. New York：Plenum Press, 1985.

［10］ROTTER J B, HOCHREICH D J. Personality［M］. Glenview, IL：Scott

Foresman & Cous. , 1975.

［11］ BANDURA A, WALTERS R H. Adolescent Aggression ［M］. New York: Ronald, 1959.

［12］ ELIZABETH M. Nuss, the Development of Student Affairs ［M］ //SCHUH J H, JONES S R, TORRES V. Student Service: A Handbook for the Profession. San Francisco: Jossey-Bass, 1996.

［13］ JUNG C G. Two Essays on Analytical Psychology ［M］//JUNGC G Collected Works of C. G. Jung, Volume 7. Princeton: Princeton University Press, 1972.

［14］ CARPENTER S, MILLER T. An Analysis of Professional Development in Student Affairs Work ［J］. NASPA Journal, 1981, 19（1）.

［15］ BROWN E C. School Counselor Conceptualizations of the Needs of Children of Incarcerated Parents ［J］. Children and Youth Services Review, 2020, 112.

［16］ FREUDENBERGER H J. Staff Burn-out ［J］. Journal of Social Issue, 1974, 30（1）.

［17］ CALERY G M. The American School Counselor. David J. Armor ［J］. The School Review, 1970, 78（4）.

［18］ LA GUARDIA A C. Counselor Education and Supervision: 2019 Annual Review ［J］. Counselor Education and Supervision, 2021, 60（1）.

［19］ SKINNER B F. How to Teach Animals ［J］. Scientific American, 1951, 185（6）.

附录1：新时代高校辅导员职业人格调查初始问卷

尊敬的老师：

您好！设计此调查问卷的目的是探究新时代高校辅导员的职业人格结构要素构成，您的回答无所谓对错，只要能尽量反映真实情况以及您的真实想法即可。按照《中华人民共和国统计法》的有关规定，本调查问卷的个人信息采用匿名方式填写，本人承诺所有信息数据仅做学术研究之用，而且您所填写的全部内容将得到保密化数据处理，请您放心填写。

您的回答将对本书具有重要价值，非常感谢您在百忙之中填写该问卷。

一、基本信息（请在对应位置打勾即可）

1. 您的性别：①男　②女
2. 您的学历：①专科　②本科　③硕士　④博士
3. 您的职称：①初级　②中级　③副高级　④高级
4. 您的行政级别：①科员级　②科长级　③副处级　④正处级及以上
5. 您的婚姻状况：①已婚　②未婚
6. 您从事辅导员工作的时间：
   ①1~3年　②4~8年　③9~12年　④13~17年　⑤18年及以上

二、请您根据下列所描述的内容选出自己认为哪些是构成新时代高校辅导员职业人格的要素答案（共计44个条目）

序号	职业人格要素特征	完全不重要	较不重要	重要	很重要	特别重要
1	善良					
2	理想信念坚定					
3	家国情怀					
4	崇高信仰					
5	诚信					

续表

序号	职业人格要素特征	完全不重要	较不重要	重要	很重要	特别重要
6	尽责					
7	终身学习					
8	兴趣爱好广泛					
9	审美情趣					
10	廉洁					
11	宽容					
12	积极进取					
13	及时出现					
14	乐于奉献					
15	走近学生					
16	身体力行					
17	坚守					
18	精准					
19	聪慧					
20	学识渊博					
21	仁慈					
22	职业认同					
23	自律					
24	自爱					
25	冷静					
26	自尊					
27	温和					
28	自强					
29	同情					
30	思维敏捷					
31	激情					
32	价值引领能力					
33	自省					

续表

序号	职业人格要素特征	完全不重要	较不重要	重要	很重要	特别重要
34	谈心谈话能力					
35	坚定					
36	乐观					
37	人际交往能力					
38	耐心					
39	创新能力					
40	明察					
41	严谨					
42	写作能力					
43	授课能力					
44	网络育人能力					

附录2：新时代高校辅导员职业人格测评正式问卷

（辅导员版）

尊敬的老师：

　　您好！设计此调查问卷的目的是探究新时代高校辅导员的职业人格状况，您的回答无所谓对错，只要能尽量反映真实情况以及您的真实想法即可。本调查问卷的个人信息采用匿名方式填写，本人承诺所有信息数据仅做学术研究之用，而且您所填写的全部内容将得到保密化数据处理，请您放心填写。非常感谢您在百忙之中填写该问卷。

一、个人基本信息

1. 您的性别（　　）。

    A. 男　　B. 女

2. 您所在的学校地处我国（　　）。

    A. 东部　　B. 中部　　C. 西部

3. 您所在的学校层次是（　　）。

    A. 重点高校　　B. 本科高校　　C. 专科院校

4. 您的学历（　　）。

    A. 本科　　B. 硕士　　C. 博士

5. 您的职称（　　）。

    A. 初级　　B. 中级　　C. 副高级　　D. 正高级

6. 您的行政级别（　　）。

    A. 科员级　　B. 科长级　　C. 副处级　　D. 正处级及以上

7. 您的婚姻状况（　　）。

    A. 已婚　　B. 未婚

8. 您从事辅导员工作的年限（　　）。

    A. 1~3年　　B. 4~8年　　C. 9~12年　　D. 13~17年　　E. 18年及以上

9. 您的所学专业是（　　）。

　　A. 思想政治教育学　B. 教育学　C. 文史哲法　D. 理工类　E. 管理学。

　　F. 其他

二、请您根据下列所描述的内容选出符合自己的答案

填写说明：根据您的实际，结合您从事辅导员工作的实际经验和感受，请您对以下人格特征词汇进行自我评价，并在方格内打"√"。选"1"表示该项人格特征对于您很不符合，选"2"表示该项素质特征对于您较不符合，选"5"表示该项素质特征对于您非常符合，以此类推。例如，您认为授课能力您非常符合，请选"5"。

序号	职业人格特征	很不符合 1	较不符合 2	不清楚 3	较符合 4	非常符合 5
1	温和					
2	宽容					
3	同情					
4	仁慈					
5	终身学习					
6	明察					
7	聪慧					
8	自尊					
9	自爱					
10	自强					
11	廉洁					
12	尽责					
13	善良					
14	诚信					
15	自省					
16	自律					
17	乐观					
18	坚定					
19	严谨					

续表

序号	职业人格特征	很不符合 1	较不符合 2	不清楚 3	较符合 4	非常符合 5
20	耐心					
21	冷静					
22	理想信念坚定					
23	崇高信仰					
24	家国情怀					
25	创新能力					
26	写作能力					
27	授课能力					
28	人际交往能力					
29	网络思想政治教育能力					

三、请您阅读下列题目作出自己的选择

1. 您认为相比于高校的行政管理人员和专业任课教师，辅导员在职业人格方面的特殊性表现在哪些方面？（多选）（　　　）

    A. 政治觉悟要更强

    B. 帮助学生解决问题的能力要更强

    C. 创新能力要更强

    D. 与学生沟通交往的能力要更强

    E. 事业心和责任感要更强

    F. 知识储备要更多

    G. 组织管理能力和教育引导能力要更强

    H. 纪律观念和规矩意识要更强

    I. 师德师风要更优

    J. 其他

2. 您所在高校辅导员队伍的整体职业人格状况如何？（　　　）

    A. 非常令人满意　　B. 比较令人满意　　C. 一般　　D. 不够令人满意

    E. 很不满意

3. 您认为导致辅导员职业人格存在问题的原因有哪些？（多选）（　　　）

    A. 国家相关政策的变化

B. 社会文化环境的影响

C. 高校的组织、管理、培养等环境的影响

D. 辅导员自身的原因

E. 教育对象的影响

F. 同辈的影响

G. 家庭的影响

H. 经济收入的影响

I. 其他_____

4. 您认为优化高校辅导员职业人格的途径有哪些？（多选）（　　　）

A. 大力营造良好的社会环境

B. 不断深化教育体制改革

C. 严把入口关，健全辅导员选聘机制

D. 强化辅导员的职业认同

E. 畅通辅导员的发展渠道

F. 建立健全辅导员的奖励、惩罚、监督和退出机制

G. 加强培训，提升职业素质能力

H. 加强规划，实现辅导员的职业化和专业化发展

I. 加强对辅导员的心理疏导和自我调节的指导

J. 建立健全辅导员胜任人格培养制度

K. 其他_____

再次感谢您的配合，祝您工作顺利，万事如意。

附录3：新时代高校辅导员职业人格测评正式问卷

（学生版）

亲爱的同学：

你好！设计此调查问卷的目的是探究新时代高校辅导员的职业人格状况，你的回答无所谓对错，只要能尽量反映真实情况以及你的真实想法即可。本调查问卷的个人信息采用匿名方式填写，本人承诺所有信息数据仅做学术研究之用，而且你所填写的全部内容将得到保密化数据处理，请你放心填写。非常感谢你在百忙之中填写该问卷。

一、个人基本信息

1. 你的性别（　　）。

    A. 男　　B. 女

2. 你所在的学校地处我国（　　）。

    A. 东部　　B. 中部　　C. 西部

3. 你所在的学校层次是（　　）。

    A. 重点高校　　B. 本科高校　　C. 专科院校

4. 你的年级（　　）。

    A. 大一　　B. 大二　　C. 大三　　D. 大四　　E. 大五（五年制）

5. 你是不是学生干部（　　）。

    A. 是　　B. 否

6. 你所学专业（　　）。

    A. 文史哲类　　B. 艺术类　　C. 理工类　　D. 经济、法学类

    E. 教育、管理类　　F. 农学、医学类　　G. 其他类

二、请你根据下列所描述的内容选出自己所符合的答案

填写说明：根据你的自身实际，请对你辅导员的以下职业人格特征词汇进行评价，并在方格内打"√"。选"1"表示该项职业人格特征跟你的辅导员很不符合，选"2"表示该项职业人格特征和你的辅导员较不符合，选"5"表示

该项职业人格特征和你的辅导员非常符合，以此类推。例如，你认为授课能力与你的辅导员非常符合，请选"5"。

序号	职业人格特征	很不符合 1	较不符合 2	不清楚 3	较符合 4	非常符合 5
1	温和					
2	宽容					
3	同情					
4	仁慈					
5	终身学习					
6	明察					
7	聪慧					
8	自尊					
9	自爱					
10	自强					
11	廉洁					
12	尽责					
13	善良					
14	诚信					
15	自省					
16	自律					
17	乐观					
18	坚定					
19	严谨					
20	耐心					
21	冷静					
22	理想信念坚定					
23	崇高信仰					
24	家国情怀					
25	创新能力					
26	写作能力					

续表

序号	职业人格特征	很不符合 1	较不符合 2	不清楚 3	较符合 4	非常符合 5
27	授课能力					
28	人际交往能力					
29	网络思想政治教育能力					

三、请你对下列题目作出自己的选择。

1. 你认为高校辅导员职业人格对大学生的影响表现在哪些方面？（多选）（　　　）

    A. 引导大学生作出正确的价值选择

    B. 提升大学生对大学生活的认同感和归属感

    C. 优化大学生的心理素质

    D. 调动大学生学习的积极性和主动性

    E. 激发大学生的自信心和上进心

    F. 能够实现师生关系和谐

    G. 帮助大学生塑造高尚健全的人格

    H. 其他_____

2. 你认为相比于高校的行政管理人员和专业任课教师，辅导员在职业人格方面的特殊性表现在哪些方面？（多选）（　　　）

    A. 政治觉悟要更强

    B. 帮助学生解决问题的能力要更强

    C. 创新能力要更强

    D. 与学生沟通交往的能力要更强

    E. 事业心和责任感要更强

    F. 知识储备要更多

    G. 组织管理能力和教育引导能力要更强

    H. 纪律观念和规矩意识要更强

    I. 师德师风要更优

    J. 其他_____

3. 你对你的辅导员职业人格状况满意度如何？（　　　）

    A. 非常令人满意　　B. 比较令人满意　　C. 一般　　D. 不够令人满意

    E. 很不满意

4. 你认为导致辅导员职业人格存在问题的原因有哪些？（多选）（　　　　）

   A. 国家相关政策的变化

   B. 社会文化环境的影响

   C. 高校的组织、管理、培养等环境的影响

   D. 辅导员自身的原因

   E. 教育对象的影响

   F. 同辈的影响

   G. 家庭的影响

   H. 经济收入的影响

   I. 其他＿＿＿＿＿＿＿＿＿＿＿

5. 你认为优化高校辅导员职业人格的途径有哪些？（多选）（　　　　）

   A. 大力营造良好的社会环境

   B. 不断深化教育体制改革

   C. 严把入口关，健全辅导员选聘机制

   D. 强化辅导员的职业认同教育

   E. 畅通辅导员的发展渠道

   F. 建立健全辅导员的奖励、惩罚、监督和退出机制

   G. 加强培训，提升职业素质能力

   H. 加强规划，实现辅导员的职业化和专业化发展

   I. 加强对辅导员的心理疏导和自我调节的指导

   J. 建立健全辅导员胜任人格培养制度

   K. 其他＿＿＿＿＿＿＿＿＿＿＿

再次感谢你的配合，祝学业顺利，万事如意。